CIC 工业和信息化蓝皮书
BLUE BOOK OF INDUSTRY AND INFORMATIZATION

——2020—2021——

工业信息安全发展报告

ANNUAL REPORT ON THE DEVELOPMENT OF INDUSTRIAL INFORMATION SECURITY

赵 岩 主编

国家工业信息安全发展研究中心

电子工业出版社
Publishing House of Electronics Industry
北京·BEIJING

内 容 简 介

本书系统梳理了 2020—2021 年度国内外工业信息安全发展整体情况和主要特点，研判了未来发展面临的突出挑战和主要趋势，跟踪了工业信息安全政策法规进展，系统研究了监测评估、监测应急、数据安全、技术产业等方面的工作进展，深入分析了美国国防部网络安全成熟度模型认证、新冠疫情对全球网络安全的影响、人工智能安全发展动态及治理等热点专题。希望本书对工业信息安全领域的态势分析和趋势研判能对政府部门决策和业界发展提供借鉴和参考。

图书在版编目（CIP）数据

工业信息安全发展报告. 2020—2021 / 赵岩主编. —北京：电子工业出版社，2021.8
（工业和信息化蓝皮书）
ISBN 978-7-121-41998-0

Ⅰ. ①工⋯　Ⅱ. ①赵⋯　Ⅲ. ①工业管理—信息安全—研究报告—中国—2020—2021
Ⅳ. ①F423.2

中国版本图书馆 CIP 数据核字（2021）第 187660 号

责任编辑：刘小琳　　文字编辑：董亚峰
印　　　刷：北京盛通印刷股份有限公司
装　　　订：北京盛通印刷股份有限公司
出版发行：电子工业出版社
　　　　　北京市海淀区万寿路 173 信箱　邮编：100036
开　　本：720×1 000　1/16　印张：18　字数：286 千字
版　　次：2021 年 8 月第 1 版
印　　次：2021 年 8 月第 1 次印刷
定　　价：128.00 元

凡所购买电子工业出版社图书有缺损问题，请向购买书店调换。若书店售缺，请与本社发行部联系，联系及邮购电话：（010）88254888，88258888。
质量投诉请发邮件至 zlts@phei.com.cn，盗版侵权举报请发邮件至 dbqq@phei.com.cn。
本书咨询联系方式：liuxl@phei.com.cn，（010）88254538。

《工业信息安全发展报告（2020—2021）》
课题组

课题编写	国家工业信息安全发展研究中心
组　　长	赵　岩　　蒋　艳
副 组 长	黄　鹏　　高晓雨
成　　员	孙倩文　李　端　闫　寒　刘芷君　徐　杰
	李晓婷　叶晓亮　陈羽凡　王得福　才镓赫
	朱　玥　邱亚钦　贾晨宇　王诗蕊　刚占慧
	朱丽娜　杨佳宁　鞠　远　林　晨　周　昊
	王冲华　张雪莹　杨帅锋　李　俊　陈雪鸿
	杨晓伟　吴月梅　贾若伦　胡心盈　程　宇
	王丽颖

主编简介

赵岩，国家工业信息安全发展研究中心主任、党委副书记，高级工程师；全国信息化和工业化融合管理标准化技术委员会副主任委员；长期致力于科技、数字经济、产业经济、两化融合、工业信息安全、新一代信息技术等领域的政策研究、产业咨询、技术创新和行业管理工作；主持和参与多项国家和省级规划政策制定；主持多项国家科技安全专项、重大工程专项和国家重点研发计划项目；公开发表多篇文章，编著多部报告和书籍。

国家工业信息安全发展研究中心简介

国家工业信息安全发展研究中心（工业和信息化部电子第一研究所，以下简称"中心"），是工业和信息化部直属事业单位。经过 60 多年的发展与积淀，中心以"支撑政府、服务行业"为宗旨，构建了以工业信息安全、产业数字化、软件和知识产权、智库支撑四大板块为核心的业务体系，发展成为工业和信息化领域有重要影响力的研究咨询与决策支撑机构，以及国防科技、装备发展工业的电子领域技术基础核心情报研究机构。

中心业务范围涵盖工业信息安全、两化融合、工业互联网、软件和信创产业、工业经济、数字经济、国防电子等领域，提供智库咨询、技术研发、检验检测、试验验证、评估评价、知识产权、数据资源等公共服务，并长期承担声像采集制作、档案文献、科技期刊、工程建设、年鉴出版等管理支撑工作。中心服务对象包括工业和信息化部、中共中央网络安全和信息化委员会办公室、科学技术部、国家发展和改革委员会等政府机构，以及科研院所、企事业单位和高等院校等各类主体。

"十四五"时期，中心将深入贯彻总体国家安全观，统筹发展和安全，聚焦主责主业，突出特色、整合资源，勇担工业信息安全保障主要责任，强化产业链供应链安全研究支撑，推进制造业数字化转型，支撑服务国防军工科技创新，着力建设一流工业信息安全综合保障体系、一流特色高端智库，构建产业数字化数据赋能、关键软件应用推广、知识产权全生命周期三大服务体系，打造具有核心竞争力的智库支撑、公共服务、市场化发展 3 种能力，发展成为保障工业信息安全的国家队、服务数字化发展的思想库、培育软件产业生态的推进器、促进军民科技协同创新的生力军，更好地服务我国工业和信息化事业高质量发展。

序

当前世界正在经历百年未有之大变局，新一轮科技革命和产业变革深入发展，国际力量对比深刻调整。新冠肺炎疫情给世界经济带来的冲击正在进一步显现，全球经济一体化萎缩，贸易保护主义兴起。科技脱钩、网络攻击、规则博弈等冲突进一步加剧，使不同发展理念、体系、路径、能力分化加快。我们必须深刻认识错综复杂的国际环境带来的新矛盾和新挑战，增强风险意识和机遇意识，保持战略定力，趋利避害。习近平总书记强调，"要主动应变、化危为机，以科技创新和数字化变革催生新的发展动能"。

以网络和信息技术为代表的新一轮科技革命不断推动传统经济发展和产业模式的变革，数字经济成为新格局的重要标志。各国家和地区纷纷发布高科技战略，抢占未来技术竞争制高点。例如，美国的《关键和新兴技术国家战略》、欧盟的《2030 数字指南针：欧盟数字十年战略》、韩国的《2021—2035 核心技术计划》等，均大力布局人工智能、半导体、生物技术、量子计算、先进通信等前沿技术。2020 年以来，我国也出台了《新时期促进集成电路产业和软件产业高质量发展的若干政策》和《工业互联网创新发展行动计划（2021—2023 年）》等引导政策，鼓励 5G、集成电路、工业互联网等重点 IT 产业发展。《中华人民共和国国民经济和社会发展第十四个五年规划和 2035 年远景目标纲要》（以下简称《纲要》）将加强关键数字技术创新应用，特别是高端芯片、操作系统、人工智能、传感器等关键领域的技术产品应用列为当前政策鼓励重点。

新冠肺炎疫情导致全球消费模式发生变化，根据麦肯锡 2021 年 1 月发布的报告，新冠肺炎疫情使超过 60% 的消费者改变了购物习惯，37% 的消费者更多地选择在网上购物；企业开始使用在线客户服务、远程办公，并使用 AI 和机器学习来改进运营；数字化创业企业大量涌现，企业间并购重组行为增多。同时，新冠肺炎疫情揭示了许多企业供应链的脆弱性，全球供应链面临重构，未来的供应链链条将趋于区域化、本地化、分散化。从全球来看，发达国家尤其是美国一直高度重视供应链安全，美国近几年发布了《全球供应链安全国家战略》《建立可信 ICT 供应链白皮书》等多个文件，拜登政府在短短几个月内发布了 3 个相关行政令——《可持续公共卫生供应链行政命令》《确保未来由美工人在美制造行政令》《美国供应链行政令》，不断强化自主供应链建设，并联合盟友共同维护供应链安全。面对部分发达国家从供需两侧对我国供应链的限制，中央经济工作会议强调要增强产业链供应链自主可控能力，并做出一系列部署，强化高端通用芯片、机器人、高精度减速器、工业软件、光刻机等高端产品的自主性。《纲要》进一步提出实施"上云用数赋智"行动，推动数据赋能全产业链协同转型。

数字化的快速推进导致网络风险呈指数级增长。美国欧亚集团认为，未来 5 到 10 年内，网络安全将成为全球第三大风险。一方面，很多国家和地区纷纷通过加强数据保护等举措努力在维护公共利益和保护个人隐私之间寻求平衡。另一方面，网络漏洞、数据泄露等问题日益凸显，有组织、有目的的网络攻击不断增多，网络安全防护工作面临更多挑战。国家工业信息安全发展研究中心监测数据显示，2020 年全球工业信息安全事件涉及 8 大领域、16 个细分领域，其中，装备制造、能源等行业遭受的网络攻击最严重，交通运输、电子信息制造、消费品制造、水利等行业网络攻击呈现高发态势。2020 年以来，我国发布了《数据安全法》《电信和互联网行业数据安全标准体系建设指南》《工业互联网数据安全防护指南》《关于开展工业互联网企业网络安全分类分级管理试点工作的通知》等法律法规和规范文件，形成我国在数据安全、工业网络安全防护等方面的基本制度安排。

我们要围绕产业链部署创新链、围绕创新链布局产业链，推动经济高质量发展迈出更大步伐。进一步强调创新在现代化建设全局中的核心地位，把科技自立自强作为国家发展的战略支撑，以创新驱动引领高质量供给和创新需求，畅通国内大循环，促进国内国际双循环，全面促进消费，拓展投资空间，深入推动数字经济与实体经济融合，强化产业链安全，打造良好的产业生态，实现产业链各方"共创、共享、共赢"。

新时期，工业和信息化发展的着力点包括以下几个方面。

一是加强国家创新体系建设。打造国家战略科技力量，推动产学研用合作，强化科技创新与产业政策之间的协同效应。围绕创新链布局产业链，依托科技创新成果开辟新的产业和业态。创新链引发的创新行为既提升了产业各环节的价值，也拓展和延伸了产业链条。围绕产业链部署创新链，产业链的每个环节或节点都可能成为创新的爆发点，从而带动整个产业链中各环节的协同创新。这种闭环关系体现了创新链与产业链的深度融合、科技与经济的深度融合。

二是加快产业数字化转型。目前，我国消费端的数字化转型进程较快，但产业端数字化转型相对滞后，影响了数字经济的整体发展。通过深化数字技术在实体经济中的应用，实现传统产业的数字化、网络化、智能化转型，不断释放数字技术对经济发展的放大、叠加、倍增作用，是传统产业实现质量变革、效率变革、动力变革的重要途径。"十四五"时期要围绕加快发展现代产业体系，推动互联网、大数据、人工智能等同各产业深度融合，实施"上云用数赋智"，大力推进产业数字化转型，提高全要素生产率，提高经济质量效益和核心竞争力。

三是加快数字化人才培养。数字化转型不仅涉及数字技术的运用，而且涉及组织结构和业务流程再造。在这个过程中，数字化人才建设至关重要。数字化人才既包括首席数据官等数字化领导者，也包括软件工程师、硬件工程师、大数据专家等数字化专业人才，还包括将数字化专业技术与企业转型实践结合起来的数字化应用人才。这需要高校、企业、研究机构和社会各界力量积极参与，通过校企合作、产教融合、就业培训等多种形式，开设适应不同人群、不同层次的教育培训课程，提高全民的数字素养和数字技能。《纲要》要求，"加强全民数字技能教育和培训，普及提升公民数字素养"。针对劳动者的数字职业技能，人力资源和社会保障部研究制定了《提升全民数字技能工作方案》对数字技能培养提出了具体举措。

四是充分发挥市场与政府的作用。将有效市场与有为政府结合，企业是市场经济主体，但政府的作用也必不可少。工业互联网作为产业数字化的重要载体已进入发展快车道，在航空、石油化工、钢铁、家电、服装、机械等多个行业得到应用。基于工业互联网平台开展面向不同场景的应用创新，不断拓展行业价值空间，赋能中小企业数字化转型。为确保该产业健康发展，工业和信息化部等十部门已印发《加强工业互联网安全工作的指导意见》，明确建立监督检查、信息共享和通报、应急处置等工业互联网安全管理制度，建设国家工业互联网安全技术保障平台、基础资源库和安全测试验证环境，构建工业互联网安全评估体系，为培育具有核心竞争力的工业互联网企业提供良好环境。

五是大力支持中小微企业发展。中小微企业是数字化转型和数字经济发展的关键。中央政府层面已经推出多项减税降费举措，并鼓励金融资本服务实体经济，积极利用金融资本赋能产业技术创新和应用发展，打造多元化资金支持体系，努力形成产业与金融良性互动、共生共荣的生态环境。工业和信息化部通过制造业单项冠军企业培育提升专项行动、支持"专精特新"中小企业高质量发展等举措，大大提升了中小企业创新能力和专业化水平，有助于提升产业链供应链稳定性和竞争力。国家发展和改革委员会联合相关部门、地方、企业近150家单位启动数字化转型伙伴行动，推出500余项帮扶举措，为中小微企业数字化转型纾困。

2021年，面对日趋复杂、严峻的国际竞争格局，我们需要坚持以习近平新时代中国特色社会主义思想为指导，准确识变、科学应变、主动求变，积极塑造新时代我国工业和信息化建设新优势、新格局。值此之际，国家工业信息安全发展研究中心推出2020—2021年度"工业和信息化蓝皮书"，深入分析数字经济、数字化转型、工业信息安全、人工智能、新兴产业、中小企业和"一带一路"产业合作等重点领域的发展态势。相信这套蓝皮书有助于读者全面理解和把握我国工业和信息化领域的发展形势、机遇和挑战，共同为网络强国和制造强国建设贡献力量。

是以为序。

中国工程院院士

摘　要

2020 年，全球新冠肺炎疫情的暴发和蔓延加剧地区变化和冲突，中美竞争博弈态势持续，网络空间冲突和对抗色彩加剧，产业链供应链稳定性受到破坏，针对工业领域的设备系统供应链管理举措频出。在疫情传播背景下，针对装备、能源、医疗等关键敏感行业领域的网络攻击数量居高不下，勒索病毒、邮件钓鱼、数据窃取等互联网威胁手段仍然常见。

三年来，我国《工业控制系统信息安全行动计划（2018—2020 年）》稳步推进，实施成效明显，全国工控安全管理工作体系基本建立，全社会工控安全意识明显增强。全国在线监测网络、应急资源库、仿真测试平台、信息共享平台、信息通报平台（一网一库三平台）基本建成，态势感知、安全防护、应急处置能力显著提升，产业支撑生态基本构建。但同产业数字化转型发展、新型基础设施建设应用、网络强国与数字中国建设要求相比，在技术创新、管理协同、产业发展和人才培养方面还有发展空间。

党的十九届五中全会明确提出，要统筹发展和安全，将网络安全提到前所未有的高度。面向 2021 年，展望"十四五"，全球新冠肺炎疫情造成的负面影响仍将持续，引发对工业企业网络安全发展的迟滞作用或造成新的安全隐患。在新型基础设施建设发展、"5G+工业互联网"融合应用安全保障等多种需求驱动下，工业信息安全有望构建以工业企业为主体、主管部门为引领、科研机构为智囊、行业协会为助力、资本人才为保障的协同共治体系。

Abstract

In 2020, the outbreak and spread of the global COVID-19 epidemic intensify regional changes and conflicts, the competition between China and the United States will continue, the conflicts and confrontations in cyberspace will intensify, the stability of the industrial chain and supply chain were damaged, and supply chain management measures for equipment and systems in the industrial filed will appear frequently. In the context of the spread of the epidemic, cyber attacks targeting key sensitive sectors such as healthcare, energy and transportation remains high, and the Internet threats such as ransomware, email phishing and data theft are still common.

Over the past three years, Chinese *Industrial Control System Information Security Three-Year Action Plan (2018-2020)* has been steadily promoted with obviously implementation results. The national industrial control safety management system has been basically established, and the industrial control safety awareness of the whole society has been significantly enhanced.A national online monitoring network, emergency resource database, simulation testing, information sharing, and information notification platforms (one network, one database, and three platforms) have been basically completed. Situational awareness, safety protection, and emergency response capabilities have been significantly improved. Basic ecological support for industry has been established. However, compared with the requirements of industrial digital transformation and development, the application of new infrastructure construction, and the construction of a cyber power and a digital China, there is still room for further development in terms of technological innovation, management coordination, industrial development and personnel training.

The fifth plenary session of the 19th Central Committee of the Communist Party of China clearly stated that it is necessary to coordinate development and security, raising cyber security to an unprecedented level. In the face of 2021, the negative impact caused by the epidemic will continue, and the lagging effect on the development of industrial enterprises' network security may cause new security risks. In the development of new infrastructure construction, "5G+ industrial Internet" integration of application security and other demand driven, industrial information security is expected to build industrial enterprises as the main body, leading the competent departments, scientific research institutions for the think tank, industry associations for help, capital talent as the guarantee of the collaborative governance system.

目　录

Ⅰ 总报告

Ⅱ 政策法规篇

Ⅲ 保障工作篇

Ⅳ 技术产业篇

Ⅴ 专题篇

Ⅵ 附录

Ⅰ 总 报 告

General Report

B.1

工业信息安全态势和趋势

孙倩文　李端　闫寒　刘芷君　徐杰　李晓婷　叶晓亮　陈羽凡[1]

摘　要： 2020 年，新冠肺炎疫情的暴发引发新的经济危机、治理危机和国际秩序危机，各类风险日益增加并相互交织，尤其在中美博弈背景下，网络安全、供应链安全等新型风险的重要性凸显。总体来看，主要国家和地区频繁在工业领域系统设备的供应链

---

[1] 孙倩文，国家工业信息安全发展研究中心工程师，硕士，主要研究方向为网络安全、工业信息安全战略、网络安全产业等；李端，国家工业信息安全发展研究中心工程师，硕士，主要研究方向为工业信息安全、工业互联网安全、数据安全等；闫寒，国家工业信息安全发展研究中心工程师，硕二，主要研究方向为网络安全、工业互联网安全、网络空间治理等；刘芷君，国家工业信息安全发展研究中心助理工程师，硕士，主要研究方向为数据安全、供应链安全等；徐杰，国家工业信息安全发展研究中心工程师，硕士，主要研究方向为工业互联网安全、供应链安全；李晓婷，国家工业信息安全发展研究中心助理工程师，硕士，主要研究方向为网络安全；叶晓亮，国家工业信息安全发展研究中心助理工程师，硕士，主要研究方向为工业信息安全；陈羽凡，国家工业信息安全发展研究中心助理工程师，硕士，主要研究方向为网络安全产业、网络安全人才培养等。

安全推行限制政策加强管控力度。在新冠肺炎疫情造成的冲突背景下，针对医疗、电力、交通等相关敏感领域网络攻击的负面影响突出。我国工业信息安全管理体系、技术保障体系、产业生态体系、人才队伍体系建设取得重要进展，但还存在安全风险短期内难以摆脱、技术创新成效不够突出、安全协同能力有待提升、行业发展成熟度不高等问题挑战。面向"十四五"时期工业互联网等新型基础设施建设发展趋势、"5G+工业互联网"融合发展趋势，工业信息安全的风险与机遇同步增加，在现阶段发展累积的政策基础、机制基础、产业基础和人才基础之上，有望发展建立政、产、学、研、用深度合作机制，推动从工业信息安全发展从协同治理走向共同治理。

关键词： 工业信息安全；网络攻击；工业信息安全产业

Abstract： In 2020, the global outbreak of COVID-19 triggers a new economic crisis, governance crisis and international order crisis. Various risks are increasing and interwoven, especially in the context of the game between China and the United States, the importance of new risks such as cyber security and supply chain security is highlighted. In general, major countries frequently implement restrictive policies in the supply chain security of industrial systems and equipment to strengthen control.In the context of the conflict caused by the epidemic, the negative impact of cyber attacks on sensitive areas such as health care, electricity and transportation is prominent. Chinese industrial information security management system, technical support system, industrial ecosystem, talent team system construction has made important progress, but there are still security risks in the short term is difficult to get rid of, the effectiveness of technological innovation is not outstanding, security synergistic ability to improve, industry development maturity is not high issues and challenges. Oriented the development trend of the new infrastructure construction, such as the Industrual Internet during the "14th Five-Year Plan" period, "Internet" 5G+industry integration development trend, industry to increase the information security risk and opportunity, in the accumulation of the current development policy, mechanism, industrial foundation and talent, is expected to development administration, production, study and research, with the depth of the cooperation mechanism, Promote the development of industrial information security from collaborative governance to joint governance.

Keywords: Industrial Information Security; Cyber Attacks; Industrial Information Security Industry

一、工业信息安全 2020 年发展态势

新冠肺炎疫情、中美战略博弈加速暴露产业链供应链安全风险,美国、欧盟等国家和地区在重要工业领域针对系统设备采购和使用出台限制性管控举措,试图从根源降低风险。全球工业信息安全事件涉及十余个工业领域,其中,装备、能源和医疗等行业受影响较为严重,与互联网的联通仍是网络威胁的主要的来源。我国工业信息安全管理取得里程碑式成效,《工业控制系统信息安全行动计划(2018—2020 年)》《工业互联发展行动计划(2018—2020 年)》均圆满收官,漏洞报送机制基本健全,分类分级制度加速落地,安全监测平台初步建成,产业发展保持稳步增长,人才培育模式多元化发展,为全面构建工业信息安全良好生态奠定了重要基础。

（一）工业系统设备供应链安全举措更加落地

1. 美国进一步强化国防工业、电力能源领域供应链安全管控

美国 2020 年在国防工业、电力能源等重要工业领域以供应商为重点管控对象加强能力认证和安全管控。①国防工业领域。2020 年 1 月，美国国防部发布《网络安全成熟度模型认证（CMMC）1.0 版》，要求开展国防工业供应商网络安全能力评价，计划在 2026 年实现对所有国防工业供应商的强制性第三方网络安全认证。2020 年 5 月，美国国家安全局启动了名为"secure DNS"的试点计划，确保美国国防承包商强化域名系统使用安全，防范恶意软件威胁。②电力能源领域。2020 年 5 月，美国总统签署《确保美国大容量电力系统安全》行政令，授权美国能源部长研制电力设备和供应商认证标准，牵头成立关于能源基础设施采购政策的特别工作组，禁止采购对国家安全造成风险的海外电力设备。

2. 美欧重视评估和应对 5G 基础设施采购、开发和部署中的供应链安全风险

2020 年，美国、欧盟尤为关注 5G 供应商的安全性。2020 年 1 月，欧盟委员会发布 5G 网络安全"工具箱"，建议成员国评估 5G 网络供应商风险状况，对高风险供应商实施限制，避免依赖单一供应商。2020 年 3 月，美国白宫发布《国家 5G 安全战略》，强调评估和解决全球 5G 基础设施开发和部署过程中的安全风险，要求依据相关政策法规管理美国联邦政府 5G 基础设施部署中的供应链风险，同时应对来自高风险供应商的风险。2020 年 8 月，美国国土安全部网络安全和基础设施安全局（CISA）发布《CISA 5G 战略：确保美国 5G 基础设施安全和韧性》，强调要增强对 5G 供应链风险的态势感知，并推广安全措施，培养值得信赖的 5G 供应商。

3. 多个国家和地区在物联网供应链安全领域出台实操性举措

为应对万物互联带来的网络安全风险，主要国家和地区对物联网设备制造商提出安全准则，确保物联网供应链上的设备和技术部署中的安全性。2020 年 8 月，加拿大隐私事务专员办公室发布《物联网设备制造商隐私指南》，强调物联网设备制造商在个人信息保护方面的合规要求。2020 年 9 月，澳大利亚政府发布《行为准则：保障消费者物联网安全》，为物联网设备制造商提供了提升物联网设备安全性的 13 条自愿的行为准则。2020 年 11 月，欧盟网络安全局（ENISA）发布《保护物联网准则》，提出了确保物联网供应链安全的准则，为物联网开发全生命周期的安全性提供了指南，指导开发人员、制造商、集成商等利益相关者在物联网供应链各环节进行安全决策。2020 年 12 月，美国总统签署美国第一部国家物联网安全法《物联网网络安全改进法案》，通过为美国政府机构购买的物联网设备设定最低安全标准的方式应对相关网络风险。

（二）装备、能源、医疗等领域受攻击影响严重

根据国家工业信息安全发展研究中心监测数据显示，2020 年全球有公开报道的工业信息安全事件约 70 件，涉及 8 大领域，16 个细分领域（见图 1-1）。装备制造、能源（电力、石油和天然气）等行业为遭受网络攻击最严重的领域，占比分别达到 27%、21%。交通运输、电子信息制造、消费品制造、水利等行业网络攻击呈现高发态势。事件集中发生在 4—6 月和 12 月（见图 1-2）。

1. 医疗行业受疫情影响遭受较多网络攻击

在新冠肺炎疫情背景下，2020 年全球医疗行业网络安全事件数明显增多，集中发生在全球疫情态势严峻期间，且针对医疗机构甚至疫苗研发机构的攻击较多。例如，2020 年 4 月 19 日，美国联邦调查局（FBI）确认已有外国政府黑客侵入美国新冠病毒研究机构，FBI 称这些国家意在收集有关细节，甚至窃取机密。2020 年 4 月 27 日，北京汇医慧影公司遭黑客

入侵,该公司的新冠病毒检测技术及数据被黑客公开出售。2020 年 11 月,微软发现 3 起针对新冠病毒疫苗研发公司的 APT 攻击。2020 年 12 月 9 日,通用电气医疗成像设备被披露存在数据泄露风险,攻击者可使用医疗成像设备未更改的硬编码密码来获取设备上的患者数据,也可破坏设备的正常运行。

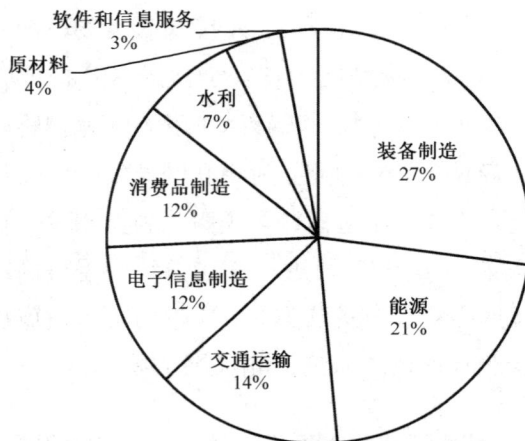

图 1-1　2020 年全球工业信息安全事件涉及领域分布

资料来源：国家工业信息安全发展研究中心整理。

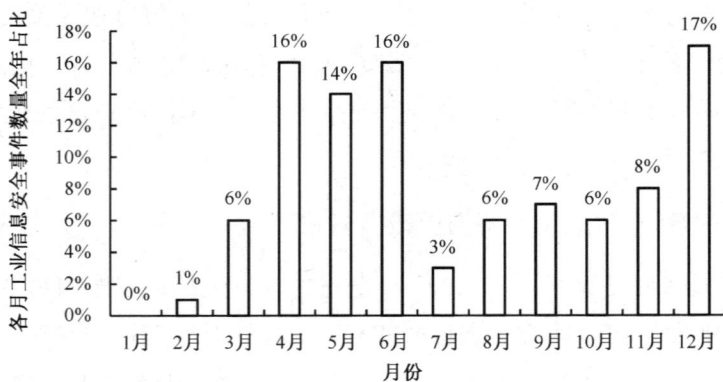

图 1-2　2020 年全球工业信息安全事件发生时间分布

资料来源：国家工业信息安全发展研究中心整理。

2. 勒索软件仍为攻击者最青睐的攻击手段

一方面，原本还存在老旧漏洞的工业设备加速"上网"；另一方面，勒索软件具有攻击面广、攻击收益高等特点，导致工业领域勒索软件攻击事件频频发生。根据国家工业信息安全发展研究中心监测数据显示，2020年勒索软件是众多事件成因（勒索软件、弱密码验证防护、APT攻击、未授权访问、国家网络攻击、代码注入等）中的最主要原因，2018—2020年，勒索软件攻击导致的工业信息安全事件占比连续3年增长，连续两年处于全球工业信息安全事件成因首位，远远高于其他攻击手段，2020年该比例甚至高达57.1%（见图1-3）。

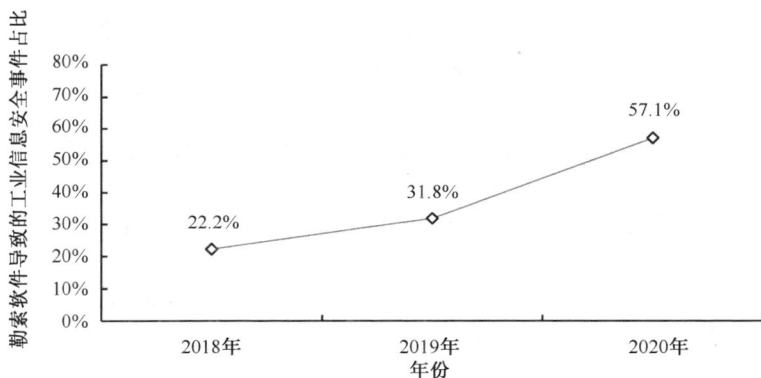

图 1-3 2018—2020 年全球勒索软件导致的工业信息安全事件占比

资料来源：国家工业信息安全发展研究中心整理。

3. 数据泄露问题依然严峻

根据国家工业信息安全发展研究中心监测数据显示，2018—2020年数据相关安全事件全年占比呈现增长趋势，涉及领域进一步扩大，2020年占比达35.6%，涉及领域达到3年最高水平（见图1-4）。①能源领域。2020年4月10日，美国能源行业劳动力市场和服务提供商RigUp遭遇网络攻击，泄露了76000份美国能源行业组织和个人的私人文件。②汽车制造领域。2020年4月27日，美国智能停车收费系统制造商CivicSmart遭到勒索软件攻击，159 GB 数据发生泄漏。③交通运输领域。2020 年 6 月 9 日，美国圣安东尼奥航空航天公司遭网络入侵，导致 1.5TB 敏感数据泄露。

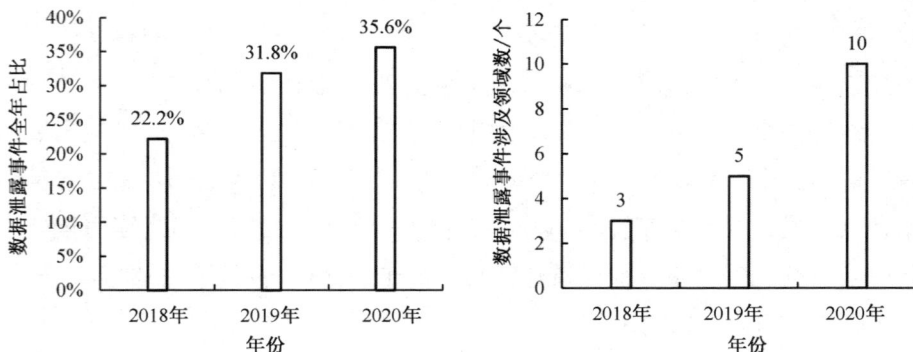

图 1-4　2018—2020 年全球涉及数据泄露的工业信息安全事件发展趋势

资料来源：国家工业信息安全发展研究中心整理。

（三）互联网威胁仍是工业控制系统最大的威胁来源

1. 受新冠肺炎疫情影响，针对工业主机的网络攻击有所减少

根据卡巴斯基 ICS-CERT 监测数据显示，2020 全球范围内每月约有 16% 的工业计算机遭到网络攻击，比例相较于前两年（20% 以上）有所下降（见图 1-5）。但更易遭受攻击的地区与往年类似，工业控制系统（以

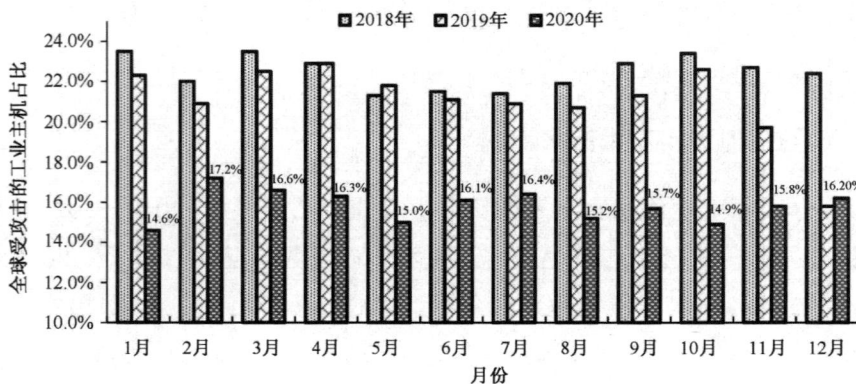

图 1-5　2018—2020 年全球受攻击的工业主机比例

资料来源：卡巴斯基 ICS-CERT，国家工业信息安全发展研究中心整理。

下简称"工控系统")遭受攻击比例较高的地方多处于产业链中低端、以制造加工为主的亚洲、非洲等地区，欧洲、北美等地区的受攻击比例较低。我国连续多个月位列全球工控系统遭受攻击比例较高国家和地区的前十名，工业信息安全风险依旧严峻（见表1-1）。

表 1-1　2020 年全球工控系统遭受攻击比例较高的国家和地区

排名	2020 年上半年（累计）		2020 年 7 月		2020 年 9 月		2020 年 11 月	
	国家/地区	比例	国家/地区	比例	国家/地区	比例	国家/地区	比例
1	阿尔及利亚	58.1%	越南	30.9%	阿尔及利亚	32.9%	阿尔及利亚	33.2%
2	越南	57.0%	埃及	30.4%	越南	30.2%	突尼斯	35.0%
3	突尼斯	53.6%	阿尔及利亚	30.2%	埃及	30.1%	伊拉克	29.0%
4	中国	51.3%	中国	29.3%	印度尼西亚	28.3%	越南	28.9%
5	摩洛哥	51.0%	摩洛哥	28.4%	摩洛哥	26.0%	埃及	28.2%
6	埃及	49.3%	印度尼西亚	28.4%	伊拉克	25.9%	印度尼西亚	27.9%
7	印度尼西亚	48.5%	韩国	26.6%	沙特阿拉伯	25.4%	中国	26.2%
8	秘鲁	43.3%	厄瓜多尔	23.6%	中国	25.1%	摩洛哥	26.2%
9	白俄罗斯	42.0%	哈萨克斯坦	22.8%	阿联酋	23.6%	沙特阿拉伯	25.7%
10	伊朗	41.3%	伊朗	22.5%	哈萨克斯坦	23.1%	阿联酋	23.8%
11	泰国	40.8%	阿联酋	22.4%	韩国	22.8%	伊朗	23.6%
12	厄瓜多尔	40.7%	泰国	22.0%	泰国	22.7%	哈萨克斯坦	22.0%
13	哈萨克斯坦	40.5%	秘鲁	21.4%	伊朗	21.2%	厄瓜多尔	21.9%
14	墨西哥	37.8%	白俄罗斯	21.1%	厄瓜多尔	21.2%	泰国	21.9%
15	印度	37.5%	印度	21.0%	印度	19.3%	乌克兰	20.8%

资料来源：卡巴斯基 ICS-CERT，国家工业信息安全发展研究中心整理。

2. 互联网仍是工业主机最大的威胁来源

根据卡巴斯基 ICS-CERT 监测数据，互联网、可移动存储设备、电子邮件是工业主机 3 个最主要的威胁来源（见图 1-6）。虽然 2020 年受疫情和其他因素等多方面影响，工业主机受攻击的比例有所下降，但来自互联网的安全威胁仍是工控系统最大的威胁来源，受攻击比例约为 7%。

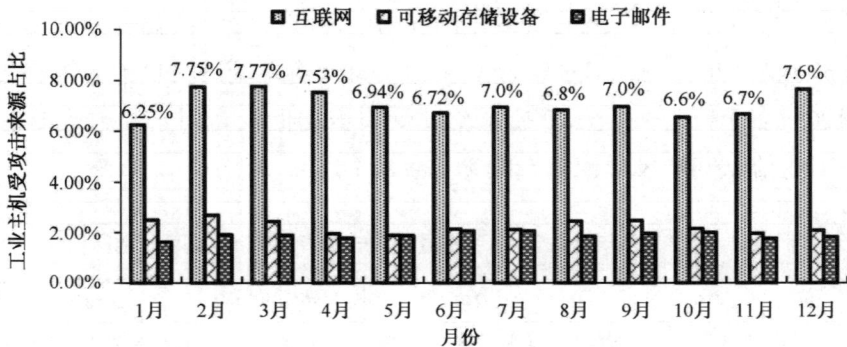

图 1-6 2020 年受攻击工业主机的威胁来源

资料来源：卡巴斯基 ICS-CERT，国家工业信息安全发展研究中心整理。

（四）工控系统安全漏洞报送机制进一步健全

1. 工控系统安全漏洞数量持续增长

根据国家信息安全漏洞共享平台（CNVD）的数据进行统计，2020 年新增工控系统安全漏洞数达 682 个，增长率为 20%（见图 1-7）。2020 年新增漏洞中，含高危漏洞 272 个、中危漏洞 364 个，中高危漏洞占比高达 93.3%；有厂商修复补丁的漏洞数量为 315 个，占比为 46.2%。

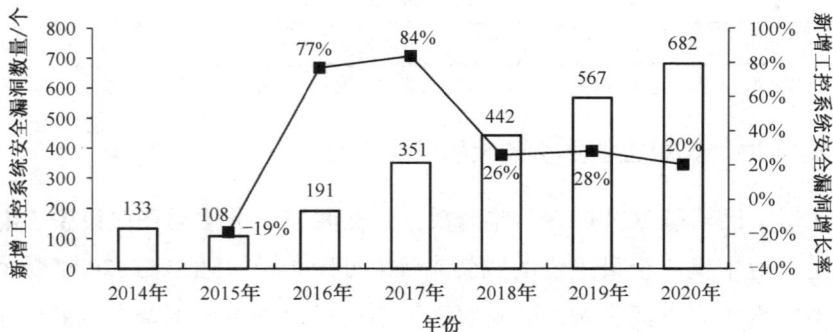

图 1-7 2014—2020 年新增工控系统安全漏洞数量及增长率

资料来源：国家信息安全漏洞共享平台（CNVD）。

2. 多种类型的工控安全漏洞被挖掘

2020 年，在国家工业信息安全漏洞库（CICSVD）收录的通用型漏洞中，共涉及 31 种漏洞成因类型，主要漏洞类型及其数量如图 1-8 所示。其中，缓冲区错误漏洞数量最多。数量排名前 6 的漏洞类型还有输入验证错误、授权问题、资源管理错误、拒绝服务、权限许可和访问控制问题。在收录的通用型漏洞中，从厂商角度看，涉及西门子、施耐德电气、研华科技等企业相关产品的漏洞数目较多（见图 1-9）；从产品类型看，PLC、组态软件、工业路由器、SCADA 等产品的漏洞数量较多（见图 1-10）。

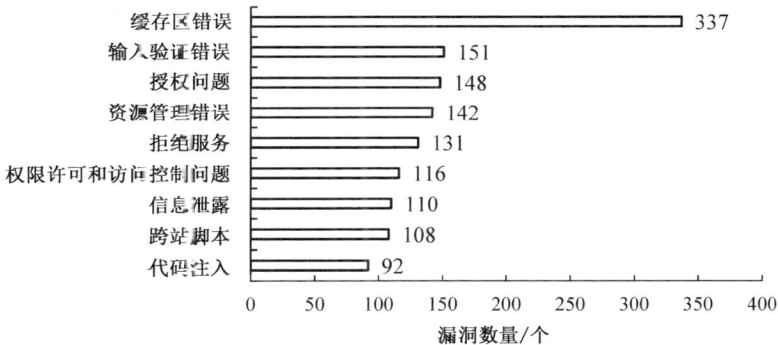

图 1-8　2020 年 CICSVD 收录漏洞的主要类型

资料来源：国家工业信息安全发展研究中心《2020 年工业信息安全漏洞态势年度简报》。

根据美国网络安全和基础设施安全局（CISA）发布的《工业控制系统安全威胁情报》，2020 年新增或更新威胁情报达 283 条，其中，新增发布 249 条，涉及漏洞 812 个，2020 年新发布的漏洞 516 个。涉及关键制造领域的安全漏洞约为总数的 21.73%，能源、供水和废水系统等领域的漏洞数量也较多,关键工控系统和信息基础设施系统的脆弱性暴露明显（见图 1-11）。

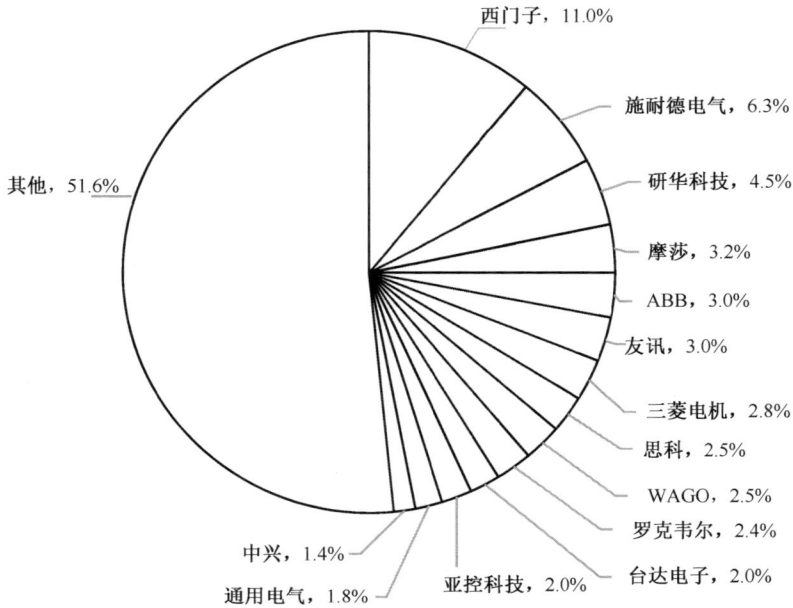

图 1-9　2020 年 CICSVD 收录漏洞涉及的厂商

资料来源：国家工业信息安全发展研究中心《2020 年工业信息安全漏洞态势年度简报》。

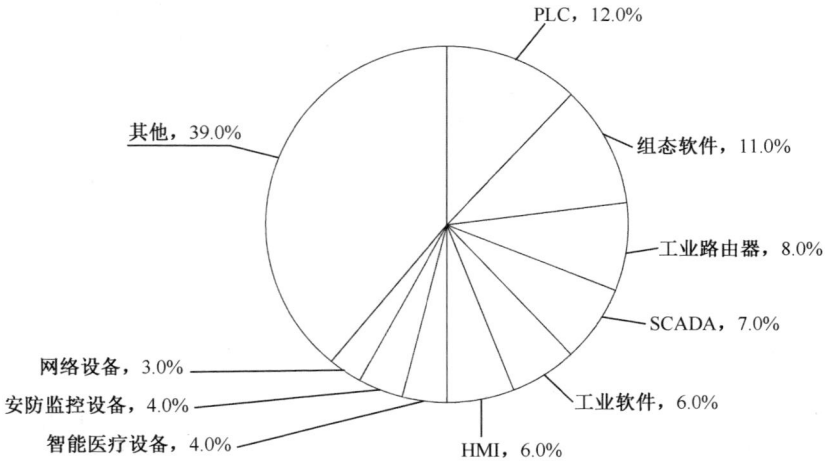

图 1-10　2020 年 CICSVD 收录漏洞涉及的产品种类

资料来源：国家工业信息安全发展研究中心《2020 年工业信息安全漏洞态势年度简报》。

关键制造 ⎯⎯⎯⎯⎯⎯⎯⎯⎯⎯⎯ 158（21.73%）
能源 ⎯⎯⎯⎯⎯⎯⎯⎯⎯ 136（18.71%）
供水和废水系统 ⎯⎯⎯⎯⎯ 97（13.34%）
食品和农产品加工 ⎯⎯ 67（9.22%）
化学制品 ⎯⎯ 63（8.67%）
商业设施 ⎯ 51（7.02%）
医疗和公共卫生 ⎯ 46（6.33%）

0 20 40 60 80 100 120 140 160 180 200
漏洞数量/个

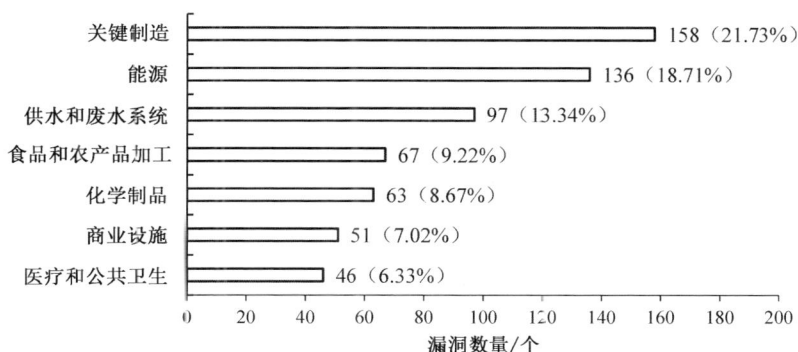

图 1-11　2020 年已公开工控系统安全漏洞涉及的主要行业领域

资料来源：美国网络安全和基础设施安全局（CISA）。

（五）分类分级安全管理制度加快构建

1. 工业数据安全防护要求持续加码

工业数据作为新的生产要素资源，在支撑制造业数字化转型中的重要作用日益凸显，针对工业数据安全保护力度逐步升级、持续加大。2020 年 3 月，工业和信息化部发布《关于推动工业互联网加快发展的通知》，提出要加快健全安全保障体系，完善安全技术监测体系，健全安全工作机制，加强安全技术产品创新，督促指导企业提升安全水平。2020 年 4 月，工业和信息化部印发《关于工业大数据发展的指导意见》，要求构建工业数据安全管理体系，明确企业安全主体责任和各级政府监督管理责任，构建工业数据安全责任体系。

2. 分类分级导向提升精准化防护能力

2020 年 2 月，工业和信息化部办公厅印发《工业数据分类分级指南（试行）》的通知，指导企业提升工业数据管理能力，促进工业数据的使用、流动与共享。根据文件的任务部署，工业数据分类分级应用试点工作深入推进，按照"企业点突破、行业线贯通、地方面推广"的思路，立足行业特征，进一步细化了数据分类目录和分级量化指标，有效引导企业落实工业数据分类分级管理主体责任，提升数据管理和安全防护能力，有效挖掘和释放数据的潜在价值。2021 年 1 月，工业和信息化部办公厅印发《关于开展工业互联网企业网络安全分类分级管理试点工作的通知》，选定天津、吉林、上海等 15 个省（区、直辖市）开展试点，旨在探索可复制、可推广的工业互联网网络安全分类分级管理模式，总结一批典型解决方案，选拔一批优秀示范企业，培育一批专业服务机构。

3. 安全标准制定支撑防护措施加快落地

工业信息安全领域关键性标准加快制定，2020 年 4 月，工业和信息化部发布《网络数据安全标准体系建设指南》（征求意见稿），提出到 2021 年初步建立网络数据安全标准体系。2020 年 5 月，由国家工业信息安全发展研究中心牵头起草的《工业互联网数据安全防护指南》作为国家标准研究项目立项，从通用防护、分类防护、分级防护 3 个维度提出工业互联网数据安全防护框架。2020 年 12 月，工业和信息化部办公厅印发了《电信和互联网行业数据安全标准体系建设指南》，要求工业互联网安全重点关注控制系统、设备、网络、数据、平台、应用程序安全和安全管理等。工业互联网领域的数据安全标准主要包括工业互联网数据安全保护、工业互联网数据分级技术等。

（六）多级联动的安全保障平台基本建成

1. 国家级工业信息安全技术保障平台基本建成

①工控系统信息安全方面。根据《工业控制系统信息安全行动计划（2018—2020 年）》，到 2020 年，建成全国在线监测网络、应急资源库、仿真测试平台、信息共享平台、信息通报平台（一网一库三平台），态势感知、安全防护、应急处置能力显著提升。国家级工业信息安全技术机构持续完善主动监测、被动诱捕、威胁情报获取等工控安全在线监测手段，

扩展工控系统资产识别种类，提高识别精准度和搜索效率。②工业互联网安全方面。工业互联网安全保障体系加快建设，国家、省、企业三级联动的技术监测能力基本建立，覆盖机械制造、电子信息等 14 个重点工业领域、150 个重点工业互联网平台，应对工业互联网威胁的监测预警、信息共享、通报处置闭环工作机制初步建立，产业生态、技术攻关、服务供给等市场化要素加码推进。

2. 工业互联网创新发展工程和试点示范成效显著

3 年来，工业互联网创新发展工程（安全方向）累计支持网络安全产业链协同创新、公共服务平台建设等 200 多个项目，投入财政资金约 60 亿元，带动社会投资近 200 亿元，边界防护、态势感知、安全审计、拟态防御等一批核心技术加快突破。2020 年 4 月，工业和信息化部对 2020 年工业互联网创新发展工程项目进行公开招标，包含省级工业互联网安全态势感知平台、工业互联网数据可信交换共享服务平台等一批工业互联网安全项目。2020 年 7 月，中标候选人公示（见表 1-2）。同时，网络安全技术应用试点示范继续加强项目支持。2020 年 11 月，工业和信息化部办公厅公布了 177 个网络安全技术应用试点示范项目，其中，新型信息基础设施安全类中包含工业互联网安全、车联网安全、物联网安全等项目。

表 1-2　2020 年工业互联网创新发展工程安全项目及中标候选人

序号	项目名称	中标候选人（牵头单位）
1	智能网联汽车安全检测平台项目	工业和信息化部计算机与微电子发展研究中心（中国软件评测中心）
		中国汽车工程研究院股份有限公司
		中国汽车技术研究中心有限公司
2	智慧能源互联网安全态势感知平台项目	国网湖南省电力有限公司
		南方电网数字电网研究院有限公司
		国网河南省电力公司
3	数据安全风险监测追溯与综合管理平台项目	北京四维图新科技股份有限公司
		中国信息通信研究院
		中电数据服务有限公司

序号	项目名称		中标候选人（牵头单位）
4	省级工业互联网安全态势感知平台项目	第一包	工业互联网创新中心（上海）有限公司
			中国—东盟信息港股份有限公司
			中国联合网络通信有限公司甘肃省分公司
		第二包	中国电信股份有限公司四川分公司
			中国联合网络通信有限公司内蒙古自治区分公司
			三六零科技集团有限公司
		第三包	黑龙江省通信技术支撑中心
			青海启明星辰信息技术有限公司
			中国电信集团有限公司西藏分公司
		第四包	中国移动通信集团云南有限公司
			中国联合网络通信有限公司河北省分公司
			中国电信股份有限公司海南分公司
5	嵌入式芯片安全检测平台项目		中国科学院微电子研究所
			中国电子科技集团公司第十三研究所
			工业和信息化部电子第五研究所
6	面向工业机器人开发及应用安全测试验证平台项目		杭州海康威视数字技术股份有限公司
			哈尔滨工业大学
			上海机器人产业技术研究院有限公司
7	面向工业互联网的人工智能数据安全风险检测验证服务平台项目		中国信息通信研究院
			中国工业互联网研究院
8	面向电力行业的工业互联网络信任支撑平台项目		中国电力科学研究院有限公司
			南方电网数字电网研究院有限公司
9	工业企业网络安全综合防护平台项目	第一包	青岛双星轮胎工业有限公司
			中国烟草总公司四川省公司
			三一重能有限公司
		第二包	深圳市燃气集团股份有限公司
			通号城市轨道交通技术有限公司
			国网辽宁省电力有限公司
		第三包	国网浙江省电力有限公司

续表

序号	项目名称		中标候选人（牵头单位）
9	工业企业网络安全综合防护平台项目	第三包	中国长城科技集团股份有限公司
			宝钢工程技术集团有限公司
		第四包	武汉虹信通信技术有限责任公司
			济南第一机床有限公司
			浙江省能源集团有限公司
		第五包	兖矿集团有限公司
			中化国际（控股）股份有限公司
			内蒙古北方重工业集团有限公司
10	工业互联网网络安全公共服务平台项目	第一包	中国电信股份有限公司
			中移系统集成有限公司
		第二包	中国广播电视网络有限公司
			中国联合网络通信有限公司
11	工业互联网数据可信交换共享服务平台项目		国家工业信息安全发展研究中心
			国家计算机网络与信息安全管理中心浙江分中心
12	工业互联网渗透测试和众测平台项目		中国电子技术标准化研究院
			中国工业互联网研究院
			阿里云计算有限公司
13	工业互联网平台企业网络安全综合防护系统项目	第一包	浪潮云信息技术有限公司
			江苏徐工信息技术股份有限公司
		第二包	宜科（天津）电子有限公司
14	工业App安全防护与测试服务平台项目		北京梆梆安全科技有限公司
			奇安信科技集团股份有限公司
15	车联网安全态势感知平台项目		东风畅行科技股份有限公司
			中国工业互联网研究院
			中国汽车技术研究中心有限公司
16	面向工业企业、工业互联网平台企业等的网络安全解决方案供应商项目	第一包	北京神州绿盟科技有限公司
			深信服科技股份有限公司
			北京网御星云信息技术有限公司
		第二包	太极计算机股份有限公司
			博智安全科技股份有限公司
			浙江鹏信信息科技股份有限公司

序号	项目名称		中标候选人（牵头单位）
16	面向工业企业、工业互联网平台企业等的网络安全解决方案供应商项目	第三包	上海爱数信息技术股份有限公司
			北京珞安科技有限责任公司
			北京神州泰岳软件股份有限公司
		第四包	远江盛邦（北京）网络安全科技股份有限公司
			长扬科技（北京）有限公司
			北京安盟信息技术股份有限公司
		第五包	无
		第六包	无
		第七包	无
17	工业互联网商用密码应用公共服务平台项目		中国工业互联网研究院

资料来源：国家工业信息安全发展研究中心整理。

3. 新技术与工业信息安全加快融合创新应用

人工智能、区块链、大数据、云计算等技术与工业信息安全加速融合，涌现出一批技术创新成果和行业应用。一是互联网企业输出集成安全能力的系统及软件。阿里云盾提供 DDoS 防护、主机入侵防护、Web 应用防火墙、态势感知等"一站式"安全产品及服务，助力提升工业互联网平台安全防护水平。二是安全企业提升融合安全解决方案供给能力。基于人工智能的恶意流量检测、工控系统漏洞挖掘、恶意代码检测、异常行为发现等工具技术和产品，基于区块链的全流程可追溯技术，基于边缘计算的隔离技术等成为当前行业领域热点。例如，奇虎 360、启明星辰等安全厂商为航天云网 Indics 工业互联网平台建立病毒库、漏洞库及防护工具库，支持平台入侵检测、漏洞扫描和主动防御。三是平台企业加快提升自身安全防护能力。海尔 COSMOPlat 工业互联网平台自主研发海安盾安全防护系统，以工业 IaaS 层的虚拟化安全、主机安全为重点，形成集态势感知、业务系统安全分析、漏洞发现为一体的安全解决方案。树根互联根云平台聚焦 PaaS 和 SaaS 层安全，支持平台主机、应用的安全审计和工业 App 上线前安全检测与加固。

（七）资本助力产业规模逆势保持稳步增长

1. 政策利好与安全需求共同驱动，助力产业整体规模持续增长

在大力部署推进 5G、工业互联网等新型基础设施建设的正向推动下，新冠肺炎疫情倒逼工业企业加强网络安全防护，受政策和需求双重因素的驱动，2020 年，我国工业信息安全产业表现抢眼。根据国家工业信息安全发展研究中心调研数据，2019 年，我国工业信息安全产业规模保持快速上升之势，产业规模为 99.74 亿元，市场增长率达 41.84%，其中，工业互联网安全产业规模为 38.3 亿元，较 2018 年同比增长 51.62%。经综合研判，预计 2020 年我国工业信息安全市场增长率将达 23.13%，市场整体规模将增长至 122.81 亿元。

2. 产融合作未受疫情影响，资本活跃度不减

据统计，2020 年我国工业信息安全产业投融资事件共 16 起，基本与 2019 年持平，占全年网络安全投融资事件的 25%（见表 1-3），资本活跃度较高。一是资本整体看好工业信息安全潜在市场。受新冠肺炎疫情影响，资本对产业投资态度相对谨慎。但在工业信息安全领域，资本在早期项目及中后期项目皆有涉猎，天防安全、六方云等高成长性企业更是在 2020 年两度获得资本加持。二是国家资本参与工业信息安全行业整合。例如，2020 年 11 月，由国金证券直投基金国金鼎兴领投，上海国有资产管理委员会下属上海国鑫投资、宝鼎投资，清华大学研究院直投基金清研资本，浙江国有创投基金台州金控，上海市国有创投基金上海锦冠、上海镕乐，广东政府引导基金蚁米基金、金泉渡基金等共同参与完成对博智安全的 D 轮 3.7 亿元投资。三是上市企业投资价值深获认可。Wind 数据显示，2020 年 7 月 22 日，奇安信正式挂牌科创板，股价开盘上涨 138%，截至收盘报 133.55 元，市值 907.63 亿元。此次 IPO 原计划募资 45 亿元，但上市前夕

已实现超募 57.19 亿元，创同类型企业 A 股募资额新高。

表 1-3　2020 年国内工业信息安全厂商融资情况

序号	时间	公司	金额（人民币）
1	2020-03-27	天懋信息	新三板定增 800 万元
2	2020-04-21	六方云	A 轮融资数千万元
3	2020-04-29	天防安全	天使轮融资 1200 万元
4	2020-05-17	烽台科技	获启明星辰战略投资、未披露金额
5	2020-06-01	珞安科技	B 轮融资数千万元
6	2020-06-08	木链科技	A 轮数千万元
7	2020-07-02	齐治科技	未披露
8	2020-07-10	云涌科技	科创板 IPO 上市募资 6.7 亿元
9	2020-07-17	六方云	C 轮融资数千万元
10	2020-07-22	奇安信	基石投资 1.1 亿元
11	2020-08-06	长扬科技	C 轮融资 1.5 亿元
12	2020-09-24	万物安全	获战略投资、未披露金额
13	2020-09-25	派拉软件	C 轮融资近 3 亿元
14	2020-10-13	融安网络	B 轮融资近亿元
15	2020-11-02	天防安全	天使+轮融资 2000 万元
16	2020-11-24	博智安全	D 轮融资 3.7 亿元

资料来源：国家工业信息安全发展研究中心整理。

3. 全国工控安全深度行活动加快推进行业交流和技术进步

2020 年国家工业信息安全发展研究中心累计举办 8 场全国工控安全深度行活动，分别为江苏站、四川站、云南站、山西站、辽宁站、江西站、京津冀站、河南站。综合运用工业信息安全高峰论坛、攻防对抗赛、工业企业调研等形式手段，全面展现工控系统信息安全技术研究、态势感知、应急保障、产业促进等工作进展，提升行业热度，促进产学研用协同。工业信息安全高峰论坛邀请研究院所专家、行业代表围绕"工控安全行业实践"进行交流和研讨，共议工控安全防护能力现状及产业发展等热点话题，对推进一网一库三平台建设、构建工控安全保障体系、指导工业企业提升工控安全防护能力具有重要意义。

（八）工业信息安全人才培育模式多元发展

1. 网络安全、信息安全学科建设增加工业信息安全学科人才供给

为推进国家安全战略实施，加快高层次人才培养，2015 年教育部增设"网络空间安全'一级学科。2020 年 3 月，教育部公布《教育部关于公布2019 年普通高等学校本科专业备案和审批结果的通知》，我国新增 19 个网络空间安全专业点，另有 8 所高等院校增设信息安全专业。截至目前，我国网络空间安全本科专业点累计达 72 个，信息安全本科专业点达 140个。高等院校相关专业的开设壮大成为工业信息安全学科人才的主要培养途径。2020 年，国家工业信息安全发展研究中心围绕工业互联网安全、信息系统和设备安全等举办工业信息安全大讲堂，从工业企业安全技术落地的实际需求和防护痛点出发，对系统软硬件的攻击面和安全防护进行解读和建议，累计观看企业数量超过 400 家。

2. 工业信息安全赛事实践助力挖掘、培育、锤炼实战型人才

我国对标 DEFCON、Pwn2Own 等世界顶级网络安全比赛，积极推动网络安全相关领域竞赛的发展。2020 年，我国网络安全相关竞赛丰富多样，具有一定规模和行业影响力的竞赛超过 20 场，其中，工业信息安全领域有 7 场（见表 1-4），包括 2020 年全国工业互联网安全技术技能大赛、2020 年电力行业网络安全攻防邀请赛、"中能融合杯"第六届全国工控系统信息安全攻防竞赛、2020 年福建省第三届工业控制系统信息安全攻防大赛暨首届工业互联网安全技术技能大赛等，聚焦工业信息安全领域风险识别，全面推动安全技术应用，选拔了一批面向实战的工业信息安全队伍和选手，助力培养更多兼备信息安全与工业技术背景的复合型人才。

3. 校企联合实验室面向产业需求输出行业人才

校企联合实验室发挥实战培养作用，汇聚高校、企业在科研能力、产

业资源等方面的优势，在合作研发前沿技术、优化现有产品方案的过程中，构建面向产业需求的人才培养模式。例如，绿盟科技与哈尔滨工业大学计算机学院共建"工业信息安全联合实验室"，与西安交通大学电子与信息工程学院共建工业互联网安全联合实验室，与常州信息职业技术学院合作成立工业互联网安全重点实验室、工业互联网安全区域服务中心、工业互联网安全人才培训基地。启明星辰联合重庆邮电大学成立工业互联网安全实验室。此外，安恒信息与山东科技大学共同成立青岛市企业工业控制安全运营中心，在校企合作育人的基础上向工业企业输出安全能力。

表 1-4　2020 年工业信息安全相关竞赛

序号	赛事名称	时间	类型	获奖机构（队伍）
1	2020 年工业信息安全技术技能大赛	2020-07— 2020-09	行业专场为靶场攻防场景对抗模式　技能专场分为应急响应、防护验证、溯源分析等	前十名：恒安嘉新（北京）科技股份公司、国家电网山东省电力公司、河南崛企信息技术有限公司、绿盟科技集团股份有限公司、广西壮族自治区信息安全测评中心、江苏瑞新信息技术股份有限公司、信息工程大学、辽宁北方实验室有限公司、博智安全科技股份有限公司、云南昆钢电子信息科技有限公司
2	2020 年电力行业网络安全攻防邀请赛	2020-08— 2020-11	理论答题、夺旗类比赛	职工组团队成绩前十名：南方电网数字传媒科技队、护网先锋、H3ll0_World、剁椒鱼头、贵州电网甲秀青禾队、对对、鄂电网安 1024、1nnoc3nt、猪油拌粉、壮乡之光　职工组个人赛成绩前六名：黄华、赖博宇、徐传懋、陈燕峰、吴赫、崔冬　学生组团队成绩前三名：北京航空航天大学的"我应该在车底"队、防灾科技学院的"Ginkgo"队、华北电力大学的"CTF_穿堂风"队　个人成绩前六名：赵宇飞、王宇、魏江水、刘轩成、刘翰卓、余杰

序号	赛事名称	时间	类型	获奖机构（队伍）
3	"中能融合杯"第六届全国工控系统信息安全攻防竞赛	2020-08—2020-09	夺旗类比赛	**特等奖**：国家电网山西省电力公司电力科学研究院 **一等奖**：清华大学、南方电网科学研究院有限责任公司 **二等奖**：北京航空航天大学、成都安美勤信息技术股份有限公司、国家电网冀北电力有限公司电力科学研究院 **三等奖**：河南经贸职业学院计算机工程学院、中国电信股份有限公司研究院、平顶山学院计算机学院、长春嘉诚信息技术股份有限公司、河北千城电子科技有限公司、国家电网河北省电力有限公司、郑州大学、国家电网天津市电力公司、山东新潮信息技术有限公司、国家电网南京供电公司、新疆量子通信技术有限公司、国家电网江苏省电力有限公司、国家电网重庆市电力公司电力科学研究院
4	首届中国 I²S 峰会暨工业互联网安全大赛	2020-10	夺旗类比赛	**前六名**：恒安嘉新（北京）科技股份公司、广西壮族自治区信息安全测评中心、成都安美勤信息技术股份有限公司、山东新潮信息技术有限公司、江苏正信信息安全测试有限公司、杭州默安科技有限公司
5	2020年福建省第三届工业控制系统信息安全攻防大赛暨首届工业互联网安全技术技能大赛	2020-10	理论答题、夺旗类比赛	**一等奖**：中国移动通信集团福建有限公司 **二等奖**：国网福建省电力有限公司、福建省海峡信息技术有限公司 **三等奖**：中国电信股份有限公司福建分公司、厦门三绎信息科技有限公司、中电福富信息科技有限公司、福州职业技术学院
6	西湖论剑·网络安全技能大赛（网络安全攻防赛、IoT闯关赛、AI大数据安全分析赛及可信众测赛）	2020-10—2020-11	夺旗类比赛、破解类比赛、数据分析类比赛	**IoT闯关赛一等奖**："chamd5"战队 **AI大数据安全分析赛一等奖**："数安先锋"战队、"S3"战队 **网络安全技能赛一等奖**："Whizard"战队 **网络安全技能赛特别奖**："0ops"战队

序号	赛事名称	时间	类型	获奖机构（队伍）
7	2020 年全国工业互联网安全技术技能大赛	2020-10—2020-11	理论知识考试、技能操作考核	**职工组一等奖：** Nu1L 的"Nu1L"战队、奇安信集团的"虎符"战队、国家电网河南省电力公司的"郑州烩面"战队、绿盟科技股份集团有限公司的"M01N"战队、国家电网山东省电力公司的"荣耀护网"战队 **教师组一等奖：** 战略支援部队信息工程大学的"xd 养老院"战队、北京航空航天大学的"北航 CST"战队 **学生组一等奖：** 河北师范大学、深圳大学、西南民族大学的"葱爆羊又"战队、复旦大学的"Blackzard"战队、信息工程大学的"BHCS"战队、北京航空航天大学的"or4nge"战队、南昌大学的"OLinkSec 老年人队伍"战队 其他奖项详见《2020 年全国工业互联网安全技术技能大赛获奖名单公布》

资料来源：国家工业信息安全发展研究中心整理。

二、工业信息安全面临的挑战

3 年的全面建设为我国工业信息安全发展奠定了良好基础，但同工业信息安全动态防护需求、新型基础设施建设发展安全保障需求，制造强国、网络强国和数字中国保障要求相比，还存在安全风险程度较高、技术创新成效还不明显、行业集中度有待提升、人才培养和认证机制有待完善等问题和挑战。

（一）工业企业新旧安全风险相互交织

在工业场景开放化、平台化的发展趋势下，工业领域高风险的黑客攻击、勒索软件、数据泄露等安全事件近年来时有发生，加之受新冠肺炎疫情影响，工业企业面临的网络安全新旧风险交织。一是勒索软件风险短期内难以摆脱。勒索软件主要利用老旧操作系统的安全漏洞进行攻击，通过升级系统、安全补丁等方式能够有效应对勒索软件攻击。但目前工业领域Windows XP、Windows 7 等操作系统的存量依旧较大，且由于升级成本较高、升级可能影响企业生产安全和生产稳定性等因素，短期内难以升级操作系统，勒索软件对工业领域信息系统的影响将长期持续。二是工业巨头"蜜罐效应"集聚安全风险。现阶段，我国工业互联网发展取得积极成效，领域企业整合速度加快，发展资源、发展资本高度集中的趋势明显，企业过大、资源垄断、风险聚集的风险随之加大。由于企业被攻击后给攻击者带来的收益与企业规模及价值呈正相关，因此，近年来工业领域巨头企业被攻击的情况屡见不鲜。在此背景下，巨头企业一旦遭受网络攻击或其他风险事件，影响范围较大且有可能不断蔓延。未来我国工业互联网企业持续发展壮大，不排除可能涌现一批工业互联网巨头，针对这类企业的安全风险管理也需要提前考虑布局。三是新冠肺炎疫情进一步凸显中小企业防护短板。工业领域中小企业网络安全意识欠缺的客观情况无法否认，安全防护能力本就不足，安全建设仍多以安全事件和合规性检查驱动为主。新冠肺炎疫情对工业领域的中小企业冲击较大，其营业收入大大减少，企业投入安全防护的资金进一步减少，安全防护能力愈加缺乏。

（二）动态防护需求考验安全协同能力

设备变更、系统升级等导致工业信息安全防护需求处于持续动态变化中，国内外网络安全威胁、网络攻击技术新形式、新变化同样层出不穷。新形势下，工业信息安全管理体系建设有待提速，各方协同配合能力有待加强。一是各方职责仍需加快落实。加强工业信息安全相关指导文件已经明确安全责任划分，但实际中部分地方主管部门仍然缺乏有效的管理抓手和支撑力量，各级主管部门、工业企业、工业互联网平台企业、标识解析企业等多方主体在保护工业互联网安全方面的权责义务有待进一步落地。二是工业企业网络安全制度建设滞后。工业企业网络安全防护基本以合规为标准，造成缺乏对企业现实安全形势评估，面向实际需求的制度安排滞后。当前大多数企业缺乏针对平台安全、供应商安全要求、安全运维、安全培训等方面的管理制度，安全责任不明晰、内部人员缺乏有效管控等问题仍然普遍存在。三是安全企业创新服务能力有待加强。工业信息安全形势变化及工业企业个性化需求，考验安全企业创新服务能力。例如，受疫情影响，人员流动受控，企业远程信息化的安全运维服务需求上升，传统驻场模式的安全服务方式有待向安全即服务（SECaaS）模式等新模式转变。再如，工业企业、工业互联网企业对数据安全防护的重视程度不断提升，目前国内具有成熟方案和较强实力的网络安全企业不多，无法满足现实服务需求。

（三）"新基建"提升安全技术创新要求

"新基建"背景下网络结构更加复杂、边界更加模糊，传统的和新型的工业信息安全风险交织，防护形势更加严峻复杂，亟须夯实工业信息安全的技术创新"底座"。一是新技术融合应用伴生新的安全问题。新型基础设施建设过程中，云计算、大数据、人工智能、物联网等数字智能技术将发挥重要赋能推进作用，同时也将自身的安全风险嵌入了新型基础设施建设、应用和管理之中。工业数字设备和系统的芯片、架构、传感器等核心零部件的供给稳定性、安全性等风险，在新型基础设施规模化应用中交织放大。二是垂直行业的安全需求呼唤定制化安全产品服务。新型基础设施的建设应用具有软硬件结合、跨行业协同的属性，5G、数据中心、人工智能等面向不同的工业应用场景和行业需求，衍生出不同的落地产品和解决方案。新场景下技术的复杂性、价值环节融合等特性，也决定了相关产业链的分工高度细化，针对垂直行业特性的定制化工业信息安全产品服务有待加快跟进。三是数据安全亟须加强场景化能力。工业领域的数据承载着工业生产的重要信息，囊括了从客户需求到设计、研发、制造等整个产品全生命周期的各类数据。随着新型基础设施建设的加快推进，广泛存在于工业生产设备、工控系统、工业互联网平台等多种设施中的工业数据呈现平台汇聚趋势。工业数据具有体量大、种类多、结构复杂等特性，保护需求多样，数据流动方向和路径复杂，使得数据分级分类存储、清洗与解析、真实性验证等传统数据安全防护措施实施难度加大。

（四）行业发展仍然整体处于初级阶段

尽管工业信息安全业务厂商数量激增，从整体看，我国工业信息安全行业仍处于高速发展的初级阶段。行业还存在产业发展驱动力不足，产业聚集效应不明显，龙头企业对产业发展引领不够，技术研发仍处于爬坡阶段等问题。一是被动的事件性、合规性驱动或导致同质化竞争。目前企业工业信息安全需求主要由应对安全事件风险和满足最低限度合规要求所引发，采购工业信息安全产品和服务的主动性、体系化驱动力不足，工业信息安全厂商研发投入动力不足，或导致工业信息安全行业出现低水平、同质化竞争，甚至引发价格战，不利于工业信息安全产品和服务整体技术水平的提升。二是市场集中度发展还存在较大提升空间。当前，我国工业信息安全产业竞争格局呈现高度碎片化特征，产业链上下游完整性不足，资源配置有待优化，使得规模经济效应难以快速实现，市场份额增加缓慢。三是中小型企业存在融资难、融资贵的痛点。大多数安全厂商在工业信息安全、工业互联网安全等领域还处于发展初期，业绩稳定性有待提升，导致部分投资人对行业持谨慎参与态度，较为青睐拥有较多客户或业务模式较为成熟的龙头企业，增加了中小型企业的融资难度。此外，作为技术密集型产业，工业信息安全企业多为轻资产企业，其核心资产为人才，这使得企业普遍信用评级不高。对于部分中小企业，受限于经营水平，融资仅能通过银行贷款和民间借贷实现，不得不面对利率较高这一问题。

（五）专业人才培养认证机制有待健全

由于高等教育体系专业设置的局限性及职业资格认证机制的缺失，当前工业信息安全人才供给与行业需求难以有效衔接。一是聚焦单一学科的人才培养体系难以满足行业对复合型人才的需求。工业领域专业人才由机械工程、电气工程、冶金工程等专业进行体系化培养，然而这些一级学科下并未设立信息安全相关交叉学科或课程，符合 IT 安全与 OT 安全复合学科背景的人才多依赖于网络空间安全专业下设的工业控制、工业互联网相关方向的研究生培养。全国仅中国科学院信息工程研究所、浙江大学、四川大学、上海交通大学、华中科技大学、西北工业大学等少数教育机构开设了工业信息安全相关方向。二是安全竞赛过于关注攻防能力，而对人才培养的导向性不足。当前工业信息安全赛事以夺旗类赛事为主，侧重考察参赛者对漏洞的利用能力，攻防模式下还涉及已知漏洞的修复。然而，从工业企业的常态化需求及安全厂商的服务能力角度出发，攻防对抗型人才只占实际人才需求的较小部分，行业更多需要的是具备网络攻击检测、安全态势分析及安全运维等能力的安全防御类人才。目前，仅奇安信和安恒信息组织开展涉及网络安全分析的行业赛事，对安全防御专业人才培养的导向性仍显不足。三是资格认证的缺失使人才评价标准局限于学历专业。国内外政府、企业、行业组织等各类机构面向信息安全人才的认证丰富多样，但并没有聚焦于工业信息安全领域的资格认证，且工业企业对信息安全类认证了解有限，导致行业认可度普遍不足。专业技术能力认证评估的缺失，限制了技术能力出众但学历水平有限的，或非"科班出身"自学成才的工业信息安全人才进入行业。

三、2021 年工业信息安全发展趋势

新冠肺炎疫情对经济发展，尤其是对中小企业的生存造成了负面影响，部分企业出于经济或其他因素考虑而暂缓相关安全配置，这将增加安全隐患。从整体来看，工业信息安全发展动力从被动合规向主动建设、从政府主导向企业主导开始过渡，"5G+工业互联网"融合安全应用加快落地，资本和人才发展环境呈现良好发展趋势，有望成为工业信息安全发展的主要助推力量。

（一）工业系统或将进入网络安全问题爆发阶段

1. 疫情限制了新设备的安全和配置

这种情况将减慢工业企业增加外围防护力量的进程，加之远程访问及操作控制数量和种类的不断增加，开放了大量由互联网连入生产管理系统的通道，在企业网络安全防御"缺课"严重的情况下，工业系统的安全性将面临更严峻的挑战。同时，微软在 2020 年 1 月 14 日停止了 Windows 7 和 Windows Server 2008 等操作系统的安全更新支持，Windows XP 和 Windows Server 2003 操作系统也于 2020 年 9 月被曝出源代码泄露，这些在工控系统中仍存量巨大的操作系统停止安全更新支持或源代码泄露，将意味着其系统漏洞可能被攻击者全面利用而无法得到及时、有效的安全更新或漏洞补丁，工业企业及其生产系统的安全性、脆弱性将成倍放大，甚至可能会在工业领域出现"永恒之蓝"级别的系统漏洞或类似"WannaCry"病毒的攻击工具。

2. 网络攻击产业链条正日趋成熟和货币化

资产识别、渗透、实施、变现等网络攻击关键环节的分工更加细化和专业化，攻击工具（如勒索病毒）制作、盗取数据后的勒索赎金等由不同的人（组织）来完成，攻击者可以将已获取访问权、控制权的网络设备资产转售给其他攻击者进行后续的攻击和勒索变现，工业企业和系统将受到精细分工和全链条协作的网络攻击，防御难度将大大增加。此外，具有国家背景的黑客组织对工业领域的攻击数量也将大幅增加，国际控制系统网络安全协会和毕马威（KPMG）发布的年度网络安全报告指出，有超过 12% 的 ICS 安全事件都归因于有国家背景的黑客组织。

3. 数据盗取和数据泄露威胁成为勒索工业企业的主要途径

自"WannaCry"造成全球众多控制系统等瘫痪后，数据安全已经被重点关注，数据备份、异常行为识别、网络安全保险等安全解决方案层出不穷，部分企业也定期对重要的数据和设备参数进行备份，单纯将其数据加密无法达到勒索赎金的目的，而工业数据可能涉及企业秘密、核心竞争能力等，本身的价值较高，售卖或泄露威胁更加容易变现，可能成为攻击者利用工业场景变现的主要手段。

（二）安全需求从满足合规向能力提升方向发展

1. 工业互联网分类分级管理机制将持续健全

分类分级管理机制为工业互联网企业提供不同级别的安全指引，将成为工业互联网企业网络安全能力提升的重要抓手。2021 年，工业互联网企业网络安全分类分级管理试点工作将在 15 个省（区、直辖市）开展。分类分级以自我评价为起点，为联网工业企业、平台企业、标识解析企业 3 类工业互联网企业提出不同级别的安全防护要求，为工业互联网企业落实网络安全主体责任提供标准规范指引，通过贯标达标激发企业更高水平的网络安全防护需求，推动企业建设完善网络安全管理制度，落实安全防护标准，将推动形成自我诊断、对症下药、科学防范的良性循环。

2. 安全行为从政府行为向公私合作、企业主导延伸

随着工业信息安全顶层设计和管理手段的日益完善，企业安全意识不断增强，企业参与度明显提升，公私合作和企业主导趋势进一步凸显。从国外来看，2020 年，各国在工业信息安全领域出台系列政企合作、企业合作计划，如美国网络安全和基础设施安全局（CISA）计划成立政企协同的行业组织"工业控制系统社区"。美国纽约电力和德国西门子能源股份公司公布提升电网防御能力的网络"卓越中心"计划。澳大利亚政府计划投入 16.7 亿美元资助企业提升网络安全能力。从国内来看，2020 年工业信息安全产业发展联盟作用进一步凸显，全国工业信息安全深度行活动有序开展，各类论坛、赛事、培训、品牌推介等活动有序推进，科研院所和龙头企业的战略合作持续深化。未来，在工业信息安全管理工作上政产学研

协同发展趋势将不断增强，政企合作、企业合作计划将进一步落地，企业安全能力建设需求将进一步释放。

3. 体系化安全解决方案供给增多

基于调研发现，企业的整体性安全能力建设的主动需求正在提升，如澳门特别行政区的多家电力、水利行业企业通过渗透测试、风险评估、安全建设的阶段性、体系化路径进行安全保障。单纯的安全产品供给难以满足更高水平的安全防御需要和企业安全能力建设需求，未来在更高水平安全需求的激发下，行业将不断开发和供给体系化、全流程的安全解决方案，促进企业整体安全能力提升。

（三）工业信息安全技术模式创新化发展将提速

1. 以零信任为代表的新技术、新应用加快落地

一方面，零信任架构将加速引入。基于传统网络边界的安全防护架构已经难以应对复杂的的网络攻击，零信任架构将发挥其动态可信的访问控制授权机制作用，助力企业摆脱安全能力的局部与外挂。在国内终端环境多样化的情况下，零信任的落地需要因地制宜。结合企业业务和安全需求选择零信任的切入场景，依据安全现状筛选优先构建的零信任能力，从而分阶段有序推动落地，这将是零信任落地发展需要考虑的因素。另一方面，安全厂商正加快布局高级威胁实时防护解决方案。随着 0day 利用、无文件攻击、APT、供应链和社会工程攻击等具有极强隐蔽性和针对性的高级攻击方式的不断升级，工业环境迫切需要具有安全预警响应和纵深防御策略的实时防护综合解决方案，工业信息安全厂商有望在此领域加快布局。

2. 远程协同的云服务模式加快探索

首先，工业信息安全加速从提供产品向提供产品、服务和解决方案并重进行转变。虽然当前工业信息安全服务仍以驻场服务、现场服务为主，但多种因素将推动服务模式向云服务转变。一是新冠肺炎疫情促使工业企

业选用远程和在线服务。新冠肺炎疫情期间人员流动受到影响，许多企业选择远程运维、监测等在线服务，产业界对安全服务应用的积极性被调动起来。一批向重点工业互联网企业等用户提供网络安全服务的公共服务平台也会发挥重要作用。二是中小企业更加青睐云服务模式。中小型工业企业对工业信息安全产品服务需求较为旺盛，但驻场人员花费较高，受成本制约企业更加青睐基于云模式的安全检测、风险评估、应急处置等安全防护服务。三是国家政策引导安全服务模式创新。《关于促进网络安全产业发展的指导意见（征求意见稿）》提出积极创新网络安全服务模式，可以预见，基于云模式的安全服务将有巨大发展空间。

3. 5G 和工业互联网安全融合应用将逐步落地

在"新基建"和"512 工程"的大力推动背景下，各地 5G 与垂直行业的融合安全应用将由探索阶段进入落地实施阶段。2021 年将是 5G 商用的关键年，5G 新建基站将超过 60 万个，5G 商用应用场景也将在 2021 年逐步走向成熟。工业互联网安全、车联网安全等 B 端 5G 融合安全应用场景，以及智能电网、智慧市政等 G 端 5G 融合安全应用场景，将在需求端具备企业和政府两个巨大量级的用户群。在数据安全、智慧城市等方面，B 端和 G 端融合应用将释放更多安全需求，未来前景可期。C 端应用有望迎来爆发式增长，超高清视频传输和虚拟现实等方面规模效应显现，将从供给侧带动工业互联网安全垂直领域场景化解决方案应用。

（四）工业数据安全能力建设成为未来发展重点

1. 工业数据分类分级保护将成为重要监管抓手

从 2020 年年初工业和信息化部发布《工业数据分类分级指南（试行）》，到 2021 年即将开展的工业互联网企业网络安全分类分级管理试点工作，将进一步引导企业以分类分级保护的方式来实现自身工业数据的精细化管理，不断强化企业分类分级主体责任和数据安全意识，形成管理行业企业的重要评判指标。企业为实现相关管理规定的要求，将加快梳理企业数据，并部署相应等级的防护措施。

2. 工业互联网平台数据安全建设需求强烈

近年来，勒索病毒、数据泄露、删库等安全事件时有发生，数据安全问题越来越多地得到企业重视。工业互联网平台的数据安全问题，也成为工业互联网进一步发展的重要制约，工业企业接入工业互联网的意愿和动力不足。在数据安全未能得到较完善解决的条件下，即使工业企业有意愿接入工业互联网，也不敢将生产系统、业务系统等存有核心数据资产的重要系统外联。因此，工业企业、工业互联网平台等用户未来都将持续布局数据安全能力建设，有效保障企业和产业重要数据的安全。

3. 工业数据安全产品仍为市场蓝海

工业数据是重要的网络资产，数据安全是未来安全行业的重点方向。但是当前市场上多为访问控制、安全审计、数据备份恢复等传统信息安全领域移植到工业领域的产品，大部分安全厂商目前还没有形成完整的数据安全产品体系，在工业数据安全需求旺盛的背景下，安全厂商在数据安全产品的技术研发和产品服务设计方面的投入将进一步增加，数据安全产品的功能和覆盖程度将不断完善。

（五）产融合作推进产业发展向高速成长期迈进

1. 科创板金融制度创新激发资本活力

科创板设立以来，已有山石网科、安恒信息、奇安信、云涌科技4家涉足工业信息安全领域并极具代表性的企业成功上市。奇安信上市首日大涨138%，山石网科首日涨幅112.73%，势头强劲。科创板设置了多元化、包容性的上市条件，允许符合科创板定位、尚未盈利或存在累计未弥补亏损的企业上市，允许符合要求的特殊股权结构企业上市，这将大幅提升金融资源配置效率，更加有利于培育科技创新型企业。基于此，预计未来会有以威努特、六方云等为代表的一批工业信息安全领域科技创新型企业上市。

2. 国家资本将持续在工业信息安全领域布局

近年来针对关键基础设施领域的攻击频发，考虑电力、水利、交通等领域的重要性，维护关键基础设施领域的网络安全不仅与企业自身利益相关，更与国家安全密切相关。2019 年，中国电子 37.31 亿元人民币战略入股奇安信，中电科收购南洋天融信 5.0065% 股权。2020 年，由上海、浙江、广州政府引导基金等参与博智安全的 D 轮融资，进一步强化国家资本在工业信息安全领域的布局。考虑工业信息安全领域的敏感性，预计国家资本入驻工业信息安全领域的趋势将亟须保持。

3. 面向安全行业的金融产品创新探索加快

在 20 世纪 90 年代，随着互联网的应用及安全风险的产生，网络安全保险应运而生，目前已在欧美等国家普遍应用，但我国仍处于初期探索阶段。工业企业管理信息系统面临的网络安全威胁将一直存在，新冠肺炎疫情在某种程度上起到了催化剂的作用，很多企业在网络安全防护意识和技术都准备不足的情况下，被迫转到线上办公，短时间内进一步放大了网络安全威胁。鉴于安全风险无法完全消除的特性，网络安全保险作为风险转移的重要手段，在后疫情时代，其重要性将会逐步凸显。当前，奇虎 360、奇安信、绿盟科技、安恒信息等安全厂商在网络安全保险领域初有探索。预计未来将有更多的保险公司愿与安全厂商积极探索合作可能性，摸索出适合我国国情和企业发展需求的网络安全保险。

（六）产业主体将深度参与复合型安全人才培养

1. 行业主管部门将合力推动产学合作、协同育人

教育部自 2014 年起开展产学合作、协同育人项目，以产业和技术发展的最新需求推动高校人才培养改革。此外，作为工业信息安全行业的主管部门，工业和信息化部也积极推动校企合作，2020 年 1 月 16 日，公布首批 19 个校企协同育人示范基地，包括由哈尔滨工程大学和国家工业信息安全发展研究中心申报的"工业信息安全协同育人基地"。未来，聚焦

工业信息安全实际需求的人才培养模式,教育部与工业和信息化部两部门有望形成合力,建设示范基地,遴选典型案例,共同推动高校与工业企业、网络安全企业、相关科研院所的优势互补。

2. 校企合作学科共建趋势显现

2020年6月,教育部公布2019年第二批产学合作、协同育人项目立项名单,其中涉及工业信息安全领域的有4个项目,项目分别聚焦在"教学内容和课程体系改革""师资培训""新工科建设"。与前两年网络安全企业参与立项的项目相比,涉及"实践条件建设"的项目数量呈下降趋势,并出现了"新工科建设"的项目立项。未来,企业对高校的支持将逐步完成从实验环境建设到教学能力输出的转变,产教合作模式将有望实现从以企业投资为主到校企共同谋划学科建设的重要转变。

3. 联合培养短期内难以形成良性循环

对高校而言,校企联合培养对提高毕业生竞争力方面作用并不明显,其为学生颁发的资格证书无法被行业广泛认可,导致高校对与网络安全企业进一步深化合作缺少必要的驱动力。对网络安全企业而言,校企联合培养难以实现对人才的定向引入,由于网络安全产业人均产值天花板难以突破,薪酬吸引力不足,优秀人才向大型互联网企业聚集趋势明显,因而企业对网络安全人才培养的参与动力也有所下降。在未来人才供需双方仍无法建立起有效衔接的一段时期,涉及工业信息安全教学及实训等的协同育人项目的增速将放缓,产教融合发展趋势也可能受到一定程度的抑制。

四、工业信息安全发展建议

党的十九届五中全会通过的《中共中央关于制定国民经济和社会发展第十四个五年规划和二〇三五年远景目标的建议》明确提出,要统筹发展和安全，加快构建新发展格局。面向"十四五"时期产业数字化转型的安全保障需求，在工业信息安全三年发展成效的基础上，应进一步发挥工业企业主体作用，进一步强化制度引领和资源供给，着眼于新型基础设施建设对安全新技术、新模式的需求，提升工业信息安全产品服务的差异性和针对性，构建工业企业、安全企业、行业协会等多方共治的良好局面。

（一）推动分类分级管理举措落实

一是拓宽工业数据分类分级覆盖范围。加快推进工业数据分类分级，加大对优秀示范案例的推广，贯彻落实"企业点突破、行业线贯通、地方面推广"的工作思路，充分发挥首批应用试点企业的标杆示范作用，形成可复制、可推广的工业数据分类分级方法和经验，以点连线、以线带面，在更大范围、更广领域推动企业强化工业数据分类分级管理，助力数字化转型升级。二是逐步推进工业互联网企业分类分级。建立健全工业互联网企业网络安全分类分级管理体系制度和试点推进机制，推进重点行业、地区开展政策标注宣贯和试点应用，组织开展对标检查和第三方评估工作，通过制度引领带动企业意识和能力提升。三是加快相关配套标准的制定发布。面向分类分级管理需求，围绕安全管理、安全防护、安全评估与测试、数据安全等方面，加快制定出台技术产品标准，推动企业贯标达标。结合相关分类分级推进机制，适时推动形成行业标准或国家标准，逐步建立覆盖全国的分类分级管理基础制度。

（二）提升安全产品场景支撑能力

一是加快前沿安全理念和技术的研究应用。推动网络安全、工业信息安全领域骨干企业加强与工业系统、设备提供商的深度合作，将安全模块内嵌到系统设备中，推出内生安全产品。强化对零信任安全、动态防御、态势感知、纵深防御、可信计算等安全新技术的研究攻关。发挥区块链及隐私计算技术在数据安全防护中的作用，强化商用密码研发攻关，加快工业互联网平台安全、工控系统安全、数据安全等技术产品研发推广。发展基于云模式的安全检测、安全评估、安全运营等安全防护服务。二是加大对数据安全技术产品研发的支持。围绕数据采集、传输、存储、使用、共享、删除等全生命周期安全保障需求，聚焦防篡改、防窃取、防泄漏、防滥用等关键防护能力，综合运用重大项目、专项计划等政策倾斜手段，加快研制工业数据安全相关防护思路和技术路线，加强对数据安全技术研发和产品落地的支持、宣传、推广和普及。三是大力发展面向新兴场景的产品服务。依托专项工程等，加快研发设计面向 5G、人工智能、区块链等新技术融合应用需求的新型安全产品和服务，强化综合安全运营服务的推广。面向新型基础设施建设发展、"5G+工业互联网"融合应用网络安全保障需求，鼓励工业信息安全龙头企业结合电网、能源、医疗等重点垂直行业经验和需求，提升安全产品服务的针对性和差异性，推出综合性解决方案。

（三）促进安全多方主体协同共治

一是强化工业企业网络安全能力提升。通过政策宣传、意识宣贯、行业赛事等多元化手段，进一步强化工业企业网络安全意识的培养和提升。推动检查评估等政策手段从确认安全设备有无向评估安全能力高低过渡，强化对网络安全防护能力建设的引领，切实推动工业企业加快落实和优化网络安全管理制度和相关防护技术举措。二是充分发挥行业组织的桥梁作用。充分发挥工业信息安全产业发展联盟等行业协会、第三方专业机构等在行业研究、政策标准制定、制度落实、赛事举办、产品服务推广、供需深度对接、行业自律等方面的桥梁纽带作用，推动资源、资金、信息、能力等的共享汇聚，推动技术发展、行业交流和生态共建。三是构建多方协同共治的安全生态。充分发挥工业信息安全各方主体力量，在充分调动工业企业安全防护能动性的基础上，聚焦工业信息安全意识宣贯、安全诊断、技术改造、应急处置、补偿赔偿、投资融资等方面的能力提升和资源打通需求，利用行业论坛、大型赛事等，促进工业企业、安全企业、第三方检测评估机构、工业行业协会、投资机构、教育培训机构等深度交流对接，逐步推动从协同治理走向共同治理，提升安全治理效能。

（四）探索新基建安全管理新模式

一是推动安全前置。强化总体安全理念，把网络安全作为新基建建设的重要内容之一，推动工业企业在信息化建设的同时考虑信息安全能力建设，同步考虑和谋划安全问题，同步培育安全能力，强化安全资金投入，形成全天候、全方位、全图景的安全策略和安全机制，推动网络安全前置。二是加强运行安全监测和应急处置。进一步完善国家、省、企业三级联动的网络安全监测体系，开展针对工业领域新型基础设施运行状态、风险隐患的监测预警，形成统一高效的风险报告和情报共享机制。统筹建设态势感知、应急处置、攻防演练、安全众测等安全公共服务平台，面向企业提供安全公共服务。三是强化数据全生命周期安全防护。围绕 5G、工业互联网、大数据中心建设安全保障需求，加快研制新型基础设施相关数据安全防护指南、安全防护解决方案等。建立健全数据安全管理机制，统筹推进数据安全合规性评估、风险评估、成熟度评估等，针对工业数据采集、传输、存储、分析等关键环节，梳理数据资产，加强精准管理。

（五）建设完善产融合作长效机制

一是建立完善产融合作相关机制。通过举办网络安全行业大会、产融对接会等方式，为网络安全产业资金需求方与投资方搭建交流平台，打通双方良好互动渠道，加强网络安全产融两端的信息共享，优化市场资源配置。汇聚资本市场和产学研用各方力量，畅通产业链、人才链、资金链的衔接。二是探索发展网络安全保险。加快相关法律法规和政策体系研究，推动明确网络安全保险的法律责任。研究扶持网络安全保险发展的相关战略计划，明确政策引导和支持方向，引导保险公司和网络安全厂商加强合作，共同积极推动网络安全保险广泛应用。加大网络安全意识宣传，提升企业侧风险防范意识，进而提高对网络安全保险这一新兴金融产品接纳度，汇聚三方力量促进网络安全保险市场健康有序发展。三是探索安全企业适用的价值评价体系。完善企业信用评级建设，积极利用大数据、人工智能、区块链等新一代信息技术，打造企业可视化诚信体系，充分反映安全企业生产经营情况，为金融机构开展贷款业务提供多维度参考依据。积极探索工业信息安全企业估值模型，基于企业生命周期，针对初创型、成长型、成熟型企业分别建立估值模型，为投资机构进行产业投融资决策提供参考。

（六）加快培养跨领域复合型人才

一是推动设立人才认证机制。建立以产业需求为导向、以岗位能力为基础的人才评价体系，针对不同层次、岗位制定专业的考核标准，规范人员资质认证活动。推动将工业信息安全系列纳入计算机技术与软件专业技术资格（水平）考试，建立工业信息安全专业岗位持证上岗制度。二是建设一批工业信息安全人才实训基地。聚焦工业信息安全产业发展资金和人才需要，建立健全产融产教合作机制，推动产学合作、协同育人，建设完善工业信息安全人才培养实训基地，鼓励第三方专业机构建立健全实训基地评价认定体系和实训导师培养认定体系，源源不断培养复合型、实战型人才。三是促进行业竞赛类型多元化发展。强化综合型能力竞赛对人才培养的导向性作用，鼓励网络安全企业、地方政府组织安全分析、漏洞挖掘、逆向工程、取证溯源等类型的专业竞赛，提高夺旗类竞赛、攻防类竞赛的组织要求和竞赛水准，面向产业实际需求，挖掘、培育、锤炼实战型人才。

参考资料

1.　工业和信息化部. 工业控制系统信息安全行动计划（2018—2020年）. https://www.miit.gov.cn/jgsj/xxjsfzs/wjfb/art/2020/art_dc95c 79d172344eb 9a240720725c4317. html, 2017-12-12。

2.　工业和信息化部. 关于工业大数据发展的指导意见. https://www. miit.gov.cn/jgsj/xxjsfzs/wjfb/art/2020/art_7d47e435e41d45d8ac843b7964 70f512.html, 2020-04-28。

3.　工业和信息化部. 工业数据分类分级指南（试行）. https://www. miit.gov.cn/ztzl/rdzt/xxgzbdgrdfyyqfkgz/tzgg/art/2020/art_d33bb2d1ec2d4a1 3bf49c8e5ef3986d1.html, 2020-02-27。

4.　工业信息安全产业发展联盟. 中国工业信息安全产业发展白皮书（2019—2020），2020。

5.　黄鹏，孙倩文，李端. 新基建 新网安 新机遇. 网络空间安全，2020。

6.　张汉青. 零信任成为网络安全新理念新架构. 经济参考报，2020。

7.　尹丽波. 工业信息安全为制造强国建设保驾护航. 中国电子报，2017。

Ⅱ 政策法规篇
Policy and Regulation Article

B.2

2020 年国外工业信息安全法规政策进展研究

刘芷君[1]

摘　要：2020 年，美国、欧盟、澳大利亚等国家和地区发布系列政策法规，工业信息安全保障不断强化。美国进一步加强对国防工业、电力能源等关键基础设施的安全保障，提升供应商及相关产品和服务的安全性；多个国家和地区发布法案和指导性文件，指导公私部门提升物联网设备生产制造及使用过程中的网络安全水平；美欧发布政策文件要求评估 5G 网络安全风险，进一步提升 5G 基础设施建设中的网络安全性。

关键词：关键基础设施安全；供应链安全；物联网安全；5G 网络安全

Abstract:　In 2020, the United States, the European Union, Australia and other

---

[1] 刘芷君，国家工业信息安全发展研究中心信息政策所助理工程师，硕士，主要研究方向为供应链安全、数据安全等。

countries and regions issued a series of policies and regulations, and the security of industrial information has been continuously strengthened. The United States further strengthens the security of key infrastructure such as the defense industry, power and energy, and improves the security of suppliers and related products and services. Many countries and regions have issued bills and guidance documents to guide public and private sectors to improve the manufacturing of IoT equipment as well as the level of network security in the process of use.The United States and the European Union issued policy documents that require assessment of 5G network security risks and further enhance network security in the construction of 5G infrastructure.

Keywords： Critical Infrastructure Security; Supply Chain Security; IoT Security; 5G Network Security

2020 年，国外工业信息安全相关战略、法律、法规、指导性文件等政策进一步出台（见表 2-1），涉及关键基础设施安全、物联网安全、5G 网络安全等多个重点方面。多个国家和地区工业信息安全相关政策对供应链安全的重视程度进一步提升，强调要评估供应商的网络安全水平，以及增强供应链上的设备和服务的安全性。

表 2-1　2020 年国外工业信息安全相关重要政策文件

国家/地区	时间	名称	类型	关注重点	主要内容
美国	2020-01	网络安全成熟度模型认证（CMMC）1.0 版	部门文件	供应商网络安全	美国国防部发布的该文件对所有国防工业供应商提出了强制性第三方网络安全成熟度认证要求，为国防工业供应商构建了一套体系化网络安全评价标准。该标准将供应商网络安全成熟度

国家/地区	时间	名称	类型	关注重点	主要内容
美国	2020-01	网络安全成熟度模型认证（CMMC）1.0 版	部门文件	供应商网络安全	由低到高划分为 1～5 五个等级，第三方评估机构按照认证标准对所有国防供应商进行认证评级，获得相应等级的网络安全认证是供应商获得国防部合同订单的前提条件
	2020-02	通过负责任地使用定位、导航与授时服务（PNT）增强国家弹性	行政令	关键基础设施安全	美国总统签署的该行政令旨在确保在电网、通信、移动设备、交通运输等基础设施获得广泛应用的定位、导航和授时服务（PNT）的中断或操纵不会破坏其关键基础设施的可靠性和有效运行
		2020—2022 年国家反情报战略	战略文件	关键基础设施安全	美国国家情报总监办公室国家反情报与安全中心公布的该战略列举了美国受外国情报实体打击最大的 5 个关键领域，包括关键基础设施、核心供应链、经济、民主、网络和技术行动，美国必须投入精力和资源以确保国家安全。战略指出国外情报机构创造性地组合使用传统间谍活动、经济间谍活动、供应链渗透和网络行动，渗入美国关键基础设施，窃取信息、研究、技术和工业机密
	2020-03	国家 5G 安全战略	战略文件	5G 基础设施安全	美国白宫发布的该战略强调美国要与合作伙伴和盟友共同领导全球安全的 5G 通信基础设施的开发、部署和管理，并提出 4 项战略措施，分别是：加快美国 5G 国内部署；评估 5G 基础设施相关风险并确定其核心安全原则；解决全球 5G 基础设施开发和部署过程中对美国经济和国家安全的风险；推动负责任的 5G 全球开发和部署

国家/地区	时间	名称	类型	关注重点	主要内容
美国	2020-05	工业控制系统网络安全最佳实践	指导性文件	工业控制系统安全	美国网络安全和基础设施安全局（CISA）、能源部（DOE）、英国国家网络安全中心（NCSC）联合发布的《工业控制系统网络安全最佳实践》提供了针对工业控制系统（ICS）可借鉴可推广的网络安全实践，通过图表的方式总结了 ICS 常见的风险考虑因素、短期和长期的网络安全事件影响、保护 ICS 流程的最佳做法，并重点介绍了 NCSC 在安全设计原则和运营技术方面的产品
		确保美国大容量电力系统安全	行政令	电力系统安全	美国总统发布的该项行政令指出大容量电力系统日益成为恶意网络攻击的目标，禁止美国购买对国家安全造成风险的海外电力设备。能源部长根据该行政令授权设立和发布认定特定设备和供应商的标准，并识别使用中的禁用设备，对这些设备进行监控和替换。该行政令还要求能源部牵头成立关于能源基础设施采购政策的特别工作组。2020 年 7 月 8 日，美国能源部（DOE）、电力办公室发布了一份信息请求文件（RFI），与其他机构协商制定具体实施规则
	2020-07	保护工业控制系统：一体化倡议（2019—2023 年）	战略计划文件	工业控制系统安全	美国国土安全部网络安全和基础设施安全局（CISA）发布的该计划是其 5 年工控系统战略，旨在加强政产学研协同合作，与行业和政府合作伙伴共同制定计划，集中力量保护 ICS 和关键基础设施。该倡议就工控系统安全提出了 4 项指导建议，包括成立工控安全行业组织工控系统社区；针对原有和在建的工控系统部署不同的安全举措，提升整体防御能力；强化数据分析和信息共享；强化安全风险识别和预测

国家/地区	时间	名称	类型	关注重点	主要内容
美国	2020-08	CISA 5G战略：确保美国5G基础设施安全和韧性	部门文件	5G基础设施安全	美国国土安全部网络安全和基础设施安全局（CISA）发布的该文件在美国国家5G安全战略的指导下明确了5项战略举措，包括通过强调安全性和弹性来支持5G政策和标准的开发；增强对5G供应链风险的态势感知并采取安全措施；与利益相关方合作，加强和保护现有基础设施，以支持未来的5G部署；鼓励5G市场创新，以培养值得信赖的5G供应商；分析潜在的5G使用案例，共享风险管理策略
美国	2020-12	物联网网络安全改进法案	法律	物联网安全	美国总统签署的该法案旨在提升物联网（IoT）设备的安全性，要求美国国家标准与技术研究院（NIST）制定并发布有关解决与物联网设备开发、管理、配置和修补有关的标准和指南，要求管理和预算办公室（OMB）发布与NIST联邦机构指南一致的指导方针，还要求NIST制定并发布有关安全漏洞（包括联邦机构内部使用的IoT设备中的安全漏洞）的报告和披露的指南，要求参与向政府开发和销售物联网产品的承包商和分包商报告漏洞和后续解决方案
欧盟	2020-01	5G网络安全"工具箱"	指导性文件	5G网络安全	欧盟委员会发布的该"工具箱"基于欧盟成员国对其5G网络基础设施风险评估，结合欧盟现行网络安全框架和措施，提出了战略性和技术性举措，尤其强调过度依赖单一来源5G网络供应商可能导致的安全风险，建议成员国适当组合适用工具箱措施，防范安全风险

国家/地区	时间	名称	类型	关注重点	主要内容
欧盟	2020-03	欧洲新工业战略	战略文件	5G 网络安全、网络安全技术	欧盟委员会发布的该战略旨在促进欧洲工业数字化转型，提升其全球竞争力和战略自主性。该战略将强化欧洲工业和战略主权作为三大策略之一，提出欧盟正在开展 5G 和网络安全方面的工作，还将开发一个关键的量子通信基础设施，希望在未来 10 年内部署一个基于量子密钥分发技术的端到端的安全基础设施，以保护欧盟及其成员国的关键数字资产。为实现上述目标，战略指出欧盟将开展 2019 年发布的《5G 通信和网络安全建议》的后续行动
	2020-11	物联网保护准则	指导性文件	物联网供应链安全	欧盟网络安全局（ENISA）发布该文件提出了确保物联网供应链安全的准则，旨在帮助物联网制造商、开发人员、集成商及与物联网供应链有关的所有利益相关者在构建、部署或评估物联网技术时做出更好的安全决策。该准则建议应将网络安全专业知识进一步整合到组织的各个层面，在产品开发周期的早期阶段发现并解决供应链风险，建议在物联网开发过程的每个阶段都采用"设计安全"，尽早发现设备潜在安全问题
澳大利亚	2020-08	2020 年网络安全战略	战略文件	总体网络安全	澳大利亚政府发布的该战略是继澳大利亚《网络安全战略 2016》4 年规划之后出台的最新网络安全战略，概述了其确保个人、关键基础设施提供商和企业网络安全的策略。按照该战略，澳政府将投资 16.7 亿美元建立新的网络安全和执法能力，协助行业加强自我保护。该战略包括价值 13.5 亿美元的网络增强态势感知和响应（CESAR）计划，并从政府、企业和社区 3 个方面提出了愿景

国家/地区	时间	名称	类型	关注重点	主要内容
澳大利亚	2020-09	行为准则：保障消费者物联网安全	指导性文件	物联网安全	澳大利亚政府发布的该自愿性准则旨在为业界提供有关设计具有网络安全功能的物联网设备的最佳实践指南，适用于在澳大利亚连接到互联网收发数据的所有物联网设备，包括智能冰箱、智能电视、婴儿监视器和安全摄像机等日常设备。该准则为物联网设备的制造商提供了 13 条行为准则以提升物联网设备的安全性
加拿大	2020-08	物联网设备制造商隐私指南	指导性文件	物联网安全	加拿大隐私事务专员办公室发布的该指南规定了物联网设备制造商生产或设计的带有嵌入式传感器的设备收集个人信息方面的合规性，明确制造商在保护个人隐私方面的责任，建议将隐私影响评估作为产品开发的一部分，并强调制造商有义务采用加密等技术保护措施来保护个人信息
新加坡	2020-10	新加坡安全网络空间总蓝图	战略文件	运营技术（OT）系统安全	新加坡副总理在 2020 年新加坡国际网络周开幕式上发布的新加坡安全网络空间总蓝图以新加坡 2016 年网络空间安全战略为基础，重点内容包括确保核心数字基础设施安全、保护网络空间活动、增强民众网络安全实践应用能力等。总蓝图指出新加坡将组建一个由国际专家组成的 OT 网络安全专家小组，针对 OT 领域迅速发展带来的安全威胁与挑战提出相关建议

资料来源：国家工业信息安全发展研究中心整理。

工业和信息化蓝皮书·工业信息安全发展报告（2020—2021）

一、美国进一步强化国防工业、电力能源等关键基础设施的安全保障

2020 年，美国出台了系列行政令和指导性文件，通过加强对供应商的管理、提升供应链产品和服务的安全性等，进一步强化国防工业、电力能源等关键基础设施领域的安全保障。

（一）美国国防部发布认证标准加强对国防供应商的安全管控

2020 年 1 月，美国国防部发布《网络安全成熟度模型认证（CMMC）1.0 版》，对美国国防供应商提出体系化、强制性的第三方网络安全评估要求，强化国防供应商网络安全保障能力，确保重要敏感信息安全。该文件在整合现有网络安全相关标准的基础上，为国防供应商构建了一套体系化的网络安全评价评估标准，由经过认证的第三方专业机构作为评估机构。在评估等级方面，将网络安全成熟度由低到高划分为 1～5 五个等级，评估机构根据根据国防供应商可能接触的重要信息敏感程度，对国防供应商的网络安全成熟度进行认证评级，获得相应等级的认证是供应商获得国防部合同订单的前提条件。在认证标准方面，该文件列举出了涵盖访问控制、身份认证、风险管理、态势感知等网络安全管理的 17 个方面，细化到 171 个具体网络安全实践，涵盖了重要信息的全生命周期保护。

（二）美国总统签署行政令提升定位、导航与授时服务的安全性

2020 年 2 月，美国总统签署《通过负责任地使用定位、导航与授时服务（PNT）增强国家弹性》行政令，旨在防止定位、导航和授时（PNT）信号受到干扰与操纵给国家关键基础设施带来的安全威胁。该行政令指出，天基 GPS 系统提供的 PNT 服务在电网、通信、移动设备、交通运输等基础设施中应用广泛，一旦中断或被操纵将会破坏关键基础设施的可靠和有

效运行，关键基础设施所有者和运营商必须负责任地使用 PNT 服务。行政令规定了相关行政部门负责人的 PNT 服务保障职责。商务部部长与相关公私部门共同制定 PNT 概述文件，指导公私部门明确依赖 PNT 服务的系统、网络和资源并进行风险管理，确认适用的 PNT 服务，检测 PNT 服务是否中断。国土安全部部长负责对关键基础设施系统、网络和资源在 PNT 服务中断和 PNT 服务管理时存在的脆弱性进行测试，测试结果将成为 PNT 概述文件更新的依据。关键基础设施对应的负责机构要会同相关行政部门（必要时通过国土安全部部长）共同制定 PNT 服务集成和应用所需产品、系统和服务的联邦合同要求，纳入 PNT 概述文件的有关内容，鼓励私营部门开发和使用具备安全性的 PNT 服务。交通部部长、能源部部长和国土安全部部长要与关键基础设施所有者和运营商合作，对公私部门使用 PNT 服务的情况进行评估。

（三）美国总统签署行政令保障电力系统供应链安全

2020 年 5 月，美国总统签署《确保美国大容量电力系统安全》行政令，指出美国大容量电力系统已成为不法分子进行恶意网络攻击等活动的目标，不受限制地购买他国供应的大容量电力系统设备将威胁国家安全、外交政策和经济发展。该行政令禁止美国购买对国家安全造成风险的海外电力设备，并授权能源部长发布相关标准，评估海外电力系统设备和供应商的相关资质，建立通过资质预审的电力设备和供应商名单，评估由他国供应的大容量电力系统设备对美国关键基础设施安全、国家安全和民众安全可能带来的风险，监控并替换已在使用中的禁用设备。该行政令还要求能源部牵头成立能源基础设施采购政策特别工作组，协调联邦政府采购能源基础设施的相关事宜，并共享评估出来的风险信息和风险管理实践，保障电力系统供应链安全。

二、多个国家和地区发布政策关注物联网安全

为应对万物互联带来的网络安全风险，多个国家和地区纷纷出台政策确保物联网设备和技术部署，以及物联网设备使用过程中的安全性。

（一）澳大利亚发布行为准则提升物联网设备安全性

2020 年 9 月，澳大利亚政府发布《行为准则：保障消费者物联网安全》，旨在为物联网设备制造商等主体提出最低程度的网络安全标准，同时提高人们对物联网设备安全保护措施的认识，增强消费者对物联网技术的信心。该文件为物联网设备制造商、物联网服务提供商和移动应用程序开发商等主体提供了提升物联网设备安全性的 13 条自愿的行为准则（见表 2-2），同时明确该准则将在实践中进行定期审查，确保其具有持续的可适用性。在 13 条行为准则中，澳大利亚政府建议工业界优先贯彻前 3 项，因为对默认密码、漏洞披露和安全更新等措施将在短期内带来最大的安全利益。

表 2-2 《行为准则：保障消费者物联网安全》提出的 13 项行为准则

序号	行为准则	主要适用主体	概述
1	没有重复的默认密码或弱密码	设备制造商	物联网设备（及关联的后端/云账户）密码应该唯一、复杂且难以猜测，并且不可重置为多个设备通用的出厂默认值。关联的 Web 服务应使用多重身份验证，在身份验证之前不应提供任何不必要的用户信息，并且密码重置过程应适当验证用户身份
2	实施漏洞披露政策	设备制造商、物联网服务提供商和移动应用程序开发商	物联网设备制造商、物联网服务提供商和移动应用程序开发商应提供公共联系点，以便安全研究人员和其他人员报告安全问题，对披露的漏洞应及时采取措施。此外，可通过实施漏洞赏金计划鼓励公众识别和报告漏洞

序号	行为准则	主要适用主体	概述
3	保持软件安全更新	设备制造商、物联网服务提供商和移动应用程序开发商	物联网设备上的软件（包括固件、第三方软件和开源软件）及相关的 Web 服务应保持及时的安全更新，并且确保更新不会影响设备的功能并保障用户的合法权益。设备应验证更新来自可信来源并通过安全的 IT 基础架构进行分发
4	安全地存储凭证	设备制造商、物联网服务提供商和移动应用程序开发商	任何凭证都应安全地存储在设备和服务中，硬编码的凭证（如用户名和密码）不应嵌入设备软件或硬件中
5	确保个人数据受到保护	设备制造商、物联网服务提供商、移动应用开发商和零售商	处理个人数据的物联网设备和服务必须遵守澳大利亚的数据保护相关法律法规，遵守相关个人数据保护原则，如向消费者清晰透明地提供关于数据使用和处理的信息。让消费者有机会随时撤回该数据
6	尽量减少暴露的攻击面	设备制造商和物联网服务提供商	设备和服务应以"最低特权原则"运行，未使用的功能应被禁用。硬件不应不必要地暴露访问权限。软件应以适当的特权运行，同时兼顾安全性和功能性。此外，为进一步减少漏洞，应使用安全的软件开发流程并进行渗透测试
7	确保通信安全	设备制造商、物联网服务提供商和移动应用程序开发商	需要机密性或完整性保护的数据，或与远程管理和控制相关的数据，应在传输过程中进行加密。所有凭据和证书应得到安全管理。所有远程访问都应记录在日志
8	确保软件完整性	设备制造商	物联网设备上的软件（包括固件）应使用安全启动机制进行验证。如果检测到未经授权的更改，则设备应向消费者/管理员发布警报，并且不应连接到超出执行所需范围的网络警报功能
9	使系统具有抗故障能力	设备制造商和物联网服务提供商	应当在物联网设备和服务的使用过程中，将弹性内置到物联网设备和服务中，并考虑数据网络和电源中断的可能性。物联网设备应尽可能合理地在网络中断的情况下保持本地运行。在恢复连接后，设备应较快恢复，以合理的状态和有序的方式返回网络

序号	行为准则	主要适用主体	概述
10	监视系统遥测数据	设备制造商和物联网服务提供商	如果使用情况和测量数据等遥测数据是从物联网设备和服务中收集的，则应对其进行监视以检查安全异常
11	方便消费者删除个人数据	设备制造商、物联网服务提供商和移动应用程序开发商	应配置设备和服务，以便在所有权转移时，给消费者明确的删除其个人数据指示，包括如何将设备重置为"出厂默认设置"及删除存储在设备上和关联的后端/云账户、移动应用程序中的数据
12	制作设备的安装和维护	设备制造商、物联网服务提供商和移动应用程序开发商	物联网设备的安装和维护应采用最少的步骤，还应为消费者提供在设备全生命周期如何安全设置其设备并进行维护的清晰直接的指导。在默认情况下，应启用设备上的辅助功能选项
13	验证输入数据	设备制造商、物联网服务提供商和移动应用程序开发商	通过用户界面、应用程序编程接口（API）和网络接口接收的数据应进行验证

资料来源：国家工业信息安全发展研究中心整理。

（二）欧盟发布指导性文件确保物联网供应链安全

2020 年 11 月，欧盟网络安全局（ENISA）发布《物联网保护准则》，提出了确保物联网供应链安全的准则，为物联网开发的全生命周期的安全性提供了指南，指导开发人员、制造商、集成商等利益相关者在物联网供应链各环节进行安全决策。该准则列明了物联网供应链的 10 个阶段[1]，强调了各阶段的关键网络安全挑战，确定了针对物联网供应链的关键网络安全威胁和挑战[2]，提供了物联网供应链安全的最佳实践和安全措施，最终提出 5 项准则（见表 2-3）指导物联网利益相关者提升物联网供应链安全保护能力。

---

[1] 物联网供应链 10 个阶段包括产品设计、半导体制造、零件制造、物联网平台开发、组件组装和嵌入式软件、设备编程、物流配送、服务供应和最终用户操作、技术支持和维护、设备恢复和重新利用。

[2] 主要威胁和挑战包括物理攻击、知识产权损失、不法活动、意外损害和信息丢失等。

表 2-3 《物联网保护准则》提出的物联网供应链安全保护准则和安全举措

序号	安全保护准则	安全举措
1	强化物联网供应链各利益相关者的协同合作	优先与提供网络安全保证的供应商的合作； 努力提高透明度； 开发创新的信任模型； 在供应链中贯彻安全性观点； 支持采用需要软件完整性措施的服务等级协议； 向客户提供安全承著
2	进一步培养网络安全专业技能	维护和培训合格、熟练的劳动力； 促进注重基于风险的方法的开发人员工作文化； 提升用户的物联网安全意识
3	在设计中贯彻安全理念	通过设计原则采用安全性； 建立并改善数据收集、测量技术和数据管理； 创建供应链完整性指标； 利用新兴技术进行安全控制和审计； 建立并改善设备升级和淘汰的计划和管理； 实现远程更新机制； 为物联网供应链开发威胁模型
4	采取全面且明确的安全措施	识别第三方软件； 制定全面的测试计划； 实施默认情况下使用安全性的出厂设置； 承诺在一段时间内提供安全补丁； 集成安全的废料管理流程； 使用安全的数据删除技术； 使用硬件机制提供内部验证； 集成物联网设备的身份管理系统； 整合强大的信任源； 集成认证机制； 将软硬件协作方案引入网络安全； 提供用于物联网设备的软件物料清单； 创建全面的文档资源
5	充分利用现有标准和良好实践	制定和完善物联网供应链安全保护相关标准

资料来源：国家工业信息安全发展研究中心整理。

（三）美国发布法案防范物联网设备网络安全风险

2020 年 12 月，美国总统签署美国《物联网网络安全改进法案》，为美国提升物联网网络安全水平提供法律依据。该法案历经多年，几经波折，最终得以出台[1]，是美国第一部国家物联网安全法，将对美国物联网发展产生重要影响。该法案要求美国国家标准与技术研究院（NIST）为联邦政府使用物联网设备制定标准和指南，并授权白宫管理和预算办公室（OMB）审查使用物联网设备的政府机构的信息安全政策，使其符合 NIST 制定的标准和指南。该法案还要求 NIST 牵头制定有关信息系统安全披露程序的指南，并由 OMB 监督应对信息系统安全漏洞所需的政策、标准和指南的实施，向政府提供物联网设备的承包商和分包商应及时报告漏洞和后续解决方案。该法案还针对政府机构和供应商提出了相关采购禁令，禁止购买不符合安全标准的物联网设备。

三、美欧发布政策文件进一步评估 5G 网络安全风险

2020 年，美国和欧盟在此前 5G 网络安全相关政策的基础上，进一步发布政策文件评估 5G 网络安全风险。

（一）欧盟发布工具箱指导成员国排除 5G 网络安全风险

欧盟委员会于 2019 年 3 月发布《5G 网络安全建议书》，提出欧盟应建立一个通用有效的工具箱，识别 5G 网络安全风险并提出有效的风险应对措施。2020 年 1 月，欧盟《5G 网络安全"工具箱"》正式出台，基于欧盟成员国对其 5G 网络基础设施进行的风险评估，结合欧盟现行网络安

---

[1] 该法案 2017 年即被提出，2017 年版的法案未被通过。2019 年 3 月，美国立法者向国会重新提出了该法案。2020 年 9 月 14 日，美国众议院通过该法案，并提交参议院审议。2020 年 11 月 17 日，参议院未经修改通过该法案，将该法案呈交给白宫。2020 年 12 月 7 日，特朗普总统正式签署《物联网网络安全改进法案》，使其成为法律。

全框架和措施，提出了 8 项战略性举措和 11 项技术性举措（见表 2-4）。战略措施通过加强监管权力，进行网络采购审查和部署，解决非技术脆弱性相关风险，加强供应链安全；技术措施通过加强技术、过程、人员和物理因素安全来加强 5G 网络和设备安全。工具箱尤其强调过度依赖单一来源 5G 网络供应商可能导致的安全风险，建议成员国适当组合适用工具箱措施，防范安全风险。2020 年 7 月 24 日，欧盟网络与信息系统（NIS）战略合作组织发布《欧盟成员国 5G 网络安全工具箱实施进展》报告，指出工具箱中提出的一些举措在各成员国取得了良好的进展，如成员国的监管部门对 5G 网络安全的监管力度加强，一些成员国已采取措施限制高风险供应商参与 5G 建设，大多数成员国正在审查对运营商的网络安全性和弹性要求等。然而，还有一些措施有待落实，如迫切需要减少对高风险供应商的依赖，多元化供应商策略实施存在挑战等。报告还建议成员国加强交流，继续监测和评估工具箱的实施，保持与欧盟委员会的合作，进一步落实工具箱举措。

表 2-4　欧盟 5G 网络安全工具箱提出的安全举措

分类	序号	举措
战略性举措	1	加强国家主管部门的作用
	2	对运营商进行审核并要求其提供相关信息
	3	评估供应商的风险状况，并对被认为具有高风险的供应商施加限制
	4	控制服务提供商（MSP）和设备提供商使用三线技术支持
	5	运营商应当采取适当的多元化供应商策略
	6	加强国家级供应链弹性
	7	识别关键资产并在欧盟中培育多样化和可持续的 5G 生态系统
	8	提升欧盟 5G 供应商多样性和技术创新能力
技术性举措	1	确保应用基线安全要求（安全的网络设计和架构）
	2	评估现有 5G 标准中安全措施的实施情况
	3	确保严格的访问控制
	4	增强虚拟网络功能的安全性
	5	确保安全的 5G 网络管理、运营和监控
	6	加强物理安全

分类	序号	举措
技术性举措	7	加强软件完整性、更新和补丁管理
	8	通过强大的采购条件提高供应商流程中的安全标准
	9	使用针对 5G 网络组件、客户设备和/或供应商流程的欧盟认证
	10	将欧盟认证用于其他非 5G 特定的 ICT 产品和服务
	11	加强弹性和连续性计划

资料来源：国家工业信息安全发展研究中心整理。

（二）美国发布战略文件全方位提升 5G 网络安全水平

2020 年 3 月，美国白宫按照美国《保障 5G 与其他安全法案》[1]的要求发布《国家 5G 安全战略》，旨在促进与合作伙伴及盟友合作，共同开发、部署和管理全球 5G 通信基础设施。该战略提出了 4 项战略举措。一是促进国内 5G 部署，在相关部门推进 5G 基础设施建设的相关战略和计划的基础上，美国政府将继续加强与私营部门、合作伙伴及盟友之间的合作，加快 5G 技术的研究、开发、测试和评估。二是评估 5G 基础设施面临的网络安全等相关风险，确定其核心安全原则，总结 5G 基础设施建设中的网络安全、供应链风险管理和公共安全等方面的最佳实践。三是应对全球 5G 基础设施开发和部署对美国经济和国家安全造成的风险，包括供应链风险、高风险供应商风险等。四是促进负责任的全球 5G 开发和部署，加强双边及多边合作，促进国际 5G 安全原则的制定和实施，强化美国在国际标准制定中的领导地位。

---

[1] 《保障 5G 与其他安全法案》于 2020 年 3 月被特朗普签署成为法律，要求行政部门在 180 天内制定一项覆盖整个美国政府的战略，以解决 5G 和未来几代无线通信系统所面临的安全漏洞等问题。

参考资料

1. Cybersecurity Maturity Model Certification (CMMC) Version 1.0. The Department of Defense, 2020(1)。

2. Strengthening National Resilience Through Responsible Use of Positioning, Navigation, and Timing Services. The Executive Office of the President, 2020(2)。

3. Securing the United States Bulk-Power System. The Executive Office of the President, 2020(5)。

4. Securing the Internet of Things for Consumers. Australian Government, 2020(9)。

5. Guidelines For Securing The Internet. The Europwan Union Agency, 2020(11)。

6. Cybersecurity of 5G networks EU Toolbox of risk mitigating measures. NIS Cooperation Group, 2020(1)。

7. National Strategy To Secure 5G of the United States of America. The White House, 2020(3)。

Ⅲ 保障工作篇

Guarantee Mechanism Articles

B.3

工业信息安全测试与评估工作全面推进

王得福　才镓赫　朱玥　邱亚钦　贾晨宇　王诗蕊[1]

摘　要：为贯彻落实党中央、国务院关于建设网络强国的战略部署，以总体国家安全观为指引，深入推进我国工业信息安全工作，全面筑牢网络安全防线，相关部门在 2020 年继续全面推进检测评估工作，成效显著。一是扎实推进工业控制系统信息安全评估工作，进一步掌握我国工控系统安全防护现状，提升工业企业网络安全防护水平；二是深入开展车联网网络安全检测评估工作，促进车联网企业安全建设发展；三是开展以技能竞赛、对抗赛和攻防演

---

[1] 王得福，国家工业信息安全发展研究中心助理工程师，硕士，研究方向为工业信息安全；才镓赫，国家工业信息安全发展研究中心助理工程师，硕士，研究方向为工业信息安全；朱玥，国家工业信息安全发展研究中心助理工程师，学士，研究方向为工业信息安全；邱亚钦，国家工业信息安全发展研究中心工程师，硕士，研究方向为车联网网络安全防护；贾晨宇，国家工业信息安全发展研究中心工程师，学士，研究方向为工控安全检测评估；王诗蕊，国家工业信息安全发展研究中心工程师，硕士，研究方向为工业信息安全。

练为主要活动形式的工业信息安全攻防测试工作，加强工业信息安全技术技能交流和综合性人才培养；四是持续开展工业控制产品安全检测工作，支撑国家工业控制产品安全检测标准体系的构建，促进工业控制产品安全性有效提升。

关键词： 工控系统；车联网；攻防测试；工业控制产品；检测与评估

Abstract: In order to implement the decisions and deployments of the CPC Central Committee and the State Council on building the nation into a strong cyberpower, in the line of the holistic approach to national security, deepening the industrial system cybersecurity improvement, reinforcing a comprehensively cyber security defense line, the related departments continue to comprehensively promote inspection and assessment in 2020 and achieved remarkable outcomes. First, steadily promote the security assessment of industrial control systems, further grasp the current industrial control system security status, and improve the cybersecurity capabilities of industrial assessments. Second, carry out inspection and assessment of the Internet of Vehicles security, promote the security construction development of Vehicle-to-everything enterprises. Third, conduct industrial information security offensive and defensive testing work through skill competitions, confrontations, offensive and defensive drills, promote the industrial security skills communication and cultivate comprehensive talents. Fourth, continue to carry out the inspection and assessment of the industrial control products security, support the establishment of a national industrial control products safety assessment standard, further improve the national industrial control products inspection and assessment capabilities.

Keywords:　Industrial Control System; Internet of Vehicles; Offensive and Defensive Testing; Industrial Control Products; Detection and Evaluation

一、工业控制系统信息安全评估扎实推进

2020 年对工业行业是充满机遇和挑战的一年，在产业不断推进数字化转型的同时，风险和隐患也在不断暴露和突显，系统漏洞连续几年呈上升趋势，高危漏洞数量居高不下，工控系统安全形势不容乐观。为了深入贯彻《工业控制系统信息安全行动计划（2018—2020 年）》《工业控制系统信息安全防护指南》等文件的要求，全面落实国家安全战略，有效应对潜在威胁，工业和信息化部直属测试评估机构在全国范围内开展了 2020 年度工业控制系统信息安全（以下简称"工控系统信息安全"）检测评估工作。

（一）工作开展情况

2020 年，根据工业和信息化部关于工控系统信息安全工作的部署要求，为加强企业提升工业控制系统的安全防护水平，帮助行业、地方、企业提高工业信息安全知识与技能水平，工控系统信息安全检测评估工作围绕评估机构能力认定、工控系统信息安全防护能力评估、线上专题培训活动等方面开展工作，详细情况如下。

1. 组织开展工业信息安全测试评估机构能力认定工作

为统筹国家工业信息安全产业发展、完善组织架构、推进业务落地实施，依据《工业信息安全测试评估机构管理办法（试行）》，国家工业信息安全发展研究中心作为工业信息安全产业发展联盟理事长单位，面向国内各大安全厂商、科研院所等，组织开展工作工业信息安全测试评估机构能力认定的申报、认定工作，围绕申报机构背景、人员技术实力、业绩项目、质量管理体系等多方面进行审核评估。截至 2020 年年底已有 48 家测试评估机构获得工业信息安全测试评估机构能力认定资格证书，就我国的

工业信息安全产业现状开展了研究推进工作，带动了产、学、研、用、政的结合和协调并进，营造了良好的工业信息安全产业发展氛围。

2. 开展典型企业工控系统信息安全防护能力评估

工控系统信息安全与工业生产运行及国家经济安全息息相关，为进一步有效推动各行业各领域工控系统的安全发展，2020 年评估机构有序拓展检测评估市场化服务，在与部分重点行业典型工业企业良好交流沟通的基础上，组建评估组赴西藏、新疆、海南、甘肃、黑龙江、江苏、安徽、浙江、广东、上海等 10 个省份的 21 家中央企业、国有企业下属单位及民营企业开展了本年度的工控系统信息安全防护能力评估工作，涵盖石油、石化、烟草、电力、建材、医药、食品等与民生息息相关的重要行业。评估组依托《工业控制系统信息安全防护能力评估办法》开展相关工作，全面了解企业目前工业控制系统的防护现状，从文档、人员、设备等方面，查找企业在管理和技术上存在的疏漏，针对性地提出有效的解决方案，有力地保障了企业的工控系统信息安全防护能力建设。

3. 举办线上工业信息安全测试评估技术专题培训

为切实帮助工业企业提升安全防护水平，促进国家工控系统信息安全相关人才的培养，工业信息安全测试评估技术线上培训工作有序开展。工业信息安全产业发展联盟在 2020 年年初组织开展了工业信息安全测试评估技术专题培训活动——工业信息安全大讲堂，该在线讲堂共举办两期，累计 400 余家企业约 1600 人次观看了系列讲座。该培训活动对新形势下工控系统信息安全的发展形势及时跟进，助力国内工业企业深入理解我国不同企业工控系统信息安全发展现状和政策要求。

（二）当前存在主要问题

1. 企业人员工控系统信息安全意识有待提升

评估发现，不同类型行业、地区的信息化管理人员仍普遍存在对工控系统信息安全重视不足的情况，工控系统安全高度依赖于"网络孤岛"的物理隔离优势，在企业工控系统的信息化推进建设和发展的过程中，将网络安全管理理解为网络安全设备采购，"重采购、轻运维"现象普遍，对工控系统安全的重要性认识不到位，导致部分安全设备部署后未能进行有效维护，安全策略失效，安全防护措施形同虚设。

2. 企业工控系统信息安全管理体系不完善

评估发现，企业工控系统信息安全管理体系基本处于初步建设阶段，制度建立不足、落地执行不力。部分企业虽已建立针对工业控制系统的安全管理制度，但制度尚未正式发布，在日常管理工作中边界防护等要求执行落地不到位；部分企业未建立完善的工控系统信息安全管理机制，工控防病毒机制、工控系统信息安全应急演练等方面制度缺失，安全责任无法有效落实到位；绝大多数企业未对工业数据进行分级分类管理，数据安全方面尚未形成可落地应用的指南性文件，导致数据安全防护工作在执行层面无章可循。

3. 企业工控系统信息安全防护技术手段建设尚不到位

部分企业在漏洞管理、端口管理和数据安全方面存在较大不足，2020年在评估过程抽查的139台工控主机中，120台工控主机仍未安装"永恒之蓝"安全补丁，漏洞未修复比例占比约86.3%；大部分主机未及时关闭不需要使用且存在风险的端口，工控系统生产运行期间安全隐患难以得到有效解决；大部分企业未依照工业和信息化部印发的《工业数据分级分类指南（试行）》对工业数据采取必要的技术措施进行管理，数据安全防护工作存在薄弱环节。

（三）主要成效

与2019年相比，2020年的工控系统信息安全评估工作开展更为广泛和深入。企业对工控系统信息安全逐渐重视起来，对工控系统信息安全的投入呈扩大趋势。一方面，完善内部制度，提升系统的防护能力；另一方面，积极配合各项检测评估工作的开展，实现"以评估促进发展，以发展推动评估"的良性循环。同时，工控领域安全评估人才的素质不断提升，队伍不断壮大，进一步促进了工控系统信息安全评估扎实推进。

1. 进一步掌握工控系统信息安全防护现状

2020 年，在新冠肺炎疫情肆虐的大背景下，我国工控系统信息安全的不确定性与不稳定性不断显现，在此基础上开展的检测评估工作更加清晰和全面地识别了当前工控系统信息安全亟待解决的问题。评估中发现，我国工控系统信息安全发展水平存在不平衡的问题，这种现象主要受到地域和行业的影响，具体表现为东部城市企业防控能力优于西部城市，能源与公共事业等领域优于烟草、食品等传统领域，尤其是基于疫情背景下，交通运输领域的防控能力短板也在逐渐显露。另外，整个行业在核心技术、关键信息基础设施、重点保护目标等方面依旧面临较大的风险，企业在安全管理制度建设与落地、安全设备与策略的维护、系统安全状态监控、人员安全意识培养方面还存在较大的提升空间。

2. 推动企业工控系统安全防护能力稳步提升

2020 年的评估工作基于近年来工控系统信息安全评估的经验总结，结合行业的特点和企业的安全现状，着眼整个系统进行深入的安全排查，帮助企业识别防控中的薄弱点与关注要点，以测促改，有针对性地采取防护措施；以测促建，提高对工控系统信息安全管理制度的重视程度，尤其在安全责任落实、应急响应机制等方面，使企业在面对工业信息安全风险时，能够由被动响应转变为积极防御，实现有效应对，有助于构建一体化的工业信息安全防护体系。

3. 管理体系优化与人才队伍建设齐头并进

工业信息安全检测评估工作的开展依托于良好的管理体系和专业化的检测评估人员。评估组在每一次的评估工作中总结问题、归纳方法，不断对现有的管理体系进行优化，规范工作流程，通过在评估过程中进行严格的质量把控，确保评估的专业性和结果的有效性。在人才队伍建设方面，通过不断的实践积累经验，开展线上线下的交流培训，加深对评估标准的理解，明确工业信息安全评估的重点方向与要点内容，一边加强对现有安全评估人才专业性的提升，一边积极进行后备人才的培养和储备，对我国工业信息安全防护和评估工作提供多方面的有力支撑。

二、车联网网络安全检测评估持续走深走实

为贯彻落实《中华人民共和国网络安全法》《车联网（智能网联汽车）产业发展行动计划》《工业控制系统信息安全防护指南》《工业控制系统信息安全行动计划（2018—2020 年）》等相关法律法规、政策文件要求，逐步完善车联网安全保障体系，明确安全管理要求，提升车联网网络安全防护水平，工业和信息化部自 2016 年开始持续组织开展车联网（智能网联汽车）网络安全调研、检测和评估工作，全面深入摸清我国车联网安全风险和需求现状，推动车联网安全检测评估工作走深走实。

（一）工作开展情况

2020 年，工业和信息化部发布《车联网信息服务平台安全防护技术要求》《车联网信息服务用户个人信息保护要求》《车联网信息服务数据安全技术要求》《车联网无线通信安全技术指南》等一系列行业标准，规定了车联网信息服务平台的安全防护、用户个人信息保护的信息内容分类、敏感性分级和分级保护、数据生命周期的要求，为开展车联网网络安全检测评估工作提供了技术要求和参考规范。同时，工业和信息化部组织开展了 2020 年车联网网络安全检测评估工作。

1. 检测评估基本情况

本次车联网网络安全检测评估工作由工业和信息化部网络安全管理

局指导，委托国家二业信息安全发展研究中心、中国信息通信研究院、中国汽车技术研究中心有限公司、中国软件评测中心、中国工业互联网研究院、国家信息技术安全研究中心6家单位组建车联网网络安全检测评估工作组（以下简称"工作组"），选取了30家整车企业和车联网平台企业，从车联网企业网络安全管理情况、车联网平台安全、联网生产控制系统安全等方面开展检测评估工作，更具针对性、更深层次明确我国整车企业和车联网平台企业的安全防护现状，推动建立安全检测评估技术和管理体系，支撑做好车联网安全检测评估常态化工作，不断加强企业安全意识，持续提升安全防护水平。

工作组依据车联网相关政策文件要求及前期摸底的车联网安全实际情况和现实需要，制定了《2020年车联网（智能网联汽车）网络安全检测评估指南》（以下简称《检测评估指南》），并编制了车联网网络安全检测评估工作方案、实施指南、工作计划等。依据工作方案，以人员访谈、文档查阅、现场核查、工具检测等多种方式开展企业现场评估，完成各评估项的数据收集工作，编制评估现场工作总结。最终通过梳理现场评估数据和记录，系统深入地发现和分析企业车联网安全所面临的风险隐患和脆弱性。

2. 检测评估主要内容

本次车联网网络安全检测评估内容主要分为车联网企业网络安全管理情况、车联网平台安全、车联网App安全、联网汽车安全、联网生产控制系统安全5个方面，参照《检测评估指南》，分条目确定评估类别、检测评估内容、检测评估方式和相关政策依据，进行结果记录和评分，评估工作更具系统性和依据性。调研评估包括以下几个方面的内容。

（1）车联网企业网络安全管理情况。依据《中华人民共和国网络安全法》《网络安全漏洞管理规定（征求意见稿）》，对企业网络安全基本情况、安全管理机构和人员、安全应急管理、供应链安全管理、漏洞处置等情况进行评估。

（2）车联网平台安全检测评估。依据《车联网信息服务平台安全防护技术要求》《车联网信息服务数据安全技术要求》《车联网信息服务用户个人信息保护要求》，从平台的分层结构出发，对平台的基础设施层、平台层和应用层等安全防护情况，以及平台物理环境安全、安全建设和安全运维管理等情况进行评估。同时，平台数据安全和用户个人信息保护情况也作为平台安全评估的主要内容之一。

（3）车联网 App 安全检测评估。依据《车载信息交互系统信息安全技术要求》，选取行业内具有代表性的主机厂和服务企业，开展 App 安全检测，评估其网络安全的防护能力。评估对象包括：车联网手机 App 和车机 App，检测内容包括 App 的基础安全、代码安全、访问控制、运行安全、通信安全、日志安全、数据安全等方面。

（4）联网汽车安全检测评估。依据《车载信息交互系统信息安全技术要求》《汽车网关信息安全技术要求》《汽车诊断接口信息安全技术要求》（标准草案）等，针对具备联网车型的车载信息交互系统、网关、OBD 安全、OTA 安全、无线通信安全及通信加密和身份认证开展安全检测评估。

（5）联网生产控制系统安全检测评估。依据《工业控制系统信息安全防护指南》，对于联网车企的重要联网生产控制系统开展安全检测评估。检测内容包括安全软件选择与管理、配置和补丁管理、边界安全防护、物理安全防护、身份认证、远程访问安全、数据安全等方面。

（二）主要安全问题

整体来看，车联网网络安全建设仍处于起步阶段，政策法规体系有待完善，安全技术存在缺口，安全防护技术平台及手段仍显不足，车联网云管端三层网络安全防护水平均较为薄弱。通过对企业的安全检测评估结果进行分析研判，车联网安全管理、车联网平台、车联网 App、车载信息交互系统、数据、联网生产系统等安全防护仍存在很大问题，风险隐患突出，尤其是生态接口、授权访问、系统后门、车载通信安全、敏感信息泄露等方面安全威胁严重，安全管理水平和安全防护意识有待提高，安全防护技术亟待完善。结合检测评估结果，分析研判车联网典型网络安全风险问题及产生原因如下。

1. 企业缺乏对车联网安全的集中统筹和有效管理

企业缺乏对车联网安全的集中统筹和有效管理，一是缺乏专门车联网网络安全管理机构和人员；二是缺少对企业车联网安全的集中统筹管理，缺少跨部门、跨机构的有效合作管理机制。在这种情况下，企业将无法建立高效的车联网安全管理机制，难以有效落地安全管理要求，且一旦发生相关安全事件，容易造成应急响应不及时，进而给企业带来严重损失。经分析原因在于，一是安全管理人员不足，安全管理机制不够明确。二是企业对安全重视程度不够，安全意识不足，对车联网安全管理缺少资金和人员投入，且未真正承担企业安全主体责任。

2. 车联网 App 用户个人信息管理不规范

车联网 App 用户个人信息管理不规范，一是在用户未授权前即收集个人信息，且过于频繁；二是隐私政策编写规范不满足《信息安全技术个人信息安全规范》要求。在这种情况下，可造成的严重后果包括：一是在用户未授权的情况下，擅自读取本机国际移动设备身份识别码 IMEI 行为、读取 SIM 卡国际移动用户识别码 IMSI 行为、扫描系统内存中正在运行的应用进程信息，泄露个人隐私；二是在用户注册时获取设备识别码，未提供给用户自主选择业务的权利。经分析原因在于 App 开发未严格落实个人信息管理要求，企业对个人隐私保护重视程度不够。

3. 车联网 App 安装包未加固

车联网 apk 文件未做加固处理，存在被篡改、二次打包风险，以及被动态调试攻击和注入攻击风险。在这种情况下，一是容易被逆向后进行漏洞分析；二是可造成 App 用户遭到不法应用的恶意侵害，危害开发者版权和经济利益；三是可被应用钓鱼、添加病毒代码、添加恶意代码，存在被攻击者窃取登录账号密码或支付密码、拦截验证码短信、修改转账目标账号和金额等风险。经分析原因在于开发者在发布前未对 apk 文件进行充分安全测试，未采取加固手段保证 App 安全。

4. 车载信息交互系统开放多余端口服务

TBOX、IVI 等车载信息交互系统除开启正常使用需要的端口外，还开启了其他非必要多余端口服务。在这种情况下，一是可通过 ADB 调试工具或其他方式连接对应系统端口、获取系统权限，从而实现系统关闭等任意命令执行等恶意操作。二是可通过获取服务口令、直接上传任意文件或通过构造特殊程序对车联网实现攻击。三是可利用探测到的服务，对其进行分析，从而进一步进行探测攻击。经分析原因在于，一是开发测试人员在结束相关测试等操作后，未及时按照最小服务原则对相关端口和服务进行关闭；二是在系统设计、配置期间，即已默认开启非必要的端口。

（三）下一步工作计划

本次车联网安全评估围绕落实《中华人民共和国网络安全法》《车联网（智能网联汽车）产业发展行动计划》相关要求，强化企业主体责任，推动企业加强安全防护能力建设，逐步形成了检测评估常态化工作机制，初步构建了车联网安全检测评估体系，切实推动了我国车联网安全保障能力提升。下一步将围绕以下 3 个方面持续进行能力建设和工作推进。

1. 完善车联网安全防护制度和标准建设

全面支撑相关部门建立车联网安全防护制度，开展车联网产品和系统安全测评与评估，推动车联网安全落地。明确车联网安全风险，构建全方位、多层次的车联网安全标准体系，推进车联网产品和系统安全风险检测与评估，有效推进车联网安全发展。在积极参与和推动制定车联网安全国家标准的基础上，对标相关安全技术要求，针对车载网络、设备、系统、通信等内容，牵头/参与制定车联网安全测试标准规范，推动形成车联网安全测试标准体系。

2. 建立并完善车联网安全测试和评估体系

持续支撑整车和关键零部件厂商、车联网平台企业及提供相关服务的企业，开展安全防护、漏洞挖掘、入侵检测等安全检测评估服务。对整车企业有效结合工控安全和车联网安全检测评估，对平台企业有效结合等保2.0 制度和车联网安全检测评估，提供一体化安全检测服务。面向车端、云端、管端等车联网相关系统或设备，提供系统及产品的第三方安全测试评估服务。建立并不断完善安全测试、评估规范和机制，逐步形成规范化、成熟化安全测试和评估体系。

3. 加强车联网安全检测评估技术研究和能力建设

依托制造业高质量发展等专项项目，加强车联网安全检测评估技术研究，聚力评估技术手段、检测工具和检测平台建设，尽快建成较为完善的车联网安全检测评估技术能力。依托国家工业控制系统与产品安全质量监督检验中心，扩增车联网相关系统及产品的安全测试资质和能力。推动企业加大车联网安全检测评估投入，督促企业强化网络安全防护和数据安全防护，建立车联网网络安全风险评估机制，加强车联网关键设备安全检测，提升车联网安全防护能力。

三、工业信息安全攻防测试推陈出新

随着工业信息安全检查评估相关工作有序开展，围绕工业控制系统及设备安全开展的检测评估、漏洞发现、渗透测试、安全解决方案验证等活动逐步丰富。为深入贯彻《国务院关于深化"互联网+先进制造业"发展工业互联网的指导意见》《工业控制系统信息安全防护指南》等文件精神，根据工业信息安全保障能力建设及产业发展需求，结合"以赛促训、以赛代练、以练促进"的工作思路，以技能竞赛、对抗赛和攻防演练为主要活动形式的攻防测试，在传统网络安全攻防测试的基础上，不断推陈出新，为工业信息安全综合性人才培养、技术技能交流进步等方面奠定了良好的基础。

（一）工作开展情况

为进一步加强工业信息安全攻防技术交流，培养选拔专业人才，夯实检测评估能力基础，围绕工业信息安全攻防测试等工作要点，2020 年主要开展工业信息安全技能大赛、全国工控安全深度行之工业信息安全攻防对抗赛、工业信息安全实战攻防演练等工作，具体工作开展情况如下。

1. 工业信息安全技能大赛由测试走向深入

工业信息安全技能大赛（以下简称"大赛"）是在工业和信息化部信息技术发展司统筹布局下，由国家工业信息安全发展研究中心主办，聚焦工业信息安全攻防测试领域，面向国内工业企业、科研院所、大专院校和社会各界的工业信息安全领域技术精英人才的公益性、全国范围的大型专业赛事。大赛已连续举办四届，吸引了包括国内顶级工业信息安全机构在内的近万人参与，累计发现和选拔出 200 余人的精英人才团队。大赛已成为我国工业信息安全攻防技术交流的年度盛会。

2020 年，大赛连续第 3 年在成都举办。根据国内外工业信息安全发展最新动态，大赛不断创新大赛模式、技术环境和竞技要点，比赛模式从最初的产品测试，逐步深入发展为实战攻防，在业界率先探索出实物型工业信息安全攻防测试实战竞技模式。大赛围绕工业信息安全相关场景，搭建多场景综合性大型半实物靶场，场景涵盖火力发电、石油炼化、油气开采、智能制造、智能家居、智慧医疗等内容。通过沉浸式竞技模式，由参赛选手通过对抗方式，实现对比赛场景中工控系统及物联网设备的入侵控制。

2. 全国工控安全深度行普及对抗赛理念

依托工业和信息化部信息技术发展司组织的 2020 年全国工控安全深

度行活动，工业信息安全攻防测试工作通过对抗赛的形式被推向全国各地。根据"依托城市，辐射全国"的举办思路，在 8—12 月先后在江苏南京、四川成都、云南昆明、山西太原、辽宁大连、江西赣州、北京、河南郑州八地开展工业信息安全攻防对抗赛活动。高校、研究机构、相关企业及个人团体踊跃参赛，参赛队伍围绕组委会提供的工业信息安全赛事环境，从风险评估、威胁分析、漏洞挖掘、安全防护、攻防对抗等实战攻防技术方面进行综合比拼。赛事活动的推广普及了工业信息安全攻防对抗的思路，增强了企业和参赛人员的安全保障意识，充分检验了地方技术力量在工业信息安全领域的能力积累，有效促进了各地工业信息安全技术不断进步，推动了工业信息安全工作深入发展。

3. 聚焦行业痛点，实战攻防演练深耕细作

工业行业种类繁多，各行业所面临的网络安全风险存在行业差异，为深入检验关键行业网络安全保障工作成效，选取关键基础设施作为演练对象，通过实战攻防，有效推动工业信息安全攻防测试工作深入发展。

结合某市工业信息安全保障工作需求，组织某市工业信息安全攻防演练。演练聚焦电力行业，通过模拟实战的方式开展。考虑到电网的实际情况，以远程测试和场景测试相结合的方式展开了现场攻防对抗演练。邀请了专业技术团队作为攻击方，国家级技术队伍协助电力行业作为防御方。在远程测试阶段，集中组织技术队伍针对某市范围内的电力系统，通过互联网进行攻击测试，积累攻击成果。在场景测试阶段，演练场景采用虚实结合、异地组网的方式，将演练现场存放的工控关键基础设施及远端实体设备接入演练现场的网络环境中，实现网络安全攻击演练。

本次演练历时 16 天，对电力行业网络安全防护情况进行了一次摸底，有效发现了电力系统网络防护的薄弱点，健全了电力系统网络安全防护体系，推进了关键信息基础设施及工业信息安全保障工作。

（二）主要成效

1. 积极宣传国家工业信息安全政策法规

围绕工业信息安全攻防测试开展的演练和技能竞赛等活动均紧密结合国家主管部门发布的工业信息安全相关政策法规要求，为宣传贯彻国家有关政策、法规、标准提供了交流示范平台。攻防测试工作紧密围绕国家智能制造、工控系统信息安全、工业互联网安全等一系列指导文件和规范标准设计，助力国家工业信息安全政策、法规、标准的宣贯执行。同时，工作聚焦重点领域，以全国巡回组织的方式，得到了各地工业和信息化主管部门的高度重视，有效扩大了宣传范围和持续影响力。攻防测试工作的参与方，不论是政府机构、企业，还是参赛选手，均加深了对国家政策、法规、标准的认识理解，并在实际工作中提高了贯彻落实国家政策法规标准的自觉性和主动性，工业信息安全相关工作也得到了社会各界的广泛关注。

2. 促进工业信息安全专业人才选拔培养

攻防测试围绕工业信息安全风险监测、威胁分析、漏洞挖掘、安全防护、应急处置等方面开展，全面考察参与人员在工业自动化、工控安全、工业互联网安全、网络安全、云计算与虚拟化等方面的综合技能。通过赛事选拔、实战锻炼发现了数百名优秀的工业信息安全人才，挖掘了数十支优秀的工业信息安全队伍，相关技术队伍已经逐步成为各地区、各行业工业信息安全的核心技术力量。逐步构建并不断丰富国家工业信息安全人才智库，为我国开展工业信息安全风险识别、检测评估、应急处置工作储备了优秀人才队伍。同时，也为地方政府开展网络信息安全产业招引、人才汇聚、政府咨询创造了有利条件。"以赛代培、以赛促训、以练促进"的实践和成果，成功助力了国家网络安全人才能力建设的提升。

3. 助力国家工业信息安全防护能力提升

根据国内外工业信息安全发展最新动态，攻防测试活动不断创新模式、技术环境和考察要点，实施工业信息安全威胁分析、漏洞挖掘、安全防护、应急处置等技术、技能的实景实战竞技，积极探索工业信息安全"打痛点、解难点"的思路方法。先后已有逾百家工业企业、网络安全企业参与相关工作，提供各类在研在用工业产品、设备、系统200多台套用于众测。2020年电力行业攻防演练以真实电力全流程生产系统作为攻防目标，实战检验了国家重点行业、主要工业设备的信息安全防护情况。技能大赛现场也同步真实展现了制造业、能源行业、医疗卫生系统及家居物联网所面临的各类风险及隐患，有助于推动下一步工业信息安全的各项工作。攻防对抗的结果可以指导政府企业加大工业信息安全技术投入，为提升工业信息安全保障能力指明方向，完善安全保障技术措施。

4. 聚集一流优势资源带动产业发展

一系列工业信息安全攻防测试活动通过实况直播、多渠道媒体宣传等方式不断提升工业信息安全攻防测试工作热度，工信、网信、公安等多个主管部门也参与到交流活动中，工业信息安全意识逐步由普及走向深入，不断聚集各方优势资源。通过增设产业推介、宣贯会、技术研讨等环节，先后共吸引了百余家专业研究结构、重要工业企业、安全企业等积极参与。围绕工业信息安全技术研究、态势感知、应急保障、产业促进等工作，提升了行业热度，明确了六来发展方向，有效带动了工业信息安全产业的发展。除此之外，与网络安全攻防技术、网络空间靶场相关的工业转型升级课题、工业互联网专项、国家重点研发计划等项目成果和技术积累得到了很好的应用和检验，全面推动了产学研用一体化发展，有助于推动下一步工业信息安全的各项工作，筑牢制造强国的安全屏障。

（三）工作展望

一是持续丰富工业信息安全攻防测试工作形式。探索除竞赛、演练之外的形式，如通过开展攻防测试技术交流会、技术培训会等方式，营造良好的技术交流氛围，促进顶尖技术成果分享交流，推动攻防测试成果共享。

二是持续完善工业信息安全攻防测试靶场能力。不断优化现有工业信息安全攻防测试靶场性能，延伸拓展覆盖更多工业行业场景，全面推进国家级工业控制系统信息安全靶场的综合性社会化应用，积累国家关键信息基础设施安全攻防技术方法，提升安全保障能力。

三是持续跟踪拓展工业信息安全攻防测试成果。深入研究新收集的漏洞成果，研制专题报告，分析相关人才现状及安全现状。与有关政企科研机构等单位保持密切交流，融合行业企业用户、高校、科研机构、安全厂商、工控系统和产品厂商等多方需求，加强厂商联动、学科建设、政策支持、环境营造。不断拓宽合作领域，加强人才跟踪与培养，力争不断积累延续成果，为工业信息安全保障工作添砖加瓦。

四、工业控制产品安全检测稳中求进

当下以 5G、物联网、云计算等为代表的新一代信息技术迅猛发展，工业互联网成为新一代信息技术与制造行业融合发展的新业态，工业互联网领域的网络环境更加复杂多样，安全隐患难以察觉，安全威胁进一步加剧。针对工控领域的新技术、新产品开展安全检测，能够及时发现和识别各种潜在的网络安全风险。

（一）工作开展情况

1. 工控产品安全检测稳步推进

工业控制产品的检测范围涵盖了可编程逻辑控制器、工业防火墙、工业控制系统网络审计产品、SCADA 组态软件产品、工业控制系统实时历史数据库、传统防火墙、工业控制系统仿真控制软件等系统及产品。

作为国内第一家从事工控系统与产品安全检测工作的专业技术机构，国家工业控制系统与产品安全质量监督检验中心（以下简称"国家工控安全质检中心"）在 2020 年积极开展工控产品安全检测工作，持续为重要工业控制厂商和安全防护厂商提供检测服务,通过产品对标测试帮助厂商及时发现问题并整改,切实提升企业产品安全能力。疫情防控期间,国家工控安全质检中心充分发挥国家级平台能力优势免费为社会企业提供 App 安全检测服务,累计检测 300 余款,涵盖工业互联网、车联网、物联网等重要领域,共发现高危漏洞 2184 个,有力地促进了工业行业 App 安全能力的建设。

2. 工控领域标准体系进一步完善

多项工业信息安全标准正式发布,包括《信息安全技术网络产品和服务安全通用要求》《工业控制系统专用防火墙技术要求》《工业控制网络安全隔离与信息交换系统安全技术要求》《工业控制系统网络审计产品安全技术要求》《工业控制网络监测安全技术要求及测试评价方法》《工业控制系统漏洞检测产品技术要求及测试评价方法》《工业控制系统产品信息安全通用评估准则》《工业控制系统安全检查指南》等,这些标准对工控产品的安全要求做出了规定,同时也对检测机构开展工控产品测试工作做出了指导。

2021 年 2 月 20 日,国家市场监督管理总局(国家标准化管理委员会)正式发布网络安全领域强制性国家标准《网络关键设备安全通用要求》。该项标准是工业和信息化部为落实《中华人民共和国网络安全法》中有关网络关键设备安全的要求,组织相关研究机构编制的一项重要标准,将为各类网络关键设备推荐性标准提供安全要求框架和指导,在提升网络关键设备安全性和可控性、减少用户在使用产品中的各种风险、增强用户信心等方面发挥重要作用。国家工业信息安全发展研究中心作为标准起草成员单位,积极参与了标准的讨论编制工作。

(二)主要安全问题

1. 工业控制系统亟须密码支撑

工业领域涉及海量的生产数据、设备信息,随着工业控制系统越来越多地由单机走向互联，由封闭走向开放，工控系统的数据安全问题愈发重要。当前工业控制系统中使用密码进行保护的程度很低，针对工业控制系统的密码标准体系尚不完善，面向工业控制系统的专用密码产品较少，现有密码技术产品难以满足工业控制系统实时性、稳定性要求。因此，推动工业控制系统密码应用标准的制定、修订，加速商用密码在工业控制系统的应用推广极为重要。

2. 工业 App 普遍存在安全漏洞

在检测的 300 余款 App 中，在程序源文件安全、本地数据存储安全、通信数据传输安全、身份认证安全、内部数据交互安全、HTML5 安全及恶意攻击防范能力等方面均不同程度存在高危漏洞。当下紧张的国际局势蔓延到科技领域，工业 App 全生命周期软硬件开发涉及国外技术授权，存在断供风险。

3. 新技术、新产品配套标准滞后

随着工业互联网、5G 等新技术的推广与应用，工控领域出现附带 5G 通信模块、窄带通信模块的新产品，检测过程中发现，在现行工控产品标准化方面，存在标准缺失、滞后、交叉重复等问题，无法有效指引工控产品安全检测工作，亟须加强工控产品标准化工作，完善工控领域标准体系，指引工控产品安全功能的设计、开发和测试，夯实工控产业发展基础。

（三）主要成效

1. 探索新服务模式，拓展新市场

积极开拓检测新业务，细分国内工控行业，细分检验检测市场类别，从工控产品安全性检测、工控信息安全产品检测、工业控制软件检测、传统软件测试、App 产品测试、项目验收测试、产品对比测试、工控产品质量测试几方面协同开拓检验检测市场。持续推动工控领域的厂商、集成商，安全产品、安全服务厂商和安全专业机构之间的合作，集中优势资源、多

渠道拓展市场业务。

2. 服务网点布局全国，多业务协同开展

为了促进区域间工业控制产品安全检测市场的协调发展，采取政企合作模式不断加强工业控制产品安全检测能力建设，根据业务发展需求强化相应检验检测能力，储备人才与检测技术等。国家工控安全质检中心在成都设立了西南实验室，协助开展西南地区工控安全检测、评估、等保、咨询、培训等相关服务，支撑西南地区企事业单位提升其产品和系统的信息安全防护水平，建立西南地区工业信息安全保障体系。

参考资料

1. 工业控制系统信息安全行动计划（2018—2020 年）. https://www.miit.gov.cn/jgsj/xxjsfzs/wjfb/art/2020/art_dc95c79d172344eb9a240720725c4317.html。

2. 工业控制系统信息安全防护指南. http://www.miit.gov.cn/n1146295/n1652858/n1652930/n3757016/c5346662/content.html。

3. 工业控制系统信息安全防护能力评估工作管理办法. http://www.miit.gov.cn/n1146295/n1652858/n1652930/n3757016/c5761045/content.html。

4. 车联网（智能网联汽车）产业发展行动计划. http://www.miit.gov.cn/n1146295/n1652858/n1652930/n3757016/c6564118/content.html。

5. 网络安全漏洞管理规定（征求意见稿）. https://www.miit.gov.cn/jgsj/waj/gzdt/art/2020/art_5a91cec3778d49beb70152d019a6c6f0.html。

6. YD/T 3752—2020 车联网信息服务平台安全防护技术要求。

7. YD/T 3746—2020 车联网信息服务 用户个人信息保护要求。

8. YDT 3751—2020 车联网信息服务 数据安全技术要求。

9. YD/T 3750—2020 车联网无线通信安全技术指南。

10. 国务院关于深化"互联网+先进制造业"发展工业互联网的指导意见. http://www.gov.cn/zhengce/content/2017-11/27/content_5242582.htm。

工业信息安全监测应急能力建设提速提质

刚占慧　朱丽娜　杨佳宁　鞠远[1]

摘　要： 2020 年，我国工业信息安全监测应急能力建设提速，有关部门大力推进国家、省/行业、企业三级联动的工业信息安全监测预警网络建设，积极构筑国家工业信息安全漏洞库安全生态，初步探索形成工业信息安全应急体系框架，形成"一网、一库、一体系"的融合发展格局，为感知工业信息安全态势、加强应急指挥协作、开展响应处置提供有力支撑。

关键词： 工业信息安全；监测应急；安全态势；应急体系

Abstract: In 2020, the construction of Chinese industrial information security monitoring and emergency response capacity will be accelerated, relevant departments have made vigorously achievements in promoting the construction of the Industrial Information Security Monitoring and Early Warning Network at the national, provincial/

---

[1] 刚占慧，国家工业信息安全发展研究中心助理工程师，硕士，主要研究方向为工业信息安全、网络安全相关政策、漏洞分析技术及项目管理等；朱丽娜，国家工业信息安全发展研究中心助理工程师，硕士，主要研究方向为工业信息安全应急体系建设、网络安全人才培养、应急演练等；杨佳宁，国家工业信息安全发展研究中心工程师，硕士，主要研究方向为工业信息安全监测、安全态势感知及重大专项推进等；鞠远，国家工业信息安全发展研究中心工程师，学士，主要研究方向为工业信息安全应急国际合作、网络安全应急管理与技术保障等。

industrial and enterprise levels, actively built a national industrial information security vulnerability database security ecology, and initially explored the formation of an industrial information security emergency system framework. The integrated development pattern of "one network, one database and one system" has been formed, which provides strong support for perceiving the situation of industrial information security, strengthening emergency command coordination, and carrying out response and disposal.

Keywords: Industrial Information Security; Monitoring and Emergency; Situational Awareness; Emergency System

一、工业信息安全监测预警网络建设与监测情况

（一）三方联动的监测预警网络建设加速

为建设快速感知能力，在工业和信息化部的指导下，国家工业信息安全发展研究中心持续推进国家、省/行业、企业三级联动的工业信息安全监测预警网络建设，依托工业互联网创新发展工程等重大专项，不断扩大数据来源、丰富数据内容，基本建成以国家平台为中心，国家、省/行业、企业三级联动的"纵横网络"。国家平台是整个网络的第一级，是数据汇聚、处理、分析、研判和预测的核心。省级平台、行业级平台作为所在辖区、行业内的数据处理中心，为辖区态势感知提供技术支撑，与国家平台进行数据对接与交互。企业侧平台是网络内与工业生产息息相关的重要数据来源，是直观反映工业领域安全状况、为工控安全分析与态势预测提供数据支撑和科学依据的重要节点。

经过6年多的技术研究、更新与改造升级，国家平台已基本具备为全国提供监测预警服务的能力，各项技术指标也达到了国内先进水平。在工

控协议解析方面，国家平台可深度解析超过 150 种工控专有协议，技术水平已达国际领先。在全网扫描速度方面，平台应用了基于异步无状态请求的高速监测技术，监测速率超过 40 万 IP/秒，可在 15 分钟内完成全国 3.3 亿 IP 的一次快速扫描监测，在重大活动保障时期，可及时更新全国整体安全态势。在风险精准定位方面，平台应用基于多源信息优化的 IP 高精度定位技术，实现了 10～100 米范围内的风险所属企业定位，定位准确率超过 90%。在恶意攻击捕获方面，目前日均捕获来自互联网的嗅探扫描超过 1 万次，可实现对美、日、欧等地区黑客组织攻击行为的实时监测。在数据存储能力方面，平台基于大数据架构，具备 PB 量级的数据采集、存储和分析能力，每秒解析数据超过 10 万条。在多源数据采集方面，平台支持 MySQL、Oracle 等超过 15 种数据接口，实现了主流数据接口全覆盖，保证了数据对接的实时高效。

考虑地方具体需求和工作基础，地方平台建设分为 3 种模式。一是对于工作起步较晚、经费不足、地方支撑力量较为薄弱的地区，采用国家平台数据推送、地方平台态势展示的方式，快速掌握辖区内安全态势，降低平台运维成本，弱化运维人员技术要求；二是针对经费有限、地方支撑队伍具备一定技术实力的地区，平台侧重解决联网监测问题，辖区内监测数据可在本地存储、分析、研判，有助于培养一批技术支撑人员，为后续平台升级改造奠定基础；三是在经费充裕、地方支撑队伍技术实力较强的地区，可分期建设地方平台全功能模块，帮助地方综合、实时掌握辖区内态势情况，建立完备的态势感知能力。目前，地方平台的一期工程在线监测系统已经在北京、河北、江苏、浙江等 10 个省份进行了本地化部署。

（二）低防护联网设备联网监测情况

低防护联网设备是指暴露于公共互联网、自身防护水平差、可被识别和监测、存在极大的被远程入侵风险的设备。国家工业信息安全发展研究中心自 2014 年起开展针对低防护联网工业控制系统的在线监测工作，目前可识别种类已从工业控制系统扩展至物联网终端、工业信息系统及工业互联网设备等，共计 500 余种。经对比分析多轮次在线监测数据，各类低防护联网设备数量相比 2019 年均有较大幅度增长。

1. 我国低防护联网设备数量已超过 500 万台/套，其中工业控制系统数量已突破 2.5 万台/套

监测数据显示，我国各类低防护联网设备数量总计超过 500 万台/套，其中，摄像头、车载模块、打印机等终端设备占比超过 80%。可编程逻辑控制器（PLC）、数据采集与监视控制系统（SCADA）、数据传输单元（DTU）等工业控制系统数量已超过 2.5 万台/套，相比 2019 年增加近 4 倍。从地域分布来看，低防护联网工业控制系统分布于全国 31 个省（区、直辖市）（不含港澳台地区）。其中，山东、辽宁、北京排名前 3，数量均超过 2000 台/套，如图 4-1 所示。

单位：台/套

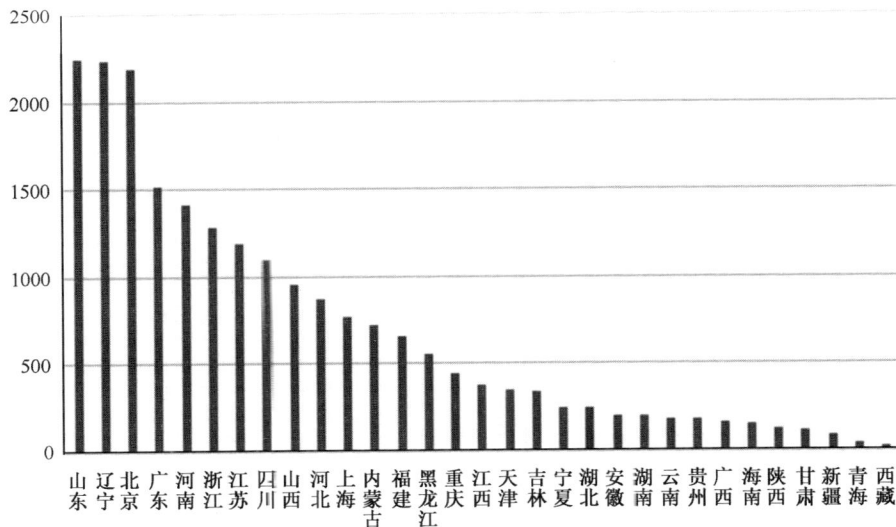

图 4-1 可识别联网工控系统及设备数量（按省份统计）

资料来源：国家工业信息安全发展研究中心整理。

2. 低防护联网工业控制系统中，电力系统、Modbus 协议设备、DTU 数据采集终端占比最高

据平台 12 月监测数据显示，DLT698 电能采集主站、Modbus 协议设备、DTU 数据采集终端占比分别为 31.60%、20.52% 和 20.03%。其中，Modbus 协议设备涉及施耐德、和利时、通用电气、罗克韦尔、浙江中控等国内外主流工业控制系统厂商，在智能制造、能源、化工等多个重点行业领域应用广泛，由于 Modbus 协议自身安全性不足，存在加密手段缺失、授权认证不足等固有问题，导致此类低防护联网设备存在较大安全隐患。

3. 低防护联网工业控制系统数量激增原因分析

从近年监测统计数据看，低防护联网工业控制系统数量持续攀升。2018 年 12 月为 3000 余台/套，2019 年年底数量增至 5000 余台/套，2020 年相比 2019 年同期增长了 375%，主要原因有以下 3 点。一是工业数字化转型的推动作用。工业数字化转型推动着工业企业向智能化、数字化、网络化生产服务模式转变，工业设备"上云""上平台"，风险面快速扩大。二是监测技术水平提升。通过深耕工控指纹识别、工业协议解析、高交互仿真、安全大数据分析等核心技术，国家工业信息安全监测预警网络在 2020 年完成第 3 轮技术更新，监测范围、探测能力、节点覆盖量等均有大幅提升。三是工业企业安全防护仍不到位。部分工业企业仍存在设备固件更新和系统漏洞修复不及时、使用默认口令或弱口令、开放非必要远程服务端口等情况，安全意识和防护水平亟待提高。

（三）工业控制系统、工业信息系统风险研判情况

2020 年，国家工业信息安全发展研究中心抽样研判工业信息安全风险近 800 个，涉及制造、交通、市政等多个重点行业，研判发现工业控制系统、工业信息系统存在受攻击面大、漏洞利用难度低等问题。

1. 市政、制造、交通等行业安全风险偏高

在研判的工业信息安全风险中，35%集中于热力、环境监测、给排水等市政领域，上述领域均采用管网监控，工业控制系统联网比例高，若缺乏有效安全防护，极易被攻击者入侵，致使关键数据泄露、控制指令被篡改、生产运行停滞。另有16%的安全风险源于制造业，制造业的工业控制系统、工业信息系统应用基数大，在环境参数采集、仪表信息配置等环节多采用远程操作，风险暴露面较大。此外，交通、电力、石油等行业领域也面临着严峻的安全挑战。

2. 弱口令漏洞、未授权访问漏洞普遍

在研判的工业信息安全风险中，主要存在弱口令漏洞、未授权访问漏洞、目录遍历漏洞、SQL注入漏洞等。其中，弱口令漏洞占比为61%，未授权访问漏洞占比为11%，目录遍历漏洞占比为9%，三类漏洞总计占比达81%。这三类漏洞利用门槛低，影响范围广，存在较大风险隐患，受影响系统及设备多为SCADA、工业信息系统、串口服务器等。

（四）工业控制系统威胁捕获情况

依托国家工业信息安全监测预警网络，对S7Comm、Modbus、OmronFINS、DNP3等10余种工业专属协议进行高交互仿真，研发并完成了工控蜜罐网络一期部署，全年捕获来自境外的恶意网络攻击累计200余万次，每个蜜罐日均捕获攻击50余次。

1. 通用型工业协议遭受攻击次数高于特定行业专属协议

从攻击协议分析，S7Comm和Modbus两种主流通用协议遭受攻击次数最多，占比近40%。DNP3、IEC104等特定行业专属协议遭受的攻击次数相对较少，如图4-2所示。

2. 东部沿海地区遭受攻击次数高于内陆地区

从我国遭受攻击的区域情况看，东部沿海地区遭受攻击次数相对较多，

其中浙江、江苏、上海排名前三。

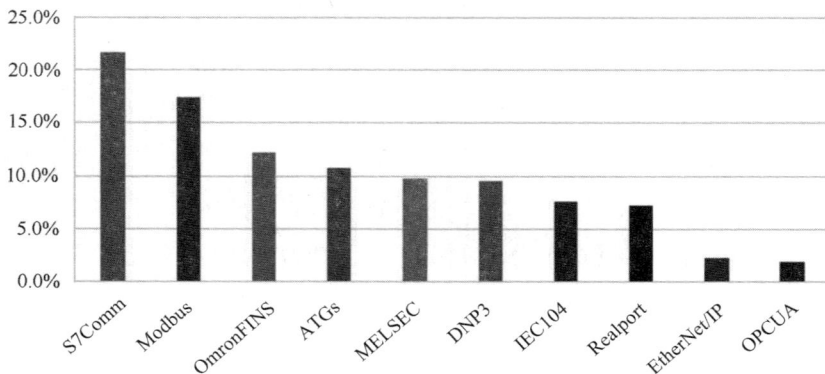

图 4-2　不同协议的工控蜜罐捕获攻击占比情况

资料来源：国家工业信息安全发展研究中心整理。

二、工业信息安全漏洞收录与发展情况

（一）国家级工业信息安全漏洞库建设日渐成熟

1. 国家工业信息安全漏洞库建设规模日益壮大

随着网络安全漏洞基础资源储备能力日益成为衡量国家网络安全能力的标准之一，我国也积极推动漏洞库技术平台建设，搭建了国家信息安全漏洞共享平台（CNVD）、国家信息安全漏洞库（CNNVD）。2019 年，在工业和信息化部的指导下，由国家工业信息安全发展研究中心组织发起，在国内从事工业信息安全相关产业、教育、科研、应用的机构、企业及个人自愿参与建设的全国性、行业性、非营利性的漏洞收集、分析、处置、披露的首个国家级工业信息安全漏洞库（CICSVD）上线。CICSVD 致力于工业信息安全漏洞的收集验证、风险发布及应急处置，以切实提升我国在工业信息安全漏洞方面的整体研究水平和风险防范能力。

2020 年，CICSVD 在 25 家成员单位的共同参与和支持下，持续优化漏洞库技术平台能力，稳步扩大工业信息安全漏洞共建共享范围，深化漏洞发现、上报、分析和处置的工作机制，全年收录 2138 条工业信息安全漏洞信息，累计收录 3887 条，跃升为国内收录工业信息安全漏洞最多的国家级漏洞库。全年面向社会各方提供漏洞、补丁、报告、新闻等风险预警信息 5800 余条，为工业和信息化部、中央网信办等部门决策提供有力支撑。

2. 单位和个人漏洞上报收录情况

2020 年，CICSVD 成员单位积极发挥其在工业信息安全领域的漏洞挖掘与追踪能力。其中，北京顶象技术有限公司、博智安全科技股份有限公司、北京天融信网络安全技术有限公司、北京神州绿盟科技有限公司、北京威努特技术有限公司等 22 家成员单位及武汉安域信息安全技术有限公司、河南信安世纪科技有限公司、内蒙古信元网络安全技术股份有限公司及其他个人白帽子积极向 CICSVD 报送漏洞（见表 4-1），为提高我国工业信息安全漏洞研究、风险防范及应对能力和提升我国工业信息安全防护整体水平做出了重要贡献。

表 4-1   2020 年单位上报漏洞收录情况统计

序号	单位名称	漏洞收录总数/个	贡献度得分/分	用户类型
1	北京顶象技术有限公司	75	42790	技术支持组
2	博智安全科技股份有限公司	63	36620	技术支持组
3	北京天融信网络安全技术有限公司	187	31530	技术支持组
4	北京神州绿盟科技有限公司	218	30870	技术支持组
5	北京威努特技术有限公司	13	5710	技术支持组
6	恒安嘉新（北京）科技股份公司	445	4530	技术支持组
7	杭州海康威视数字技术股份有限公司	264	2660	技术支持组
8	中国电子科技网络信息安全有限公司	29	2520	技术支持组
9	北京奇安信科技有限公司	104	1670	技术支持组
10	工业信息安全（四川）创新中心有限公司	2	1460	技术支持组
11	四川赛虎科技有限公司	2	1190	技术支持组
12	杭州迪普科技股份有限公司	34	360	技术支持组

序号	单位名称	漏洞收录总数/个	贡献度得分/分	用户类型
13	北京安天网络安全技术有限公司	32	330	技术支持组
14	北京天地和兴科技有限公司	21	210	技术支持组
15	北京启明星辰信息安全技术有限公司	11	110	技术支持组
16	深圳融安网络科技有限公司	5	50	技术支持组
17	北京知道创宇信息技术股份有限公司	2	30	技术支持组
18	武汉安域信息安全技术有限公司	2	750	非成员单位
19	河南信安世纪科技有限公司	4	742	非成员单位
20	内蒙古信元网络安全技术股份有限公司	2	581	非成员单位
21	郑州赛欧思科技有限公司	22	380	非成员单位
22	浙江远望信息股份有限公司	7	140	非成员单位

资料来源：国家工业信息安全发展研究中心整理。

（二）工业信息安全漏洞整体呈现多样化特征

1. 工业信息安全漏洞数量持续增加

据 CICSVD 统计数据，2020 年收录工业信息安全漏洞数达到 2138 个（见图 4-3），超过 2019 年收录的 1749 个，环比增长 22.2%。其中，通用型漏洞 2045 个，事件型漏洞 93 个。整体呈现危害等级高、漏洞成因多样、分布范围广的特点。

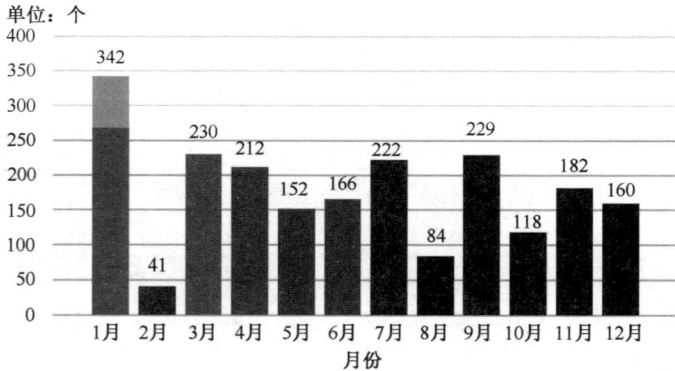

图 4-3　2020 年 CICSVD 每月漏洞收录情况

资料来源：国家工业信息安全发展研究中心整理。

2. 高风险漏洞数居高不下

CICSVD 根据 CVSS 评价标准及漏洞影响范围，将漏洞级别划分成超危、高危、中危和低危 4 个等级，以评价漏洞的严重程度。2020 年，CICSVD 收录的通用型工业信息安全漏洞中，超危漏洞 379 个、高危漏洞 899 个、中危漏洞 716 个、低危漏洞 51 个，高危及以上漏洞占比高达 62.5%（见图 4-4），同比增加 16.9%。

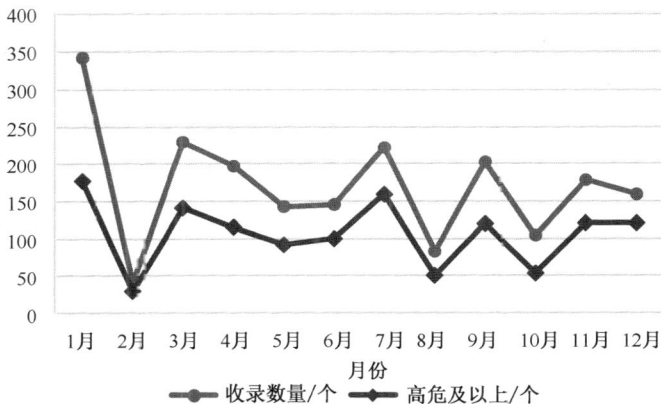

图 4-4 2020 年 CICSVD 收录漏洞危害等级分布

资料来源：国家工业信息安全发展研究中心整理。

3. 漏洞成因类型丰富多样

2020 年，在 CICSVD 收录的通用型漏洞中，共涉及 31 种漏洞成因类型，近 3 成为配置或管理错误导致，安全意识薄弱或安全防护措施不完善成为日趋严重的风险点。在 31 种漏洞成因中，缓冲区错误漏洞数量最多，占比为 16.5%。输入验证错误漏洞、授权问题漏洞、资源管理错误漏洞、拒绝服务漏洞分别居漏洞类型的第 2~5 位，占比分别为 7.4%、7.2%、6.9%、6.4%（见图 4-5）。

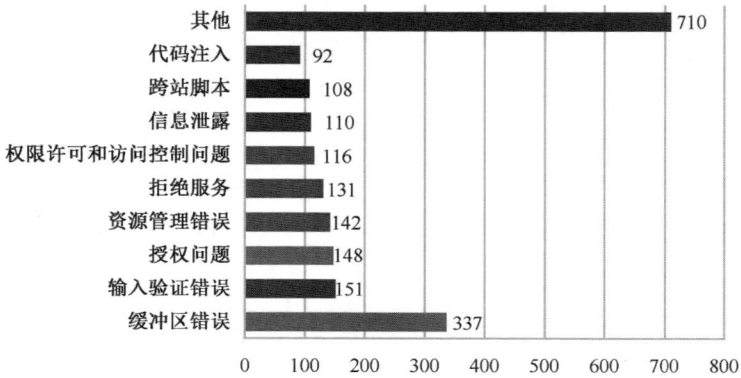

图 4-5　2020 年 CICSVD 收录漏洞类型数量分布（个）

资料来源：国家工业信息安全发展研究中心整理。

4. 涉及产品类别和厂商范围广泛

2020 年，在 CICSVD 收录的通用型漏洞中，漏洞影响的产品广泛应用于制造、能源、市政、医疗等关键行业，漏洞涉及的产品供应商主要包括西门子、施耐德电气、研华科技、摩莎、ABB 公司等 335 家厂商（见图 4-6）；涉及中国、美国、德国、法国、日本等全球 30 个国家或地区，其中我国厂商占比为 33.7%，排名前 7 位的国家和地区如图 4-7 所示。

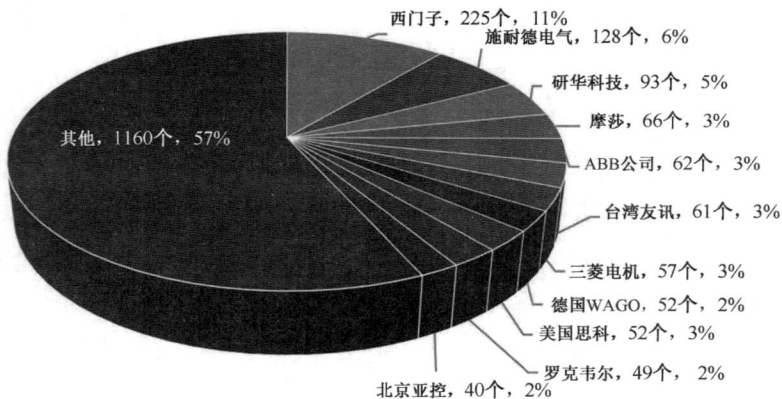

图 4-6　2020 年 CICSVD 收录漏洞涉及厂商分布

资料来源：国家工业信息安全发展研究中心整理。

单位：个

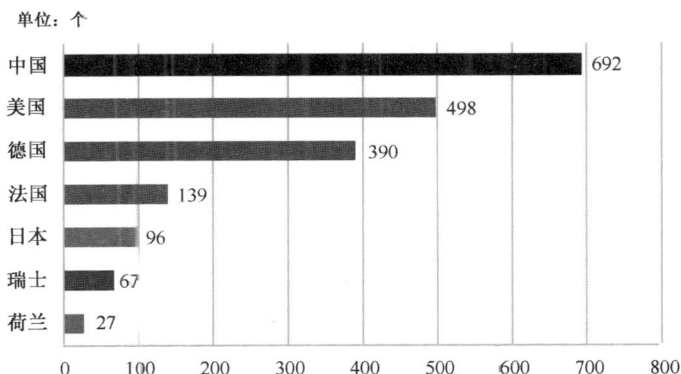

图 4-7　2020 年 CICSVD 收录漏洞涉及厂商国家或地区分布前 7 名

资料来源：国家工业信息安全发展研究中心整理。

从产品类别来看，涉及工业主机设备和软件、工业生产控制设备、工业网络通信设备、物联网智能设备、其他通用产品和组件等十大品类，具体包含可编程逻辑控制器（PLC）、组态软件、工业路由器、数据采集与监视控制系统（SCADA）、工业软件等 66 个细分产品类别（见图 4-8），PLC、组态软件、工业路由器分别以 12%、11% 和 8% 位列前三。

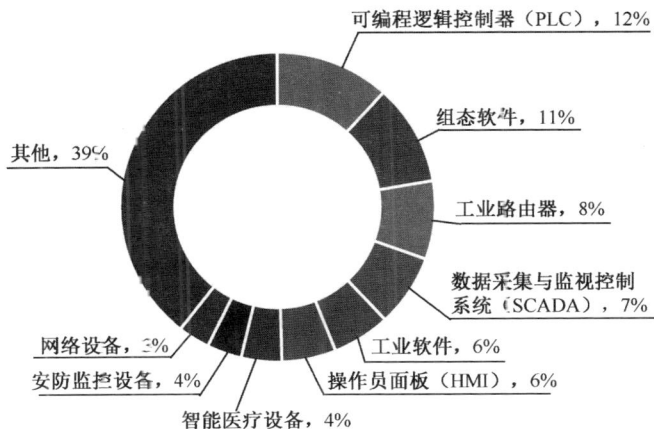

图 4-8　2020 年 CICSVD 收录漏洞受影响产品类别分布

资料来源：国家工业信息安全发展研究中心整理。

（三）工业信息安全漏洞发展趋势

1. 高危复杂漏洞占比或将持续高发

在 5G 通信技术、安全研究技术和工具的快速发展及人为等因素的共同作用下，安全漏洞数量或将继续上升，伴随着安全防护意识的提升与厂商设备产品能力的优化，利用门槛相对较低、危害程度较大的漏洞数量或将进一步增长，此类漏洞的安全防护成为应急响应的重中之重。2020 年 12 月，Amnesia:33 安全漏洞影响数百万消费级和工业级设备，可直接导致远程代码执行或拒绝服务等操作。此外，随着全球地缘政治局势动荡，高级持续性威胁组织的攻击活动也逐渐显现，新增安全漏洞仍是漏洞利用的首选。在 2020 年收录的工业安全漏洞中，影响制造业、能源和税务等行业的漏洞中约 88.1% 为新增漏洞。因漏洞不涉及过期无效的问题，因此利用 Nday 漏洞的组合发起定向攻击仍将成为主流。

2. 漏洞处理自动化水平有望提高

随着新基建的发展和 5G 网络的建设，批量化的安全漏洞发现与上报愈发普遍，传统人工核验、逐条筛查和跟踪的管理模式已无法跟上数字化转型深入需求，人工信息审核、验证、处理、发布等过程的自动化、流程化成为漏洞处置的必然趋势，需要系统化的安全漏洞管理模式进行支撑。为提升我国工业信息漏洞处理效率与准确性，保障我国工业生产正常运行，避免因信息滞后引发的安全隐患，应探索构建同工业信息安全与网络安全厂商协同的应急处置机制，提升我国工业信息系统及国产软硬件设备安全性，带动国内相关安全产品发展。

3. 体系化安全漏洞管理机制有望健全

随着工业信息安全领域漏洞管理政策标准体系的完善，2020 年 11 月，GB/T 30276—2020《信息安全技术 网络安全漏洞管理规范》正式发布，规定了网络安全漏洞发现和报告、接收、验证、处置、发布、跟踪等管理流程、要求及证实方法，定于 2021 年 6 月起实施。同时，《网络安全漏洞管理规定》将有望出台，体系化的漏洞管理机制将逐步健全。在技术手段方面，国家工业信息安全漏洞库平台建设提速，稳步扩大共建共享范围，积极构筑国家工业信息安全漏洞库安全生态，为工业信息安全漏洞管理提供有力支撑。斗象科技和漏洞银行等公司也逐渐切入漏洞管理业务领域，帮助企业建立漏洞应急响应中心，降低企业安全风险。在政策的引导与资本的加持下，工业信息安全漏洞风险应对与防护机制将步入快车道。

4. 安全漏洞响应机制重要性有望增强

面对数量众多的工业信息安全漏洞，建立漏洞情报分析方法、漏洞响应机制，面向社会各方提供优质的漏洞情报资源，指导工业企业、组织机构及时跟进漏洞安全公告、发现并更新补丁、安装漏洞修复程序，是应对工业信息安全漏洞和隐患，及时、准确、可持续夯实业务系统安全的有效措施。企业逐渐认识到加强对自身设备资产的风险排查、开展行为审计、建立应急响应团队、安装安全防护产品、制定设备管理操作规范是减少因安全漏洞导致工业信息安全事件最有效的方式之一，漏洞的持续监测和及时响应在提升安全运行管理中也将发挥重要作用。

三、一体化的工业信息安全应急体系框架初步形成

为深入贯彻习近平总书记重要指示精神，不断推进工业信息安全应急体系建设的理论探索，以覆盖全国各地区、各行业，以及产业链全过程和全要素的安全应急服务为主线，在工业和信息化部的指导下，国家工业信息安全发展研究中心初步形成一套工业信息安全应急体系框架（见图 4-9）。围绕应急体系框架持续加强应急能力建设，逐步打造集事前预防、事中感知、事后响应于一体的整体网络安全屏障，筑牢工业信息安全防护底线。

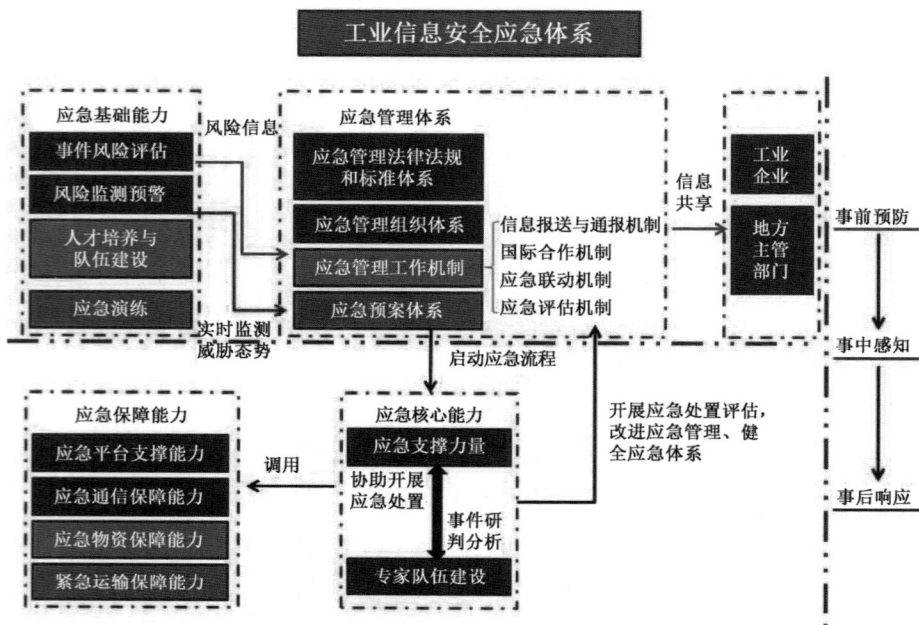

图 4-9　工业信息安全应急体系框架

资料来源：国家工业信息安全发展研究中心整理。

2020 年，我国围绕工业信息安全应急体系框架，逐步释放应急体系建设整体效能，不断加强工业信息安全应急技术队伍建设，持续建立健全工业信息安全预防预警、信息报送与通报、事件应急响应、应急协调联动等工作机制，开展工业信息安全应急管理相关法律法规、标准研制、应急预案制定、技术手段建设、应急培训、应急演练等服务，推动与"一带一路"相关国家间的国际合作，加快建立工业信息安全应急体系，共同维护我国工业信息安全。

（一）应急管理法律法规和标准体系持续完善

2020 年，我国重点围绕工业数据安全、工业互联网安全等领域出台一系列法规标准，持续细化完善工业信息安全应急管理相关政策文件，推动各项应急管理举措落地实施。一是加强工业数据安全管理。2020年3月，工业和信息化部印发《工业数据分类分级指南（试行）》，其中第16条指导意见明确规定"工业数据遭篡改、破坏、泄露或非法利用时，企业应根据事先制定的应急预案立即进行应急处置。涉及三级数据时，还应将事件及时上报数据所在地的省级工业和信息化主管部门，并于应急工作结束后30日内补充上报事件处置情况"，进一步细化工业数据安全事件应急处置要求。2020年4月，工业和信息化部发布《网络数据安全标准体系建设指南》（征求意见稿），提出优先布局工业互联网等重点领域数据安全标准，明确"工业互联网领域的网络数据安全标准主要包括工业互联网数据安全保护、工业互联网数据分级技术等"，为细化行业领域数据安全标准提供指导。二是加快健全工业互联网安全保障体系。2020年3月，工业和信息化部发布《工业和信息化部办公厅关于推动工业互联网加快发展的通知》，明确将"加快健全安全保障体系"作为重点任务之一，提出完善安全技术监测体系、健全安全工作机制等具体要求，以加强整体态势感知、信息通报及应急协同处置，提高支撑政府决策、保障企业安全的能力。2020年10月，工业和信息化部、应急管理部联合印发《"工业互联网+安全生产"行动计划（2021—2023年）》，要求建设快速感知、实时监测、超前预警、应急处置能力，全面提升工业互联网安全保障能力。三是地方加紧布局推动应急管理举措落地。2020年5月，河北省发布《关于进一步加快工业互联网发展的通知》，将"完善工业互联网安全保障体系"作为重点任务，包括强化工业互联网外网安全保障能力、提高工业控制系统信息安全防范水平、实施企业分级安全管理制度3个方面。2020年6月，北京市发布《北京市加快新型基础设施建设行动方案（2020—2022年）》，提出将网络安全能力融入工业控制业务场景，同时"支持建设集网络安全态势感知、风险评估、通报预警、应急处置和联动指挥于一体的新型网络安全运营服务平台"。

（二）应急技术基础进一步夯实

2020 年，工业和信息化部坚决贯彻党中央、国务院决策部署，深入实施工业互联网创新发展战略，积极推动工业信息安全技术手段建设，完成工业控制系统信息安全应急资源库建设，形成"应急指挥、资源存储、决策分析、演练仿真"四位一体的国家级工业信息安全应急响应平台，汇聚工控资产、系统模型、处置案例、安全预案等各类工业信息安全基础数据资源 35 万余条，为态势感知、风险发现、应急处置提供有力支撑。同步建立了国家与地方工业和信息化主管部门、技术支撑机构、工业企业等之间的应急通信机制，有效支撑特别重大或重大工控安全事件的信息报告和应急响应协调工作的开展。同时，下沉技术手段，在北京、河北、江苏、黑龙江、内蒙古 5 个省（区、直辖市）部署省级工业信息安全应急资源库，形成国家、省级平台联动，为提升应对工业互联网重大风险和挑战的整体应急协作处置能力提供基础保障。

为加快促进工业互联网安全应急技术突破，提高突发事件响应和处置能力，实现以信息化推进应急管理现代化，提高我国工业信息安全事件应急处置水平，加快推进 2019 年工业互联网创新发展工程项目进度，国家工业信息安全发展研究中心初步完成工业互联网安全远程应急支援服务平台建设，实现同各类工业级专用的安全现场应急检测工具箱的调度协同，为工业企业提供快速有效、远程与现场相结合的安全事件应急支援服务，显著提高了事件响应与恢复效率，有效加强了国家工业信息安全事件的现场应急处置能力与远程威胁监测分析能力。

（三）支撑队伍力量进一步充实

工业信息安全支撑队伍是应急体系的核心组成部分，构建全面监测、及时响应、高效处置的技术支撑队伍力量，对于强化应急资源储备、做好工业信息安全保障工作意义重大。在工业和信息化部的指导下，国家工业信息安全发展研究中心已连续开展三批应急支撑单位遴选工作，并于 2020

年遴选了首批监测预警网络支撑机构。目前已基本形成覆盖全国的支撑力量，常态化开展了工业信息安全风险、事件信息报送工作，以及重大活动应急保障支撑工作。

1. 应急服务支撑单位超百家

2020 年 5 月，国家工业信息安全发展研究中心启动第三批工业信息安全应急服务支撑单位选拔工作，并成功遴选 44 家工业信息安全应急服务支撑单位（见表 4-2）。截至 2020 年年底，工业信息安全应急服务支撑单位已达 105 家，覆盖北京、浙江、广东、四川、山东、江西、江苏、河南和黑龙江等 24 个省（区、直辖市）（见图 4-10）。

表 4-2 第三批工业信息安全应急服务支撑单位名单

序号	单位	序号	单位
1	南京南瑞信息通信科技有限公司	18	山东云天安全技术有限公司
2	北京北信源软件股份有限公司	19	大连和捷科技有限公司
3	北京珞安科技有限责任公司	20	江苏天创科技有限公司
4	北京立思辰计算机技术有限公司	21	威沱天之卫网络空间安全科技有限公司
5	北京鸿腾智能科技有限公司	22	北京神舟航天软件技术有限公司
6	江苏瑞新信息技术股份有限公司	23	中电和瑞科技有限公司
7	北京市政务信息安全应急处置中心	24	安徽长泰信息安全服务有限公司
8	浙江大华技术股份有限公司	25	杭州域晓科技有限公司
9	辽宁北方实验室有限公司	26	厦门卓网信息科技股份有限公司
10	北京梆梆安全科技有限公司	27	四川哨兵信息科技有限公司
11	北京优炫软件股份有限公司	28	北京江民新科技术有限公司
12	云南云思科技有限公司	29	东巽科技（北京）有限公司
13	南京中新赛克科技有限责任公司	30	山东华软金盾软件股份有限公司
14	山东九州信泰信息科技股份有限公司	31	深圳开源互联网安全技术有限公司
15	中国电子科技集团公司第十五研究所（信息产业信息安全测评中心）	32	浙江御安信息技术有限公司
16	河南金盾信安检测评估中心有限公司	33	上海三零卫士信息安全有限公司
17	宁波和利时信息安全研究院有限公司	34	青海玉仑信息科技有限公司

序号	单位	序号	单位
35	北京安盟信息技术股份有限公司	40	贵阳宏图科技有限公司
36	江苏亨通工控安全研究院有限公司	41	江苏国保信息系统测评中心有限公司
37	天津市工业和信息化研究院	42	杉树岭网络科技有限公司
38	江西安服信息产业有限公司	43	新疆天行健信息安全测评技术有限公司
39	河北赛克普泰计算机咨询服务有限公司	44	内蒙古奥创科技有限公司

资料来源：国家工业信息安全发展研究中心整理。

单位：家

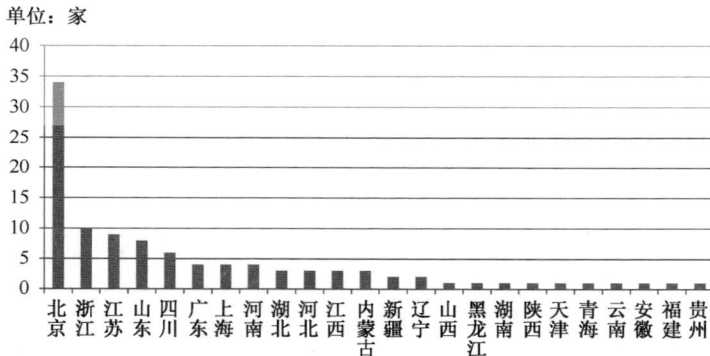

图 4-10　工业信息安全应急服务支撑单位地域分布

资料来源：国家工业信息安全发展研究中心整理。

2. 首批监测预警网络支撑机构遴选工作启动

为加快监测预警网络建设，实现节点各地全覆盖，国家工业信息安全发展研究中心于 2020 年 6 月启动监测预警网络支撑机构遴选工作，经过材料审查、专家评审、结果公示、协议签署，在全国范围内遴选出 31 家工业信息安全监测预警网络支撑机构，主要负责参与地方、行业、企业侧监测预警网络节点平台的研发、部署、运营等工作，推动构建应急联动工作机制，提高国家工业信息安全防御能力。下一步，支撑机构将分阶段、分步骤参与网络节点平台的建设工作，提升地方、行业、企业工业信息安全技术保障水平。

（四）国家重大活动专项保障圆满完成

2020 年是"十三五"规划的收官之年，也是新中国历史上极不平凡的一年。面对新冠肺炎疫情和外部环境变化带来的严峻挑战和重大困难，全国工业和信息化系统战疫情、促发展、保稳定、增动能，统筹疫情防控和经济社会发展，推进制造强国和网络强国建设。

为深入贯彻落实习近平总书记关于新冠肺炎疫情防控工作的重要指示精神，切实做好疫情防控和经济社会运行的网络安全支撑保障工作，确保疫情防控期间网络基础设施安全，防止发生重大网络安全事件，工业和信息化部优化全行业扁平化协同指挥调度体系，整合提升监测预警、关联分析、联动处置技术能力。疫情期间启动全天候应急响应机制，充分发挥技术手段作用，累计处置各类基础网络安全威胁近 30 万起，针对工业互联网的恶意网络行为 1500 多万次，通报处置近 200 个涉疫情防控平台的数据安全风险隐患，为打赢疫情防控阻击战、维护国家安全和社会稳定提供了有效支撑保障。

2020 年，我国举办了全国两会、第 128 届中国进出口商品交易会、2020 年中国国际服务贸易交易会、第三届中国国际进口博览会等多项重要会议及外交主场活动，工业和信息化部高度重视、科学统筹、周密部署，会同相关部门成立专项保障工作组，制定周密的保障工作方案和应急处置预案，组织相关单位对全国联网工控系统进行 7×24 小时实时监测，其间发现全国联网工控系统每日总量保持在 10890～14300 个，北京市联网工控系统总量保持在 750～870 个，上海市工控系统数量维持在 620 个左右，整体处于平稳运行态势，未发现重大工业信息安全风险事件。

（五）应急演练服务能力持续拓展

工业信息安全应急演练作为应急基础能力，能够有效检验预案并提高其实用性和可操作性、锻炼应急技术队伍、提高应急处置能力、完善应急响应、普及工业信息安全应急知识并提高全员风险防范意识等，已经成为世界各国强化应急防御能力的重要手段。

2020 年，国内外多次举办工业信息安全演习活动。以美国为代表的国外发达国家高度重视以演代战。2020 年 6 月，欧盟网络与信息安全局举办"网络欧洲 2020"演习，来自欧盟各成员国的政府部门、网络安全应急机构、公共组织，以及来自电信、能源、金融、医疗健康等关键信息基础设施行业的私营企业等人员参与其中。通过开展常态化的"网络欧洲"系列演习，有效推动了欧盟提高应急响应效率、磨合应急联动机制。2020 年 8 月，美国国土安全部举办为期三天的"网络风暴 2020"演习，吸引超过 2000 人参加。此次演习主要针对医疗保健、关键制造业等关键基础设施领域，围绕网关协议、路由机制、数字证书等维度识别并协同应对网络攻击，强调了信息共享和分析、应急响应协调的关键作用，旨在检验国家网络安全事件应急响应计划和应急政策实施的有效性。2020 年 11 月，美国网络司令部赞助举办"黑客大厦 2020"攻防演习，该演习重点展示以楼宇自动化系统、工业控制系统等各类设施的控制系统信息安全和关键基础设施网络为中心的进攻性和防御性网络技能，锻炼针对工业控制系统的态势感知能力等方面。为提高国内地方工信主管部门、技术机构、工业企业应对工信安全事件事前预防、事中监测、事后应急的三位一体的安全应急保障能力，2020 年，山西、河北、江西、河南等多个地方积极组织属地内的工业控制系统信息安全应急演练活动，并持续创新演练内容，兼具桌面推演、实战演练等模式。2020 年 10 月，山西工业控制系统信息安全应急演练在太原钢铁举办，演练采取桌面推演的形式，模拟太原钢铁冶炼生产线工控系统感染挖矿木马病毒，严重影响工业生产的情景。2020 年 11 月，河北工业控制系统信息安全应急演练在德龙钢铁举办，采取实战处置与桌面推演相结合的形式，模拟德龙钢铁某工控系统遭遇勒索病毒攻击，导致企业生产中断的情景。2020 年 12 月，围绕有色金属行业和装备制造行业，分别在江西与河南举办工业控制系统信息安全应急演练，全面展示应急处置流程。企业技术保障人员和应急支撑机构在各省工信厅和市工信局的指挥下，有序开展处置工作，做好工业控制系统安全加固，达到演练预期目标任务。

（六）应急国际交流合作持续深化

为深入贯彻习近平总书记系列讲话精神，推动数字经济国际化，落实《国务院关于深化"互联网+先进制造业"发展工业互联网的指导意见》等文件内容，在工业和信息化部的大力支持下，2020年12月11日，国家工业信息安全发展研究中心在北京成功召开了第二届工业信息安全应急国际研讨会（以下简称研讨会），来自中国、荷兰、乌克兰、俄罗斯、巴基斯坦、英国、法国等22个国家和地区的政府代表、国际组织代表、跨国企业代表、工业信息安全企业领军人物、行业专家学者等110余人出席会议。研讨会在"全球抗疫、命运与共"的背景下，通过"线下研讨+线上直播"的方式，以"全球工信新威胁，守望相助迎挑战"为主题，聚焦加强工业信息安全应急合作，并围绕工业信息安全应急管理、监测预警、信息共享、事件应急处置、人才培养等方面，积极开展交流和讨论，分享最佳实践经验。研讨会的召开进一步扩大了工业信息安全应急国际交流范围，巩固了工业信息安全应急国际合作交流平台，为进一步深化务实工业信息安全国际合作、加强与"一带一路"沿线国家沟通交流、推动工信安全应急产业合作共赢、促进工信安全应急成果普惠共享等目标提供了坚实基础。

此外，研讨会还发布了《中国工业信息安全应急服务力量调研报告》，作为国内首个面向工业信息安全应急服务力量相关的调研成果，研究组针对当前工业信息安全事件频发，工业信息安全企业数量、质量发展快速但底数不清的现状，历时一年对全国工业信息安全应急力量进行深度调研，对遍布20余个省份的131家工信安全企业，通过实地走访、座谈交流、问卷调查等方式，收集包括覆盖地域、企业规模、服务行业、应急人员及资质情况等相关资料，就应急服务能力建设现状进行分析，并对未来企业和技术发展进行研判，为国家工业信息安全应急体系建设提供了一手资料，推动形成了应急国际合作格局等对策建议，为进一步开展工业信息安全应急工作奠定了坚实的基础。

参考资料

1. 国家工业信息安全发展研究中心. 2020 年工业信息安全态势报告，2020。

2. 国家工业信息安全发展研究中心. 2020 年工业信息安全漏洞态势年度简报，2020。

3. 工业和信息化部. 工业数据分类分级指南（试行），2020。

4. 工业和信息化部.《网络数据安全标准体系建设指南》(征求意见稿），2020。

5. 工业和信息化部. 工业和信息化部办公厅关于推动工业互联网加快发展的通知，2020。

6. 工业和信息化部，应急管理部."工业互联网+安全生产"行动计划（2021—2023 年），2020。

7. 北京市人民政府. 北京市加快新型基础设施建设行动方案（2020—2022 年），2020。

8. 河北省工业和信息化厅，省通信管理局. 关于进一步加快工业互联网发展的通知，2020。

9. 人民邮电报. 工业和信息化部司局新年新思路 | 网络安全管理局：深耕新型基础设施安全保障能力 筑牢网络安全屏障，2021。

10. 奇安信. 2020 工业互联网安全发展与实践分析报告. https://shs3.b.qianxin.com/qax/ 0d34aeea82701fddb99d502c3ae0e113.pdf。

11. 奇安信. 2020 工业互联网安全发展与实践分析报告. https://shs3.b.qianxin.com/qax/0d34aeea82701fddb99d502c3ae0e113.pdf。

工业互联网智能设备安全研究

林晨　周昊　王冲华[1]

摘　要： 随着工业领域两化融合的不断深入，工业设备逐步实现智能化替代，工业互联网呈现出"云—边—端"协同发展的态势。智能设备作为工业互联网的基本组件，承担着工业生产、数据采集传输、控制命令执行等关键任务，其安全将直接成为工业互联网的脆弱点。当前，国内外主要从物联网、智能终端角度出台相关政策、标准指导相关安全工作，传统智能设备安全防护也已有一些技术基础，但受制于工业应用场景和设备本身限制，工业互联网智能设备安全在安全机制部署、适配和内生安全方面存在一定的挑战，亟须从安全标准规范、内生安全技术、漏洞共享等方面进行完善。

关键词： 工业互联网安全；智能设备安全；网络安全

Abstract： With the embedding of the integration of industrialization and industrialization, the industrial equipment has gradually realized intelligent replacement, which indicates a trend of "cloud-edge-end" collaborative development of Industrial Internet. As the basic

---

[1] 林晨，国家工业信息安全发展研究中心助理工程师，硕士，研究方向为工业互联网安全、智能设备安全、软件定义网络安全；周昊，国家工业信息安全发展研究中心工程师，硕士，研究方向为工业互联网安全、人工智能安全、安全大数据分析；王冲华，国家工业信息安全发展研究中心高级工程师，博士，研究方向为工业互联网安全、边缘计算安全、网络与系统安全。

component of Industrial Internet, the industrial intelligent devices undertake the key tasks such as industrial production, data acquisition and transmission, control command execution, and their security will directly become the vulnerable point of industrial network. At present, the relevant policies and standards are mainly issued from the perspective of Internet of things and intelligent terminal to guide the relevant security work. Traditional intelligent device security protection has some technical basis, but restricted by the industrial application scenarios and the device itself, there are some challenges in the deployment, adaptation and endogenous security of Industrial Internet intelligent device security, it's urgent to improve industrial intelligent device security form the aspect of standards, endogenous security technology and vulnerability sharing.

Keywords： Industrial Internet Security; Intelligent Devices Security; Network Security

一、工业互联网智能设备安全现状

工业互联网智能设备是工业互联网的重要组成部分，其安全至关重要。近年来，针对工业互联网智能设备的安全事件频发，一方面由于工业互联网智能设备自身存在大量漏洞，另一方面智能设备容易被攻击者作为跳板对工业企业、工业互联网平台发动进一步攻击。受制于工业应用低时延、高可靠的要求，大量传统安全技术不再适用，工业互联网智能设备安全情况依然不容乐观。

（一）工业互联网智能设备的概念与内涵

工业互联网智能设备是指应用在工业领域的，具有数据感知、存储、传输能力的，可以做出实时/准实时响应的，具有智能分析、决策能力的联网设备，其智能化分析决策组件可以在物理设备内部，也可以处于设备外部（如部署在边缘测、云端等）。典型工业互联网智能设备包括工业机器人、智能仪表/传感器、边缘网关、边缘计算节点等。

工业互联网智能设备是工业互联网架构的生产核心与数据枢纽，涉及大量工业生产控制、工业数据采集与感知等工业生产关键步骤，是工业互联网的一大构建基础。一旦遭受攻击，一方面将面临工业机密数据丢失、生产系统被控制或瘫痪、隐私数据被窃取等重大安全风险；另一方面，工业互联网智能设备可被利用作为跳板，攻击工业互联网云平台、工业企业内网、工业用户终端等其他工业互联网相关设备，或者被利用组建僵尸网络实行更大规模的攻击，为工业互联网整体带来威胁。保障工业互联网智能设备安全，是构建工业互联网安全保障体系的关键。

（二）工业互联网智能设备安全现状

近年来，工业互联网智能设备安全事件频发，智能设备病毒呈现出愈演愈烈的态势。2016 年 10 月，美国域名解析服务提供商 Dyn 公司受到由 20 万～30 万个智能设备组成的僵尸网络所发起的强力 DDoS 攻击，导致美国东海岸地区遭受大面积网络瘫痪。其幕后黑手就是智能设备被 Mirai 病毒感染后在黑客命令下发动高强度攻击，至今各类 Mirai 变种病毒已达 10 余种。另外，居高不下的漏洞增长率使智能设备成为网络攻击的重要武器。2018 年，智能设备相关的漏洞增长率比网络漏洞整体增长率高出 14.7%，我国为智能设备漏洞的"重灾区"。2018 年 5 月，思科公司发布安全预警称黑客利用分布在各个国家的智能设备作为武器，向 50 多个国家的主机发起了攻击，受感染设备的数量超过 50 万台。随着工业互联网的发展，工业企业逐步上云，大量工业互联网智能设备与工业企业内网、工业互联网平台之间直接连接，使得智能设备容易成为攻击工业企业和工业互联网平台的跳板，为工业互联网带来新的安全风险。

为了应对工业互联网智能设备安全问题，各国纷纷出台相关政策标准。美国一方面出台《国家物联网发展战略》《保障物联网安全战略原则》等系列战略文件，加强对物联网硬件安全的资金投入，另一方面依托 GE、IBM 等科技企业产业优势，加速战略布局，抢占全球市场，以期取得国际领先地位。以德国为代表的欧盟依托工业 4.0 的先发优势，夺取战略高地，积极推进工业互联网智能设备的健康、安全发展。日本、韩国等国家也逐渐开始重视智能设备安全问题，借助其原有理论基础、技术积累、人才储备，加紧制定、出台工业互联网相关政策与规范，加大在工业互联网智能设备安全领域的投入，追赶世界前列，以期后来者居上。

我国高度重视工业互联网智能设备安全建设工作。在政策引导方面，印发《工业互联网发展行动计划（2018—2020）》《工业互联网发展行动计划（2021—2023）》《关于加强工业互联网安全工作的指导意见》等系列文件，围绕工业互联网设备构建安全保障体系，对联网设备等进行安全监测。在标准制定方面，国内已印发《网络安全等级保护基本要求 4：物联网安全扩展要求》《信息安全技术 物联网安全参考模型及通用要求》等系列国标、行标，对智能设备提出了基础要求和参考规范。在产业扶持方面，科技部、工业和信息化部纷纷设立专项资金，加大智能设备、网络安全等相关技术研究与产业引导。在人才培育方面，相关单位举办工业信息安全大赛、"护网杯"工业互联网安全大赛等一系列比赛，提升工业互联网安全防护水平、培养工业互联网安全专业人才。

目前，我国在智能设备安全方向的研究刚刚起步，存在标准针对性不强、安全技术防护较弱等问题，亟须研究低耦合、轻量级、智能化、能够透明集成的工业互联网智能设备安全防护技术，探索适用于工业互联网应用场景的安全防护手段。

二、工业互联网智能设备安全风险分析

当前，工业互联网智能设备行业应用正处于爆发性发展阶段，智能设备制造厂商往往只注重产品的可用性和易用性，整个行业产品种类众多、质量参差不齐、缺乏统一规范且没有足够的剩余资源用于实现细粒度的系统安全措施，导致智能设备自身存在众多安全缺陷，大大增加了攻击面，这将给工业互联网网络、平台的安全性带来严峻的挑战。

（一）工业互联网智能设备存在安全风险

在传统工业应用场景中，将工业设备的可用性、稳定性放在首位，寻致工业互联网智能设备在设计之初对安全考虑较少，而工业应用的高实时性使得大量传统的设备安全防护手段不再适用，导致大量设备内生安全问题。与此同时，多数工业企业对设备安全缺乏重视，没有建立系统的安全管理机制，导致大量工业互联网智能设备风险的产生。

（1）在工业互联网中，大量设备直接暴露于互联网，或导致设备非法受控。工业互联网智能设备软件更新缓慢、厂商对漏洞不重视、用户对漏洞不了解，导致当前市面上存在大量含有漏洞的设备直接暴露在互联网上。用户及厂商通常无法及时发现或修复漏洞，轻则导致正常功能被阻塞，影响设备功能安全，重则被攻击者利用来精心构建完整攻击链路，获取更高系统权限。

（2）固件安全风险增加，或沦为不法攻击突破口。智能设备固件风险中，已知风险占绝大部分，与厂商在开发生命周期中忽略公开漏洞的排查和修复密切相关。已知风险信息的碎片化为漏洞排查增加了困难，但其公开属性却为攻击者带来了便利。攻击者仅通过分析固件中存在的第三方库版本信息并查询相应版本漏洞库信息，就能获得潜在的固件安全风险。

（3）开发人员安全意识薄弱，或加剧设备安全隐患。厂商在产品开发

时通常直接调用第三方库，并且很少针对第三方库代码开展漏洞审查，是引发安全事件的主要原因。此外，开发阶段人员安全意识不足、使用弱口令、硬编码密钥、开启 SSH 服务和 FTP 服务等问题，都极易引发严重的安全事件。有大约 33.3%的厂商在产品出厂时完全不考虑安全因素。

（二）工业互联网智能设备成为工业互联网攻击的跳板

工业互联网智能设备的大规模使用推动了工业智能化发展，同时也为工业互联网安全带来了新的挑战，智能设备在设备漏洞、固件安全、数据安全等方面的安全风险，使其成为工业互联网的重点攻击目标，并成为突破口，为工业企业内网、工业互联网平台带来新的安全挑战，智能设备安全正逐渐成为工业互联网安全的脆弱点。

工业互联网智能设备作为工业互联网数据产生交换和指令执行的基础，涉及大量工业生产关键步骤。一旦遭受攻击不仅将面临工业机密数据丢失、生产系统被控制或瘫痪、隐私数据被窃取等重大安全风险，工业互联网智能设备还可以被用作跳板，向工业互联网云平台、工业企业内网、工业用户终端等其他工业互联网相关设备发起进一步攻击。工业互联网智能设备易受攻击的特性主要来源于以下几个方面。

（1）智能设备数量的暴增为 DDoS 的成长提供温床。随着工业互联网的发展，越来越多的智能设备暴露在互联网中，为承载 DDoS 功能的恶意样本进行扫描和传播提供了便利。同时，各厂家良莠不齐的技术基础，导致各智能设备系统/应用暴露出的各种漏洞被攻击者恶意利用。

（2）多系统、跨平台为恶意代码感染提供便利。承载 DDoS 攻击的恶意代码家族，往往使用一套标准代码，以各种设备的弱口令、系统/应用漏洞的侵入为基础，在 MIPS、ARM、X86 等各种不同的平台环境编译器下进行编译，最终达到一个恶意代码家族跨多个平台、互相感染传播的目的，使传播更迅速。

（3）海量设备为大流量攻击提供基础。智能设备数据庞大、安全性差、多数暴露在外网上，从僵尸网络搭建到数量达到一定规模，仅需数天时间便可完成。一旦目标被捕获，便成为一个新的扫描源，如此反复便是一个成倍递增的扫描能力。目前，大流量攻击手段已经十分成熟，十万量级的僵尸网络便可以产生 TB 级的攻击流量。

（4）智能设备安全接入措施不完善威胁平台安全。通常出于远程控制、数据分析、在线监测等业务需求，智能设备需要接入平台，与平台之间频繁进行数据交互。攻击者利用智能设备的安全缺陷获取智能设备的控制权限，将智能设备作为渗透进入平台的入口，进而窃取、伪造数据，危害平台安全。

三、工业互联网智能设备安全防护技术研究

对工业互联网智能设备的安全防护大量采用物联网智能设备防护技术，适配工业应用场景。这里主要从智能设备硬件安全、智能设备固件安全、智能设备数据安全、智能设备应用安全和智能设备网络安全 5 个方面探讨工业互联网智能设备安全防护技术。

（一）智能设备硬件安全

硬件是工业互联网智能设备的构建基础，而智能设备中硬件芯片大量依赖进口，存在恶意篡改与植入的风险。为保障设备硬件安全，可采用硬件安全启动和安全执行技术，对系统进行整体验证，确保设备组件可信运行。

（1）智能设备安全启动。安全启动技术在设备初始启动时通过安全芯片检查数字签名和产品密钥，检测引导加载程序和关键操作系统是否被篡改，逐步验证形成信任链，防止非法应用程序的执行；再结合专用安全芯片实现硬件级的高强度安全，为设备的安全启动、安全更新、数据加密等功能提供坚实的基础。

（2）智能设备安全执行。为了解决恶意程序的越界访问、恶意篡改和关键隐私泄露问题，可以采用可信执行环境（TEE）技术实现智能设备的硬件层面隔离，实现设备硬件环境可信。因多数工业互联网智能设备软/硬件处理能力有限，可信执行环境在智能设备安全方面的应用并不广泛。

（二）智能设备固件安全

工业应用场景相对封闭，对智能设备的可用性和有效性具有较高要求，导致大量工业互联网智能设备存在固件更新不及时、固件安全性差等问题，给智能设备安全带来了极大的隐患。

（1）智能设备固件安全更新。可以采用固件安全更新机制，通过安全通信加密保证固件更新包的数据保密性和完整性，利用数字签名对更新包的来源和完整性进行校验，有效避免非法固件更新；并采用防降级机制防止攻击者降级固件版本发动攻击。

（2）智能设备系统级加固。为了解决潜在的固件漏洞风险，对于搭载不同版本、类型操作系统的工业互联网智能设备，采用多种系统加固技术，如漏洞缓解技术、应用层漏洞缓解技术、降权处理、安全编码、安全策略更新等，抵御潜在的固件安全攻击。

（三）智能设备数据安全

工业互联网智能设备是工业数据传输的核心载体，涉及大量的工业研发、生产、运维、管理数据，一旦发生数据泄露、伪造、篡改等安全问题，将直接影响工业系统的正常运行。此外，部分智能设备如工业边缘计算智能设备还涉及工业数据的分析处理，存在关键工业数据存储、处理分析安全问题。智能设备是工业数据的产生者、接收者和使用者，其数据安全至关重要。

（1）数据安全采集。为了保证工业数据采集质量，抵御可能发生的敏感数据泄露问题，在智能设备采集数据时可进行数据质量管理分析，构建数据完整性约束和一般性约束，保证采集数据的准确性，制定数据分类分级方案，对敏感数据采取数据脱敏和数据加密处理，避免核心数据泄露风险。

（2）数据轻量级加密。工业互联网智能设备通常具有有限处理能力，对数据实时性具有较高要求，为了应对工业数据传输安全风险，智能设备可采用轻量级数据加密方法对工业生产、控制数据进行加密，并采用内生或扩展国密芯片的方式保障数据加密安全，通过硬件安全芯片将密钥存储在硬件安全区，并采用分层的密钥管理方案进行管理。

（3）数据安全存储。为了抵御智能设备数据处理和存储过程中发生的数据泄露风险，智能设备可以采用兼容国密算法和国际通用算法的数据库加密存储技术，实施工业核心数据的密文访问权限控制和强制访问控制。对工业数据的处理采用 SGX、TrustZone 等安全执行环境，抵御可能发生的数据越权访问和数据泄露风险。

（4）数据访问控制。为了防止工业隐私数据泄露，对用户权限与设备访问控制进行统一管理，利用用户权限分级、用户操作控制、最小授权等方案，提供多维度的用户操作和设备访问控制的安全保障。

（四）智能设备应用安全

工业互联网智能设备应用大量依赖第三方和开源组件进行开发，一方面存在安全合规和潜在漏洞风险，另一方面存在应用篡改和非法行为执行风险。现有防护手段主要从应用、组件安全验证和设备 API 管控、行为审计等方面保护智能设备应用安全。

一是对智能设备应用安全合规与漏洞风险采用应用组件安全检查技术，对相关开源和第三方软件进行选型安全分析和源码一致性分析验证，通过强制性代码签名保证所有运行代码均被授权，防止恶意应用执行。二是对应用篡改与非法执行采用应用 API 管控和应用行为审计，利用 API 令牌分配应用操作权限，并及时记录审计应用操作行为，杜绝应用非法操作引发的智能设备应用层攻击。

（五）智能设备网络安全

为保证工业数据的实时性，传统工业网络协议大多使用数据明文传输和工控网络隔离的方式保证网络安全。工业互联网智能设备需要与外网连接，为保证网络数据安全，常用的防护手段有轻量级数据加密、会话安全管理、入侵防护检查等技术方案。

（1）智能设备安全传输。为保证数据传输安全，对智能设备与工业互联网平台之间、智能设备之间的数据传输使用轻量级安全加密算法，并采用国密融合技术，在智能设备内嵌或外挂国密芯片，执行加解密操作，防止加解密开销对设备的影响。对建立的通信连接采用会话安全管理，限制会话连接时间和数量、控制设备连接端口。对设备收发的数据包进行检查，过滤不符合工控协议要求的数据，抵御数据冗余攻击。

（2）智能设备 5G 网络安全。近年来，5G 通信技术在工业现场网络得到大规模应用，相比实体通信手段，5G 虚拟网络技术使得网络更加容易遭受窃听与攻击，在设备伪装和数据传输隔离性方面带来新的风险。为了应对上述安全问题，通常对接入智能设备采用无线接入技术构建 5G 通用认证机制，综合利用网络功能虚拟化（NFV）技术和网络切片技术，实现不同工业数据流间的有效隔离，降低安全风险。

四、工业互联网智能设备安全挑战

工业企业在智能化改造升级时对工业信息安全考虑较少，导致智能设备安全管理制度缺失，带来智能设备安全风险。现有工业互联网智能设备防护技术多数从物联网智能设备防护技术迁移而来，多样化工业应用场景催生了多种多样的智能设备，使得通用设备安全技术难以适配。大量工业互联网智能设备具有有限的处理能力，无法适用传统的安全防护手段，导致大量安全技术相对缺失。工业互联网智能设备软/硬件自主研发能力有限也为工业互联网智能设备安全带来新的挑战。

（一）管理制度欠缺导致设备安全能力缺失

在工业领域智能化发展升级的过程中，大多数工业企业只注重工业生产的有效性和连续性，对工业信息安全考虑较少，这直接导致工业互联网智能设备多种安全能力缺失。

为保证业务连续性，大量工业互联网智能设备存在固件版本更新不及时的问题，在智能设备固件风险中，已知风险占绝大部分，与厂商在开发生命周期中忽略公开漏洞的排查和修复密切相关，导致攻击者仅通过分析固件中存在的第三方库版本信息并查询相应版本漏洞库信息，就能导致固件安全风险。此外，智能设备安全管控机制前期，存在大量弱口令、系统漏洞、远程端口开放的安全问题。

（二）通用安全技术难以适配差异化应用场景

工业应用场景多种多样导致工业互联网智能设备多样化以及智能设备种类、厂商、通信协议等异构多样。一方面，在同一工业互联网环境中存在多种设备混合使用的情况，这就要求工业互联网智能设备安全需要兼容异构多体系设备，为异构设备建立统一标识，提供统一的设备状态监测分析、设备异常行为分析与处置能力，形成统一、透明的安全服务接口提供给工业应用。

另一方面，多数工业互联网智能设备受制于设备功能和体量限制，具有有限的处理能力、存储空间和网络资源，设计上更加注重功能实现，对安全考虑较少。传统安全方案无法直接移植使用，需要设计开发专用的轻量级安全认证接入、数据加密传输、安全状态采集、隐私数据保护和设备安全加固方案。同时，需要充分利用云边协同优势，将部分高性能消耗的计算存储工作转移到云/边端执行，降低工业互联网智能设备安全开销。

（三）工业互联网智能设备安全技术手段相对缺失

工业互联网智能设备特殊的应用场景和功能需求导致传统智能设备

安全技术难以直接使用，导致工业互联网智能设备安全技术相对缺失，在设备接入认证、设备管控、数据安全传输处理和数据管控等方面存在一定空缺。

（1）在设备网络接入测，工业互联网智能设备接入认证机制欠缺，大量使用设备物理指纹等简单认证方式，容易受到身份伪造攻击、中间人攻击等。多数工业互联网智能设备处理存储能力有限，无法实现复杂的接入认证机制，部分认证计算功能需要转移到边缘节点执行，海量智能设备安全凭证的生成和管理存在难度。

（2）在智能设备数据测，工业互联网智能设备对数据传输实时性和可用性要求较高，智能设备与边缘节点之间大量采用短距离无线通信技术，边缘节点和工业互联网平台之间使用消息中间件和网络虚拟化技术，对通信协议的安全性考虑不足。

（3）在智能设备中存在数据存储管控问题，部分工业智能生产监测设备会将工业数据存储在工业设备内部或连接的边缘节点上。对这些数据的管理缺乏有效的数据备份恢复和审计措施。此外，工业敏感数据的存储和传输往往缺乏数据隔离存储、加密等独立的安全措施，对敏感数据缺少数据分类分级保护机制，一旦遭受攻击，将带来工业敏感数据泄露风险。

（四）工业互联网智能设备软硬件自主率低

工业互联网智能设备使用大量进口硬件，其中包含关键的处理器芯片、数据加解密和认证芯片，对这些硬件的内部设计和运行机理缺少了解，导致无法对智能设备硬件安全进行评估，检测其设计缺陷。同时，也存在安全后门的风险。工业互联网智能设备软件、应用大量使用第三方库和开源软件系统，对第三方库代码的漏洞审查机制缺失，存在代码恶意植入、篡改等安全风险。

五、工业互联网智能设备安全发展展望

为了应对工业互联网智能设备安全风险，需要从安全标准与规范制定、核心技术攻关、漏洞共享机制、数据交换体系多个方面统筹考虑，应对潜在的智能设备安全问题。

（一）加强工业互联网智能设备安全标准与规范制定

安全标准与规范是工业互联网智能设备安全的基石。目前工业互联网智能设备尚处于规模化应用阶段，工业企业对安全重视程度有待提高，智能设备厂商安全手段各异，工业通信协议安全体系缺失，亟须一系列统一的安全标准规范。

一是制定工业互联网智能设备身份认证与权限管理安全标准，加强设备认证机制，综合使用设备指纹、数字证书、身份标识等多种设备身份认证方案，探索适用于工业互联网智能设备的轻量级认证算法，灵活使用基于角色的权限控制等安全手段，制定相关安全标准。在保证设备实时性、可用性、准确性要求的前提下，实现工业互联网智能设备身份精确识别和权限精准控制。

二是制定工业互联网智能设备通信安全规范，针对现有智能设备通信协议和相关工业控制协议的安全缺失问题，综合采用轻量级数据加密、5G工业互联网、时间敏感网络等技术，实现智能设备采集数据、控制指令等关键工业数据通信保护，对不同种类设备实施安全等级划分，制定差异化的数据保护规范，灵活提升智能设备通信安全性。

（二）推动工业互联网智能设备内生安全技术攻关

智能设备核心技术是工业互联网智能设备安全的关键。当前工业互联网智能设备存在硬件自主率低、操作系统与固件依赖严重等问题，存在大量软/硬件后门和未知安全漏洞风险，解决核心技术卡脖子问题是实现工业互联网智能设备安全的必要条件。

一是大力推进国产芯片、国密融合芯片的研发应用。针对智能设备控制芯片、数据存储传输芯片、安全加密芯片等关键硬件，联合国内芯片设计企业、芯片生产加工企业、研究院所进行核心技术攻关。采用国密算法内生融合的方式保障智能设备硬件安全。

二是积极推动国产操作系统、嵌入式系统、设备固件的开发工作。面向工业互联网智能设备的高实时、低延时、高可靠性要求，研究适用于不同应用场景的轻量级固件系统，充分分析掌握开源系统的潜在安全风险，灵活运用可信执行环境（TEE）、可信平台控制模块（TPCM）、可信密码模块（TCM）等技术保护智能设备执行安全。

（三）建立工业互联网智能设备安全漏洞共享机制

设备漏洞是工业互联网智能设备安全的短板。工业互联网智能设备在设计之初对安全考虑较少，多数采用裁剪嵌入式系统等轻量级系统固件，本身存在大量安全漏洞隐患，同时其较高的实时性和可靠性要求使得部分漏洞防御手段不再实用。因此，需要建立统一的工业互联网智能设备安全漏洞共享与响应机制，实现工业设备安全漏洞同步共享和安全防护策略的及时响应。

一是完善工业互联网智能设备安全漏洞库，建立设备漏洞共享机制。制定工业互联网智能设备安全漏洞检测共享制度，要求工业企业定期对智能设备进行漏洞检测并上报，建设工业领域不同行业、不同地域设备漏洞库，对新发现的安全问题层层上传记录并及时通报。

二是建立工业互联网智能设备安全漏洞响应机制。制定智能设备安全漏洞分类定级机制，制定应对不同级别漏洞、不同工业企业的应急响应措施。在安全漏洞被发现并通报后，对受影响的工业企业进行评估并及时响应，减小安全漏洞带来的影响。

（四）探索工业互联网智能设备数据交换体系

工业数据是工业互联网智能设备安全的命脉。工业互联网智能设备在正常运行中存在大量工业控制、生产等数据的交换，在传统工业数据交换时大量采用数据明文传输方式，对数据的存储管理、数据访问权限等相关安全问题考虑较少，容易导致数据越权获取、数据泄露等安全风险。亟须一套完善的工业互联网智能设备数据交换体系。作为一种新兴工业数据交换方式，工业互联网标识解析体系可有效解决上述工业数据交换问题。

一是探索工业互联网智能设备标识体系，将海量异构的工业互联网智能设备连入标识解析系统。标识作为智能设备的唯一标志，可以有效实现基于标识智能设备接入认证、访问控制等设备接入安全控制，防止工业数据越权访问，实现基于设备身份、属性等方式的端到端访问，实现工业数据异常的精准定位。

二是建立基于设备标识的工业互联网智能设备数据安全交换机制，构建工业互联网标识密码体系，支撑标识密码、无证书密码等技术应用，实现工业互联网数据的安全可信交换。建立工业企业内部、企业之间、行业之间的工业互联网智能设备交换体系，实现智能设备数据的跨域交换，充分发挥数据价值。

参考资料

1.　工业互联网发展行动计划（2021—2023）. http://www.gov.cn/zhengce/ zhengceku/ 2021-01/13/content_5579519.htm。

2.　关于加强工业互联网安全工作的指导意见. http://www.moe.gov.cn/jyb_ xxgk/moe_1777/moe_1779/201908/t20190830_396620.html。

3.　工业互联网平台安全白皮书，2020-12。

4. 工业互联网标识解析安全白皮书，2020-12。

5. 边缘计算安全白皮书，2019-11。

6. IoT 智能设备安全威胁及防护技术综述，信息安全学报，2018，3（1）：48-67。

7. 物联网操作系统安全研究综述，通信学报.2018,39(3)：22-34。

工业互联网数据安全分类分级防护框架研究

张雪莹　杨帅锋　李俊　陈雪鸿[1]

摘　要： 工业互联网通过人、机、物全面互联，全要素、全产业链、全价值链的全面连接，以数据作为创新发展的使能要素，构建基于"数据+算力+算法"的新型能力图谱，推动建立数据驱动的新型生产制造和服务体系。工业互联网数据日益成为提升制造业生产力、竞争力、创新力的关键要素，但面临的安全风险隐患日益突出，工业互联网泛在互联、资源汇聚等导致数据暴露面扩大、攻击路径增多、敏感数据挖掘难度降低，数据采集、传输、存储、使用、交换共享与公开披露、归档与删除等全生命周期各环节都面临安全风险与挑战。本章通过对工业互联网数据面临的主要问题和风险进行分析，针对性提出从通用安全防护、分类安全防护、分级安全防护3个层面构建的工业互联网数据安全防护框架，将系统防护与数据防护、动态防护与静态防护、管理要求与技术要求相结合，为有效提升企业工业互联网数据安全防护能力提供借鉴思路。

关键词： 工业互联网；数据安全；安全防护；分类分级

---

[1] 张雪莹，国家工业信息安全发展研究中心助理工程师，硕士，研究方向为工业互联网、工业互联网安全、数据安全；杨帅锋，国家工业信息安全发展研究中心工程师，硕士，研究方向为工业信息安全、数据安全、网络安全战略规划；李俊，国家工业信息安全发展研究中心高级工程师，博士，研究方向为工业信息安全、工业互联网安全；陈雪鸿，国家工业信息安全发展研究中心高级工程师，硕士，研究方向为工业信息安全、密码学。

Abstract： Through the comprehensive interconnection of people, machines, and things, and the comprehensive connection of all elements, the entire industry chain, and the entire value chain, Industrial Internet uses data as an enabling element for innovative development and builds a new capability map based on "data + computing power + algorithm". And promote the establishment of a new data-driven manufacturing and service system. Industrial Internet data has increasingly become a key element in improving manufacturing productivity, competitiveness, and innovation, but the hidden dangers of security risks are becoming increasingly prominent. Due to ubiquitous interconnection and resource convergence, the industrial Internet has led to expanded data exposure, increased attack paths, and reduced the difficulty of mining sensitive data. Data collection, transmission, storage, use, exchange, sharing and public disclosure, archiving and deletion, and other aspects of the entire life cycle are faced with security risks and challenges. This paper analyzes the main problems and risks faced by Industrial Internet data, and puts forward an Industrial Internet data security protection framework built from three aspects: general security protection, classified security protection, and hierarchical security protection. Combine system protection and data protection, dynamic protection and static protection, management requirements and technical requirements to provide reference ideas for effectively improving the enterprise's Industrial Internet data security protection capabilities.

Keywords： Industrial Internet; Data Security; Security Protection; Classification and Grading

一、工业互联网数据的内涵及重要性

（一）工业互联网数据内涵

工业互联网数据是指工业互联网这一新模式新业态下，在工业互联网企业开展研发设计、生产制造、经营管理、应用服务等业务时，围绕客户需求、订单、计划、研发、设计、工艺、制造、采购、供应、库存、销售、交付、售后、运维、报废或回收等工业生产经营环节和过程，所产生、采集、传输、存储、使用、共享或归档的数据。

工业互联网数据涉及的主体较多，既包括含有研发设计数据、生产制造数据、经营管理数据的工业企业，也包括含有平台知识机理、数字化模型、工业 App 信息的工业互联网平台企业，还包括含有工业网络通信数据、标识解析数据的基础电信运营企业、标识解析系统建设运营机构等工业互联网基础设施的运营企业，含有设备实时数据、设备运维数据、集成测试数据的系统集成商和工控厂商，以及含有工业交易数据的数据交易所等。这些不同类型的企业都是工业互联网数据产生或使用的主体，同时也是工业互联网数据安全责任主体。工业互联网数据主要类型见表6-1。

表 6-1 工业互联网数据主要类型

数据类别	数据子类参考
研发设计数据	设计图纸文档、开发测试代码等
生产制造数据	控制信息、工况状态、工艺参数、系统日志等
经营管理数据	系统设备资产信息、客户与产品信息、业务管理数据等
外部协同数据	工业企业上下游供应链数据、与其他工业企业交互的数据等
运行维护数据	设备运行数据、设备维护数据、集成测试数据等
建模分析数据	知识机理、数字化模型、统计指标、数据分析模型等
平台运营数据	物联采集数据、平台应用与服务数据、平台运行数据等
标识解析数据	标识数据、标识运营数据等
流通交易数据	数据产品信息、交易信息等

工业互联网数据同时具备"工业"属性和"互联网"属性，但相比传统网络数据，工业互联网数据种类更丰富、形态更多样，主要有：以关系表格式存储于关系数据库的结构化数据，如生产控制信息、运营管理数据；以时间序列格式存储于时序数据库的结构化数据，如工况状态、云基础设施运行信息；以文档、图片、视频格式存储的半结构化或非结构化数据，如生产监控数据、研发设计数据、外部交互数据。

除了多态性，工业互联网数据还有以下特征：一是实时性，工业现场对数据采集、处理、分析等均具有很高的实时性要求。二是可靠性，工业互联网数据十分注重数据质量，在数据采集、传输、使用等环节中都要保证数据的真实性、完整性和可靠性，确保工业生产经营安全稳定。三是闭环性，工业互联网数据需要支撑状态感知、分析、反馈、控制等闭环场景下的动态持续调整和优化。四是级联性，不同工业生产环节的数据间关联性强，单个环节数据泄露或被篡改，就有可能造成级联影响。五是更具价值属性，工业互联网数据更加强调用户价值驱动和数据本身的可用性，用以提升创新能力和生产经营效率。六是更具产权属性，工业互联网数据产生于企业实际生产经营过程，数据产权属性明显高于个人用户信息。七是更具要素属性，工业互联网数据是驱动制造业和数字经济高质量发展的重要引擎，具有更强的生产要素作用。

（二）工业互联网数据安全的重要性

工业互联网数据是贯穿工业互联网的"血液"，已成为提升制造业生产力、竞争力、创新力的关键要素，是驱动工业互联网创新发展的重要引擎。随着工业互联网的发展，数据增长迅速、体量庞大，数据安全已成为工业互联网安全保障的主线，一旦数据遭泄露、篡改、滥用等，将可能影响生产经营安全、国计民生甚至国家安全，其重要性日益凸显。

一是工业互联网数据安全是保障企业正常开展生产经营活动的重要前提。设计图纸、研发测试数据、工艺参数等技术资料可能含有企业商业机密，一旦遭泄露将会导致企业失去核心产业竞争力。生产控制指令、工况状态等信息若被不法分子篡改，可引发系统设备故障甚至生产安全事故，影响企业生产运行。企业内部合作信息、平台客户信息等数据的泄露则会破坏企业信誉和形象。

二是工业互联网数据安全是经济社会稳定发展的重要基石。国家化工、钢铁等产品生产能力、储备情况、重大进出口项目信息等数据，能够反映化工产业实力、潜力和竞争力，关乎国家经济发展。化工厂房平面图、化学品存储库房分布等信息一旦遭泄露，可被不法分子利用对化工厂等发起定向攻击，引发火灾、爆炸等重大安全事故，威胁人民生命健康，造成生态环境污染，影响社会稳定。

三是工业互联网数据安全是总体国家安全战略的重要组成部分。重大装备研发设计文档等属于重要数据，一旦泄露可被他国掌握相关技术，影响国家科技实力。特种钢生产量等相关数据与高端装备制造密切相关，一旦泄露可被他国用于推算我高端装备制造等情况。汇聚于工业互联网平台中的海量数据，可通过大数据分析手段挖掘出敏感数据，可能会被他国利用威胁国家安全。

二、工业互联网数据安全问题与风险分析

（一）安全问题分析

数据安全管理落地实践滞后。随着工业企业信息化的普及及工业互联网的快速发展，工业企业对于数据安全管理重要性的认识逐步提高，但实际落地情况却不尽如人意，企业更多地是从事项目级别的数据管理工作，全局性、整体性、战略性的数据意识普遍薄弱，多数企业尚未制定数据管理和安全相关战略规划，数据安全管理未成为信息化的常规性、基础性工作。

数据安全治理体系不完善。企业对于数据安全治理的重视程度和治理力度不足，工业互联网数据安全治理需求不够明确、数据安全治理主流技

术手段不够成熟、数据资产分类分级安全管理和隐患排查不到位、缺乏对数据安全治理的有效跟踪和审计等问题普遍存在。

数据分类分级防护不到位。企业在面对海量的工业互联网数据及多样的数据汇聚、交换共享时，基本尚未开展针对性的数据分类分级和分级防护工作，传统数据安全防护通常是"一刀切"地根据数据所在系统的级别进行等级保护，并未专门针对数据开展分级防护。

数据安全核心技术手段欠缺。数据安全层面的技术手段尚未成熟，多为从系统防护角度进行数据保护，传统数据安全防护技术适用性不足，缺乏关键技术产品。针对工业互联网数据安全的可信防护、轻量级加密、数据脱敏、数据溯源、大规模数据可信安全交换共享等关键技术都还处于初级研究阶段，相关技术攻关面临重大挑战。

（二）安全风险分析

数据的平台化汇聚加剧数据安全风险。电子商务平台、网络社交平台、工业互联网平台等建设和应用走向深入，原本分散存储的个人信息数据、金融数据、生产经营数据等逐渐向平台集中汇聚，形成数据的"蜜罐效应"，导致数据存储区域容易成为网络犯罪的攻击目标。

产品漏洞引发数据安全风险。工业 App、工业控制系统及设备等存在漏洞未修复、端口开放、接口未认证等问题，这些漏洞易被黑客利用，严重威胁装备制造、能源、水务、化学化工等领域的工业控制系统及设备安全，进而可引发工业数据泄露等风险。

工业领域互联开放趋势下的数据安全风险加剧。越来越多的工业控制系统与互联网连接，传统相对封闭的工业生产环境被打破，病毒等威胁从网络端渗透蔓延至内网系统，存在内网大范围感染恶意软件、高危木马等潜在安全隐患，黑客可从网络端攻击工业控制系统，甚至通过攻击外网服务器和办公网实现数据窃取。

新一代信息技术应用带来的数据安全风险。信息技术与制造业融合发展，推动工业数据急剧增长，海量工业数据的安全管理和防护面临挑战。人工智能、5G、数字孪生、虚拟现实等新技术应用引入新数据安全隐患，如利用人工智能技术进行数据伪造、数据污染、数据挖掘逆向还原，5G技术带来的数据高速传输安全风险，数字孪生、虚拟现实技术面临的虚拟环境数据安全防护挑战等。

（三）数据全生命周期各环节的安全风险

数据采集：指从组织机构内部或外部系统获取工业互联网数据的行为。大量工业互联网数据从工控系统等对实时性、可靠性要求很高的系统和设备中采集，而传统 PLC、数控机床等系统和设备可能不具备数据上传功能，在加装数采网关、传感器等数据采集设备或转换数据接口时，可能会影响系统和设备的性能，甚至存在数据泄露或被劫持、篡改的安全风险。同时，由于不同工业行业、企业间的数据接口规范、通信协议不完全统一，数据采集过程难以实施有效的整体防护，采集的数据可被黑客注入脏数据，破坏数据质量。

数据传输：指工业互联网数据从一个系统、设备、平台、企业传送到另一个系统、设备、平台、企业的通信过程。以往工业系统与设备之间的数据传输协议封闭，缺乏加密等安全措施，而由于工业互联网数据的实时性、多态性等要求，传统的高强度加密、同态加密等措施难以适用，在工业互联互通的趋势下，分布式工业网络数据节点之间、工业互联网数据相关组件之间的数据传输面临遭监听、窃取、篡改、大规模泄露等安全风险。同时，工业互联网数据多路径、跨组织、跨区域的传输模式，跨越了数据控制者和安全域，数据追踪溯源难。

数据存储：指工业互联网数据以某种数字格式记录在计算机内部或外部存储介质上。一方面，传感器、智慧终端、工业 PC、PLC、交换设备、服务器等包含的控制信息、工况状态、个人信息、财务数据等重要数据往往以明文形式存储于数据库中，存在被拖库、越权访问等安全风险。另一方面，存储工业互联网数据的分布式开放云架构导致系统边界模糊，基于边界防护的传统安全防护措施效果受到影响。除此之外，工业互联网数据访问来源多，大多工业互联网数据应用场景涉及跨角色、跨区域、跨部门协作，难以准确为每个用户指定数据访问范围，数据权限管理困难，也带来了数据泄露、被篡改的风险。

数据处理：指对工业互联网数据进行分析、加工、可视化等操作过程。数据处理的主体多为硬件平台上的众多软件程序，在数据分析、挖掘等处理过程中，一方面，若未实施严格的权限访问控制和数据模糊化处理，就存在越权进行数据处理的风险，造成用户隐私泄露或被违规关联分析。另一方面，若未对临时数据处理、远程数据调用实施严格管控，将面临数据泄露的风险。除此之外，数据处理软件自身存在缺陷或漏洞，以及数据处理平台存储节点、处理节点间认证机制不完善、传输不安全等，存在处理环境安全风险。

数据交换共享：指工业互联网数据控制者向其他控制者提供数据，或将工业互联网数据控制权由一个控制者向另一个控制者转移，且双方分别对数据拥有独立控制权的过程。数据公开披露指将工业互联网数据向特定个人或组织共享，以及向社会或不特定人群公开发布的行为。一方面，工业互联网数据交换共享前的安全评估不足可能导致重要敏感数据泄露，交换共享中数据脱敏、水印等防护不足会导致数据共享后被篡改、泄露等，交换共享后的监控、溯源追踪不足会造成数据恶意使用、非授权使用等安全风险。另一方面，缺乏可信的数据安全交换共享机制会面临数据滥用、非法交易等风险。

数据归档与删除：指将工业互联网数据转移到一个单独的存储设备来进行长期保存或对工业互联网数据彻底删除且无法恢复的过程。在数据生命周期结束后，数据未被彻底删除，或存有重要敏感数据的介质未被销毁，该阶段主要面临数据残余、被刻意恢复的风险。

三、工业互联网数据安全防护框架

（一）设计思路

工业互联网数据种类和形态更为丰富多样，且具有适应工业生产运营场景下的实时性、稳定性等特征，对其进行有效的分类分级和安全防护存在困难，传统的数据安全标准等已无法全面、有效地指导开展工业互联网数据安全相关工作。综合考量当前工业互联网数据安全的风险分析，以及安全防护的问题与难点，结合工业互联网数据的实际应用要求和场景，我们提出了工业互联网数据安全防护框架（见图 6-1），具体从通用安全防护、分类安全防护、分级安全防护 3 个层面分别提出工业互联网数据安全防护要求，3 个层面相互衔接、有机统一。

图 6-1 工业互联网数据安全防护框架

（二）框架设计

本框架提出了工业互联网数据分类分级安全管理要求和技术要求，针对不同类别和安全级别的工业互联网数据，从数据保密性、完整性、可用性保护和全生命周期保护等方面提出安全防护要求。重点根据不同类别工业互联网数据的特征，有针对性地提出工业互联网数据分类防护要求，解决适应各类数据实时性、稳定性等需求下的差异化安全防护问题；根据不同级别的工业互联网数据安全防护需求，分级提出细粒度安全防护要求，解决不同级别数据的分级防护问题。总的来看，本框架践行了"技管结合、动静相宜、分类施策、分级定措"的综合防护思路，基本解决了不同类别不同级别的工业互联网数据的安全防护问题。

一是技管结合：工业互联网数据安全防护要同时加强安全管理和技术防护。其中，安全管理方面包括制度、机构、人员、设备、供应链等安全管理，以及分类分级、安全监测、风险管理、检查评估、应急管理等工作。技术防护方面包括从系统安全角度加强数据安全，主要措施有边界防护、入侵防范、身份鉴别、访问控制和安全审计；技术防护是指分类分级防护，针对不同类别、级别的数据实施差异化防护措施。

二是动静相宜：本框架既关注静态数据保护，也包括流动态数据全流程防护。其中，静态数据保护主要有两个角度，一是保护流动性较弱的存储态数据安全，二是从系统安全防护的角度保护数据安全。流动态数据全流程防护，重在保护数据采集、传输、迁移、交换共享与公开披露等数据流动过程中的安全。

三是分类施策：主要是要根据不同类别工业互联网数据的特征，有针对性地提出工业互联网数据分类防护要求，解决适应各类数据合规性、保密性、完整性、可用性、可追溯性等需求下的差异化安全防护问题。比如研发设计数据的保密性更突出，生产制造数据的实时性等要求更强，经营管理数据的安全交换共享需求更大，应用服务数据的上云安全、大数据安全、用户隐私保护等要求更高。

四是分级定措：需要围绕数据全生命周期，重点针对不同安全级别的数据安全防护需求，明确差异化的工业互联网数据分级安全防护要求。根据工业和信息化部发布的《工业数据分类分级指南》，将工业互联网数据分为一、二、三共 3 个级别，三级数据的安全防护要求最高。在本框架中，分级防护主要围绕数据采集、传输、存储、处理、交换与公开披露、归档与销毁等数据全生命周期过程，根据不同级别的工业互联网数据安全防护需求，分级提出细粒度安全防护措施。

1. 工业互联网数据通用安全防护

工业互联网数据通用安全防护包括安全管理、系统安全两方面，重点明确工业互联网数据安全管理要求，并从系统防护的角度提出数据安全防护措施。

1）安全管理

安全管理制度：建立整体方针策略，制定贯穿工业互联网数据全生命周期的数据安全管理规范，明确策略、制度等制定流程和要求，构建数据安全管理制度体系，推动执行落地。

安全管理机构：设立数据安全管理专职部门，或在合规或 IT 部门成立专业化工业互联网数据安全团队，保证能长期持续执行数据安全管理工作；设立专业岗位，明确部门岗位职责、责任人和专职人员，明确授权审批事宜。

安全管理人员：主要考虑对员工和合作伙伴的安全意识教育、培训、宣传等，增强数据安全意识；关键人员岗位、角色、权限的设计按照"最少够用"原则设定数据访问权限。

系统设备安全管理：主要关注系统设备接入前安全审核、对接入系统设备的安全设置定期维护管理等方面。

供应链安全管理：主要关注对供应链涉及的数据进行安全监测与管理，保障供应链数据跨环节、跨主体、跨地域流动的安全，对供应链合作方、外部采购的软/硬件设施或服务资源等进行安全审核，评估在工业互联网数据交换共享过程中有无数据泄露、篡改等风险。

分类分级：根据工业互联网数据分类分级相关要求对数据进行标记，建立数据资产分类分级清单，按照数据级别确定安全管理策略和防护措施。

安全监测：数据安全风险实时监测，直观呈现工业互联网数据安全态势、风险威胁、流动路径和重要数据分布情况等，以及对数据全生命周期各阶段进行安全监测，发现重要数据违规传输、驻留、数据滥用、异常访问、数据泄露或篡改等风险。

风险管理：基于工业互联网数据全生命周期各阶段进行风险识别，按照数据安全成熟度评估相应差距；对工业互联网数据全生命周期各阶段的数据安全细化场景，基于数据资产分类分级的不同安全属性，识别数据安全具体风险点；定期进行漏洞扫描，在保障生产经营、平台运行等安全的前提下对安全漏洞及时进行修补。

检查评估：建立工业互联网数据安全检查评估小组，定期按照程序开展数据安全检查、合规性评估、抽查、督促整改等工作，强化工业互联网数据安全全流程管理，及时整改消除重大数据泄露、滥用等安全隐患。

应急处置：主要关注工业互联网数据安全事件的应急预案、应急演练、事件评估、应急响应及分析研判。

2）系统安全

边界防护：不同网络边界之间应部署边界安全防护设备，实现安全访问控制，阻断非法网络访问。生产网内部根据各功能区的数据访问需求及安全防护要求进行分区分域，在不同的安全域边界部署工业防护墙、工业网闸、定制化的边界安全防护单向网关等，防止越权访问和各功能区之间的病毒感染。

入侵防范：主要关注关键网络节点处检测、接入设备攻击行为检测、网络攻击行为检测、异常流量检测、数据有效性校验等方面。

身份鉴别：合理设置账户权限，以最小特权原则分配账户权限，保障身份认证合规性，管控越权带来的数据违规访问风险。对工业主机的登录、应用服务资源、工业互联网平台等的访问过程建立身份认证管理机制，对关键设备、系统和平台，根据数据重要程度，采用单因子认证或多因子认证方式，避免对数据进行篡改、窃取，提高对工控设备、系统和平台的攻击难度。

访问控制：对工业互联网数据访问权限进行细粒度划分，根据数据安全级别和用户需求将数据和用户设定不同的权限等级，严格控制访问权限，加强用户权限管理。

安全审计：对每个用户的用户行为和安全事件进行审计，在数据安全事件之后可通过审计机制追踪溯源。监控所有账号权限的变化情况，有效抵御外部提权攻击、内部人员私自调整账号权限进行违规操作等行为。

2. 工业互联网数据分类安全防护

工业互联网数据分类安全防护围绕研发设计类、生产制造类、经营管理类、应用服务类 4 类数据，重点针对不同类别的工业互联网数据特征和安全防护需求，明确不同类别工业互联网数据的安全防护要求，保障工业互联网数据的合规性、保密性、完整性、可用性和可追溯性。工业互联网数据主要类型如表 6-2 所示。

表 6-2　工业互联网数据主要类型

数据类别	数据子类参考
研发设计类数据	设计图纸文档、开发测试代码等
生产制造类数据	控制信息、工况状态、工艺参数、系统日志等
经营管理类数据	系统设备资产信息、客户与产品信息、业务管理数据等
应用服务类数据	设备运行数据、设备维护数据、知识机理、数字化模型、物联采集数据、平台应用与服务数据、平台运行数据、标识运营数据、数据产品信息、交易信息等

1）研发设计类数据安全

研发设计类数据包括研发设计图纸文档、开发测试代码等数据，主要是图片、文档、设计软件文件特有格式等非结构化数据，涉及企业核心产品研发和商业利益。其保密性要求相对较高，可以通过数据加密、数据脱敏、虚拟专用网络、介质管控等措施保障研发设计类数据的安全。

2）生产制造类数据安全

生产制造类数据包括控制信息、工况状态、工艺参数、系统日志等数据，主要是时序数据、关系表数据等结构化与半结构化数据，关系工业生产的安全稳定运行，其可用性、完整性、实时性、可靠性要求相对较高。主要采用黑白名单、操作权限管理、接口认证、访问控制、安全审计等措施保障生产制造类数据在采集、处理、交换共享与公开披露环节的合规性，其中采用的措施应保证有实时采集需求的生产制造类数据采集的时效性；采用轻量级的校验技术、冗余备份等措施保障生产制造类数据在采集、存储、处理、交换共享与公开披露环节的可用性。

3）经营管理类数据安全

经营管理类数据包括资产、财务、人事、产品、业务、运维、供应链等方面的数据，主要是文档等非结构化数据，关系企业财产、业务运营、商业信誉等，其交换共享需求更大且保密性、完整性要求相对较高。主要采用身份鉴别、访问控制、安全审计等措施保障经营管理类数据在交换共享环节的合规性；采用加密、SSL 协议等密码技术、数据脱敏技术或 VPN 技术保障经营管理类数据在传输、交换共享环节的保密性，其中涉及与供应链企业、用户单位等进行数据传输、交换共享时，应更注重保密性；采用数字签名、校验技术、数据水印、敏感字段标注等措施保障经营管理类数据在交换共享等环节的完整性、可用性和可追溯性。

4）应用服务类数据安全

应用服务类数据包括平台运行、平台服务、数字化模型、应用服务、标识运营、租户等方面的数据，主要是关系表、时间序列、文档等结构化或非结构化数据，关系到工业互联网基础设施运营企业等机构的平台系统运行、服务提供等，其用户隐私保护要求更高。主要采用数字签名、校验技术等措施，保证应用服务类数据在采集、传输、存储、交换共享等环节的完整性，特别是在企业数据上云等过程中，应确保数据上云后的完整性；采用校验技术、冗余备份等措施保障应用服务类数据在采集、存储、处理、交换共享环节的可用性，对于涉及上云迁移过程的数据，数据拥有者和云服务运营者都应采用数据备份等方式，确保数据的可用性，其中涉及租户信息等租户数据的冗余备份应征得租户同意。此外，涉及客户、员工等个人信息的应符合个人信息安全规范等相关要求。

3. 工业互联网数据分级安全防护

工业互联网数据分级安全防护在数据分级的基础上，围绕数据全生命周期，重点针对不同安全级别的数据安全防护需求，明确差异化的工业互联网数据分级安全防护要求。工业互联网数据全生命周期安全防护要点如图 6-2 所示。

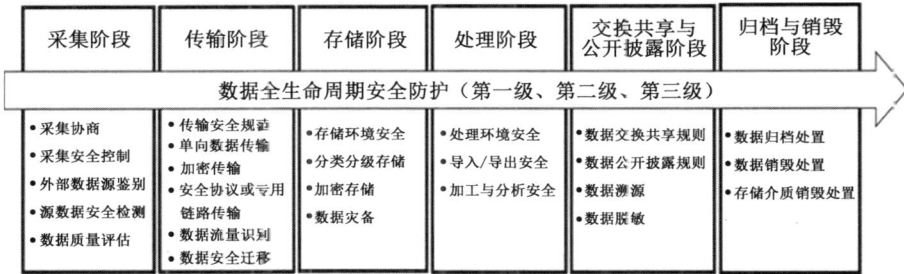

图 6-2 工业互联网数据全生命周期安全防护要点

1) 数据采集安全

采集协商：主要根据"合法正当、权责一致、目的明确、最小够用"原则，使数据采集者与数据拥有者协商，在获得数据拥有者的自愿明确授权许可后进行工业互联网数据采集。

采集安全控制：主要对数据采集环境、软/硬件工具设备、系统、平台、接口及采集技术等，采取必要的测试、认证、鉴权等措施，保证数据采集的合规性和执行上的一致性。同时，要注意采集方法的客观准确性、采集方法的安全性和现场可实施性，避免采用不当的采集方法对工业生产运行、平台应用服务等造成影响。

外部数据源鉴别：主要通过建立完善的黑白名单库等措施，对工业互联网场景下来自公共互联网等企业、平台外部数据源的真实性、有效性、安全性进行鉴别，避免采集不明来源的数据。

源数据安全检测：主要采用网络流量监测、恶意代码检测、数据安全事件挖掘等技术手段，对源数据进行深度安全检测，有效检测、防御数据安全风险和威胁。

数据质量评估：主要采用重复对象检测、逻辑错误检测等技术手段，对采集到的数据进行准确性、完整性、一致性、有效性、唯一性和可用性校验，确保采集的工业互联网数据的质量。

2）数据传输安全

传输安全规范：主要采取建立数据传输接口安全管理规范，对密钥使用、通道安全配置、密码算法选择、传输协议升级等技术措施进行审批及监控。

单向数据传输：主要采用隔离技术等手段进行单向数据传输。

加密传输：主要采用符合国家有关规定的加密算法和产品实施加密技术，同时考虑工业互联网应用场景、传输方式、数据规模、传输时效要求等。

安全协议或专用链路传输：主要采用 SSL、TLS 等安全协议进行数据传输，或采用 VPN 或物理专网传输数据。

数据流量识别：主要建立全流量的数据安全风险威胁深度监测分析能力，能够对网络流量行为、攻击威胁、数据泄露或篡改等进行判定。

数据安全迁移：主要考虑在数据迁移至工业互联网平台前，要明确数据安全级别、数据本地备份等，迁移过程中应保障数据传输的机密性、完整性，离线数据传输服务要采用物理存储介质加密、物理设备封装等防护手段，防止因存储不当导致数据被恶意复制、泄露、损坏等。

3）数据存储安全

存储环境安全：主要关注存储介质保护、存储跟踪记录、存储介质接入安全等方面。

分类分级存储：根据工业互联网数据分类分级管理机制，对不同类别、级别的数据实行隔离存储措施。

加密存储：主要采用不同强度的加密技术，实现存储数据的保密性、完整性和可用性。同时，建立有效的密钥管理机制和技术手段，实现对密钥的全生命周期安全管理。

数据灾备：根据工业互联网数据的级别，提供数据本地及异地灾难备份与恢复功能。

4）数据处理安全

处理环境安全：主要采用隐私保护、访问控制、身份鉴别等技术手段，确保数据处理平台或系统等不篡改、擅自收集、泄露企业或个人等相关重要数据。

导入/导出安全：主要建立数据导入/导出过程保护和回退机制，保障导入/导出过程中发生问题时能及时有效还原和恢复数据。

加工与分析安全：在数据处理过程前，对需要用到的知识机理、数字化模型、算法、工具等进行测验分析，防止出现数据伪造、恶意篡改、违规信息隐藏、超负荷运算等，确保工业互联网数据处理结果的准确性和安全性。在数据处理过程中，采用访问控制、身份鉴别等措施，并在不影响数据加工分析的情况下，采用模糊化处理等方式对工业互联网数据进行脱敏。

5）数据交换共享与公开披露安全

数据交换共享规则：主要关注在数据交换共享前，数据交换共享双方需明确交换共享目的、用途、方式、日期、数据量、数据类型和安全级别、数据接收方的基本情况等信息，建立数据交换共享安全监控措施，对交换共享的数据及数据交换共享行为等进行监控，确保交换共享的数据合理规范使用，未超出授权范围。

数据公开披露规则：主要关注公开披露工业互联网数据的行为经过合规性、必要性评估。数据公开披露前，需得到数据权属方的明确同意。

数据溯源：主要采用数据标注、水印等溯源技术，对数据流经节点及流转过程中的篡改、泄露、滥用等行为进行溯源。

数据脱敏：主要关注数据敏感性评估、数据脱敏有效性评估等，保证数据脱敏完全及脱敏后数据的可用性。

6）数据归档与销毁安全

数据归档处置：主要对重要且访问频率极低的工业互联网数据进行数据归档，建立归档数据保护机制，防止数据被篡改和删除。

数据销毁处置：主要采用硬盘格式化、多次擦写、消磁等技术手段，确保数据完全销毁，不留痕迹，不能恢复，同时，对数据导入/导出通道、数据存储空间重新分配前清除数据，防止被非法恶意恢复。

存储介质销毁处置：主要采用粉碎、拆解等方式，实现物理销毁存储介质，并确保数据完全删除后，再销毁废弃存储介质。

四、结语

本文对工业互联网数据安全问题与风险进行了剖析，设计了工业互联网数据安全防护框架，提出针对工业互联网数据分类分级安全管理要求和技术防护措施，细化工业互联网数据全生命周期各环节的安全防护要点，对工业企业、工业互联网平台企业等企业开展工业互联网数据安全防护具有参考和实践意义。

未来的研究重点将聚焦工业互联网数据的特征，结合应用场景，在现有框架的基础上，提出更有工业互联网特色的数据安全防护要求，形成针对性强、可操作、可落地的工业互联网数据安全防护框架。同时，应以工业互联网数据分类分级为基础，深入企业侧推广应用工业互联网数据安全防护框架，指导企业开展工业互联网数据分级防护工作，有效应对数据泄露、窃取、篡改、滥用等风险。

参考资料

1. 工业互联网产业联盟. 工业互联网体系架构白皮书. http://www.aii-alliance.org，2020。

2. 中华人民共和国中央人民政府. 2019年政府工作报告. http://www.gov.cn, 2019。

3. 国务院. 国务院关于深化"互联网+先进制造业"发展工业互联网的指导意见. http://www.gov.cn，2017。

4. 工业和信息化部. 工业数据分类分级指南（试行）. http://www.miit.gov.cn，2020。

5. 工业和信息化部. 关于工业大数据发展的指导意见. http://www.miit.gov.cn, 2020。

6. 王晨，宋亮. 工业互联网数据安全防护体系探析. 信息通信技术与政策，2020（4）：7-11。

7. 王冲华，李俊，陈雪鸿. 工业互联网平台安全防护体系研究. 信息网络安全，2019（9）：6-10。

8. GB/T 22239—2019 信息安全技术 网络安全等级保护基本要求。

9. GBT 37973—2019 安全技术 大数据安全管理指南。

10. GB/T 37988—2019 信息安全技术 数据安全能力成熟度模型。

11. 高世伟，张玉强，李潇，高丰功. 工业网与企业内网数据传输安全防护技术框架. 中国自动化学会，2018中国自动化大会（CAC2018）论文集. 中国自动化学会：中国自动化学会，2018：64-69。

12. 彭义淞. 工业控制网络数据访问控制技术研究与实现. 成都：电子科技大学，2016。

13. GB/T 35273—2017 信息安全技术 个人信息安全规范。

Ⅳ 技术产业篇

Technological and Industry Articles

B.7

工业信息安全产业概况及未来发展态势

杨晓伟 吴月梅 贾若伦[1]

摘 要：近年来，随着新一代信息技术与工业互联网融合发展，IT、OT 加快融合贯通，产业数字化转型升级全面加速，工业信息安全持续引发全球关注。2020 年，全球各国工业信息安全顶层设计持续优化，工业信息安全产业规模稳中有增，行业标准体系建设不断完善，市场竞争格局逐步形成。国内方面，我国工业信息安全产业持续向好发展，政策体系不断完善，行业投入持续加大，最佳实践日益丰富，预计 2021 年我国工业信息安全市场规模将增长至166.04 亿元，增长率将达 35.2%。在推动工业互联网加快发展的

---

[1] 杨晓伟，国家工业信息安全发展研究中心工程师，博士，主要研究方向为工业信息安全产业、工控安全、工业互联网；吴月梅，国家工业信息安全发展研究中心工程师，硕士，主要研究方向为信息安全产业、工业互联网、网络安全战略规划和意识教育；贾若伦，国家工业信息安全发展研究中心工程师，硕士，主要研究方向为网络安全产业、工业信息安全产业、工控安全、网络安全审查、网络安全意识教育等。

背景下，工业控制系统信息安全防护需求大幅提升，未来我国工业信息安全产业发展将进入"快车道"。

关键词：工业信息安全产业；产业规模；政策措施；技术创新；应用案例；竞争格局

Abstract： In recent years, new generation information technology and industrial internet integrated development, IT and OT sped up integration and penetration, the digital upgrading of the industry has been accelerated in all-round way, industrial cyber security has attracted global attention. In 2020, the top-level design of industrial cyber security around the world was continuously optimized, the scale of global industrial cyber security industry was increased steadily, the construction of industry standard system was continuously improved, and the market competition and cooperation pattern were gradually formed. Domestically, the development trend of Chinese industrial cyber security industry continued to improve, the policy system were increasingly improved, the industry investment was continuously increased, and the collection of excellent cases has been continuously enriched. It is estimated that the growth rate of Chinese industrial cyber security market will reach 35.2% in 2021, and the overall market scale will grow to 16.604 billion yuan. Under the accelerating the development of industrial internet, the demand for information security protection of industrial control system is increased significantly, in the future, Chinese industrial information security industry will enter the fast lane.

Keywords： Industrial Information Security Industry; Industrial Scale; Policy

Measures; Technological Innovation; Application Cases; Competition
Pattern

一、全球工业信息安全产业蓬勃发展

（一）全球工业信息安全产业规模稳中有增

市场研究公司 Verified Market Research 分析，工业互联网安全市场在
2019 年的价值为 158.7 亿美元，预计到 2027 年将达到 298.5 亿美元，
2020—2027 年复合年均增长率为 8.86%。据此计算，2020 年全球工业信
息安全市场规模可达 172.8 亿美元，如图 7-1 所示。

单位：亿美元

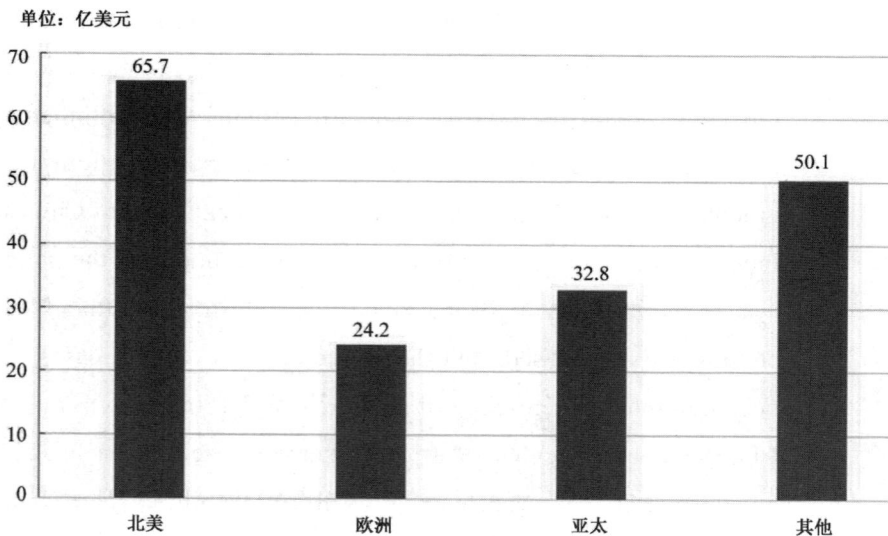

图 7-1　2020 年全球主要地区工业信息安全市场规模

资料来源：Verified Market Research，国家工业信息安全发展研究中心综合分析。

在区域分布方面，Verified Market Research 的数据显示，2020 年北美
和欧洲地区工业信息安全市场下降明显，市场规模分别下降 17.3%、31%，

新冠肺炎疫情持续蔓延使得欧美工业受到重创,能源电力、石油石化、橡胶轮胎、航空航天等大批企业制定缩减成本支出、裁员、暂时关闭工厂等措施,工业信息安全市场受到极大冲击。随着中国有效控制疫情,各行业迅速恢复生产,亚太地区工业信息安全市场稳中有升,市场规模约为32.8亿美元。

在行业应用方面,据 Markets and Markets 分析,能源和公用事业(市政)领域工业信息安全投入高居榜首,市场规模达49.5亿美元,电力行业市场规模居第二位,市场规模达38.6亿美元,两者占市场比例超过50%。由于工业互联网向纵深发展,制造业面临网络威胁加剧,制造业成为2020年工业信息安全领域增长最快的行业,市场规模已达35.2亿美元。如图7-2所示。

单位:亿美元

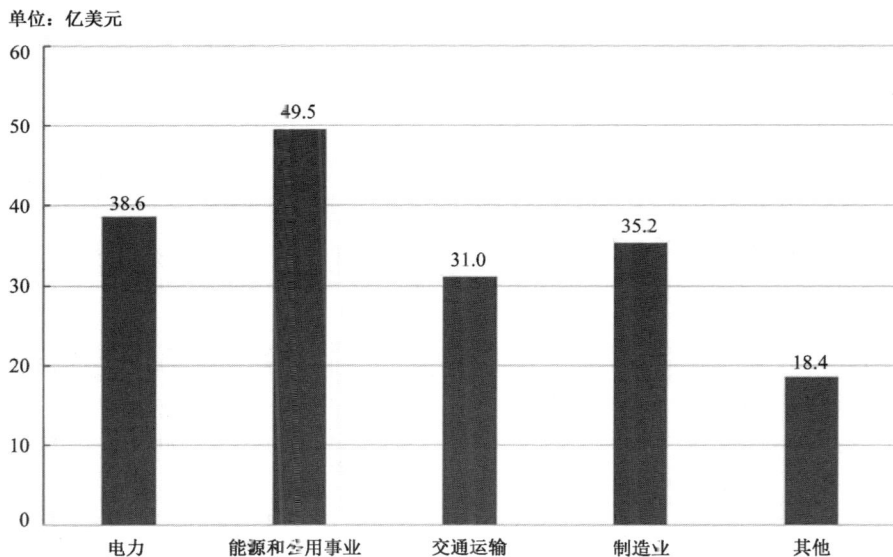

图 7-2 2020 年全球主要地区工业信息安全市场规模

资料来源:Markets and Markets,国家工业信息安全发展研究中心采集分析。

此外,据 Research and Markets 分析,在后疫情时代,工业信息安全解决方案预计将在预测年占据工控安全市场的主导地位。在疫情大流行期

139

间，IT 和 OT 安全防护压力越来越大，各国政府正在努力强化关键基础设施安全，一些政府加强监管合规措施，以保护关键基础设施免受网络威胁，从而增加工业信息安全解决方案的采用，推动解决方案领域的市场需求大幅增长。

（二）主要国家和地区顶层设计持续优化

新一代信息技术推动全球产业变革加速，网络空间安全的利益争夺和对抗较量愈发激烈。2020 年，全球主要国家和地区持续加强工业信息安全顶层设计，政策体系不断完善。

1. 美国筑牢工业信息安全保障能力

面对疫情和总统大选的双重压力，美国政府对工业信息安全领域的重视程度并未减弱，仍然持续推进既有网络战略，全面提升攻防能力，加强关键基础设施网络安全保障。

在政策规范方面，为进一步加强和统一工业信息安全战略，2020 年 7 月，美国网络安全和基础设施安全局（CISA）发布《保护工业控制系统：一体化倡议（2019—2023）》，强化政府、科研机构和企业之间的合作，提升工业信息安全综合保障能力。此外，CISA 在疫情期间发布了《关键基础设施必需工作人员指南（3.0 版）》，将关键基础设施的网络安全从业人员列为必要基本工作人员。2020 年 9 月公布的《物联网网络安全改进法案》，明确要求美国国家标准与技术研究院（NIST）加强与科研机构、政府网络安全相关部门及龙头企业合作，共同发布物联网产品安全开发、补丁、身份管理和配置管理的标准和指南，为物联网设备的采用提供参考依据。

在工作机制方面，面对不断增加的关键基础设施网络安全威胁，美国国家安全局（NSA）成立新的网络安全部门（Cybersecurity Directorate），将重点关注、预防来自国外对关键信息基础设施的窃取和破坏。2021 年 1 月，美国设立国家网络总监和联合网络规划办公室，协调各网络安全相关机构与基础设施部门之间的关系，确保有效实施新的《国家网络战略》，改善美国重点工业领域工业控制系统网络安全状况。

在技术手段方面，2020 年美国国防部（DOD）制定"网络安全成熟度模型"（CMMC），并已处于初期实施阶段，CMMC 弥补了传统工控系统防护要求的不足，符合应对网际空间高级威胁的防御保护要求。CISA 加强与美国能源部（DOE）的合作，结合英国国家网络安全中心（NCSC）在安全设计原则和运营技术方面的产品，发布《工业控制系统网络安全最佳实践》，从工控系统风险因素、事件影响和实践方法等方面给出指导意见。

2. 欧盟强化工业信息安全韧性

为确保欧盟未来物理和数字环境安全，欧盟委员会发布《欧盟安全联盟战略 2020—2025》，重点强调了预防和发现 IT/OT 混合威胁及提高关键基础设施的恢复能力。作为塑造欧洲数字未来和欧盟安全联盟战略的关键组成部分，《欧盟数字十年的网络安全战略》要求增强应对网络威胁的响应能力和恢复能力，以提高电网、铁路等关键基础设施的网络弹性水平。

3. 爱尔兰、澳大利亚等国家加强顶层规划

作为欧盟超过30%数据的所在地，爱尔兰持续加强关键基础设施网络安全建设，降低严重网络威胁的风险。2020 年 1 月，爱尔兰政府发布《2019—2024 国家网络安全战略》，该报告中多处强调继续提高关键基础框架和公共服务中的网络弹性，保护电力、石油化工、电信等基础设施免受恶意网络攻击力量的影响。

2020 年 5 月，澳大利亚网络安全中心针对能源、水利和通信等关键基础设施制定 COVID-19 指南，强调了 OT 环境中安全远程访问的必要性，要求工作人员对远程访问的安全控制策略进行双重检查，以减小网络攻击活动对政府和企业实体的冲击。

（三）工业信息安全行业标准体系建设不断完善

近年来，关于工业信息安全的标准制定热度不减，国际相关领域的组织机构纷纷开展相关标准研究，并取得重大进展，行业标准体系持续完善。如美国 NIST SP800-82 系列、欧盟《保护工业控制系统：给欧洲及其成员国的建议》系列、IEC-62443 系列等，标准规范不断与网络安全框架、行业标准、最佳实践融合。

《工业控制系统安全指南》（NIST SP 800-82）是 NIST 针对工控系统及其组件安全性提供指导、规范要求，覆盖电力、石油、化工等领域。NIST在整体工业信息安全标准规范下，结合各行业特点制定各细分行业的工业信息安全标准，并不断更新完善。2020 年 4 月，NIST 发布《安全控制评估的自动化支持》系列报告，给出了基于管理软件漏洞的工控安全评估方法，总结了已知软件漏洞的安全控制措施，指导资产所有者和运营者进行自动评估，以提高工业信息安全水平。此外，NIST 发布了 NISTIR 8259 和 NISTIR 8259A，明确满足工业信息安全的基本要求，指导厂商解决常见的工业信息安全问题。

在《保护工业控制系统：给欧洲及其成员国的建议》的引导下，2020年 7 月，欧洲网络和信息安全局 ENISA 发布《可信且网络安全的欧洲》战略，旨在提高基础设施和服务的弹性恢复能力及可信度，保障社会和公民的数字安全。2020 年 12 月，欧盟进一步制定了《欧盟网络安全高共同水平措施的指令》和《关于关键实体韧性的指令》，要求能源、交通、水利等关键实体能够预防、抵抗、承受网络攻击，确保工控系统从破坏性网络攻击事件中恢复，进一步提升工业控制系统安全韧性。

国际电气化委员会（IEC）陆续发布了《工业通信网络—网络和系统安全》（IEC-62443），2020 年 7 月，IEC 发布 IEC-62443-3-2，进一步为工控系统的信息安全设计提供指导。IEC-62443 明确了工控系统安全技术要求，阐述了企业在工业信息安全方面可以遵循的安全要求及相应的安全原理，它的颁布给工业控制系统的安全带来了保障，也为各国、各行业制定工业信息安全标准规范提供了重要参考。

从全球范围内来看，近年来工业信息安全相关的标准和指南发布频率越发密集。特别是随着工业 4.0 和智能制造的推进，工业信息安全愈发重要，工业信息安全厂商和应用企业有必要对其工控系统安全给予相当的关注，以应对愈发严重的网络安全威胁和挑战。

（四）国际工信安全市场竞合格局逐步形成

过去的一年，尽管全球经济形势复杂多变，政策和资本仍然加码工业信息安全产业发展，工业信息安全行业未来发展前景可观。整体上，传统信息技术厂商、自动化工业巨头加快收购以 OT 为重点的网络安全公司，网络安全公司之间并购成为常态，网络安全企业强强联合成为热点，信息技术、安全技术和运营技术融合发展成为工业信息安全产业发展新趋势。

在传统信息技术企业方面，2020 年 5 月，IT 巨头微软公司收购工控安全企业 CyberX，借助 CyberX 在工控和物联网网络安全平台的技术优势，提高 Azure IoT 安全能力，以实现快速检测并响应融合网络中的高级威胁。2020 年 7 月，西班牙电信巨头 Telefónica 投资 OT 安全厂商 Nozomi Networks，充分发挥 ElevenPaths 在托管安全服务方面和 Nozomi Networks 在风险管理方面的技术优势，为工控企业提供安全性更高的可视化平台。此外，埃森哲连续收购 Symantec 和 Context Information Security 网络安全公司，进一步强化检测预警、态势感知和网络威胁响应的能力，加快埃森哲在全球安全服务领域的布局。

在自动化企业方面，在工业网络威胁面前，自动化厂商加快自身工业信息安全能力建设。2020 年 1 月，罗克韦尔收购 OT 安全解决方案提供商安富利，以增强风险评估、渗透测试等能力，不断完善其自身 IT/OT 融合的网络安全产品和服务体系。2020 年 6 月，西门子收购 UltraSoC Technologies，将其技术引入 Xcelerator 产品中，为半导体厂商提供功能安全和恶意攻击的解决方案。2020 年 8 月，施耐德电气的控股公司 AVEVA 斥资 50 亿美元收购 OSIsoft，将工业软件和数据管理结合起来，巩固其在工业软件领域的世界领先地位。Wind River、Leidos、艾默生通过收购安全厂商不断补充和拓展在工业信息安全领域的布局。

在工业信息安全初创企业方面，Sepio Systems、Veracity Industrial Networks、SecurityGate 等 OT 安全厂商凭借自身技术优势，获得资本市场的青睐，公司产品创新和市场拓展力度不断加大。网络靶场领域的提供商引发资本市场的关注，Cyberbit、RangeForce 分别获得 7000 万美元和 1600 万美元投资，以满足市场对网络靶场产品和服务的需求。此外，Element、Tempest、Dragos、Outpost24 等工控安全厂商获得数千万甚至过亿美元投资，并以此拓展化工、能源、交通等关键基础设施领域的业务，提升工业信息安全产品创新能力。

2020 年全球工业信息安全市场企业融资概况如表 7-1 所示。

表 7-1　2020 年全球工业信息安全市场企业融资概况

序号	时间	厂商	融资额/万美元	融资阶段	国家
1	2020-01-07	Symantec（收购方为埃森哲安全管理公司）	—	收购	爱尔兰
2	2020-01-07	Armis（收购方为 Insights Partners）	110000	收购	美国
3	2020-01-09	Avnet Data Security（收购方为罗克韦尔自动化）	—	收购	美国
4	2020-01-14	Star Lab（收购方为 Wind River）	—	收购	美国
5	2020-02-25	L3Harris（收购方为 Leidos）	100000	收购	美国
6	2020-02-06	Forescout Technologies（收购方为 Advent International）	190000	收购	美国
7	2020-03-10	Context（收购方为埃森哲安全管理公司）	—	收购	爱尔兰
8	2020-03-26	Sepio Systems（投资方为慕尼黑 Re）	—	融资	德国
9	2020-05-08	CyberX（收购方为微软公司）	16500	收购	美国
10	2020-05-19	Cyberbit（投资方为 Charlesbank）	7000	融资	以色列
11	2020-06-23	UltraSoC Technologies（收购方为西门子）	—	收购	德国

序号	时间	厂商	融资额/万美元	融资阶段	国家
12	2020-06-25	Element（投资方为 Activate Capital 和 Forte Ventures）	1800	B 轮	新加坡
13	2020-07-01	Tempest（投资方为巴西航空航天投资基金）	—	融资	巴西
14	2020-07-07	Nozomi Networks（投资方为 Telefónica 企业风险投资公司 TIV）	—	融资	西班牙
15	2020-07-28	RangeForce（投资方为 Energy Impact Partners、思科、Paladin Capital Group）	1600	A 轮	美国
16	2020-08-25	OSIsoft（收购方为 AVEVA）	500000	收购	德国
17	2020-08-28	OSI（收购方为艾默生）	160000	收购	美国
18	2020-12-08	Dragos	11000	C 轮	美国
19	2020-12-14	Outpost24（投资方为 Swedbank Robur、Alcur Fonder）	2300	融资	瑞典

资料来源：国家工业信息安全发展研究中心采集整理。

二、我国工业信息安全产业发展态势持续向好

（一）我国工业信息安全政策体系不断完善

2020 年，全球新冠肺炎疫情持续蔓延，线上业务需求爆发式增长，新一代信息技术与实体经济加速融合，工业生产的网络化、协同化加快推进，数字化转型全面加速，同时由此带来的工业信息安全事件层出不穷，日趋严峻的网络攻击威胁也让工业信息安全的重要性不断提升。

各级政府继续高度重视工业信息安全，相关部门围绕关键信息基础设施供应链安全、数据安全、工业信息安全标准规范，密集出台各类相关的政策，如表 7-2 所示，工业信息安全法律体系日臻完善，这也将进一步为工业信息安全发展提供动力。

表 7-2　2020 年我国工业信息安全相关政策汇总

月份	发布单位	法规
2	水利部	2020 年水利网信工作要点
3	工业和信息化部	工业数据分类分级指南（试行）
3	工业和信息化部	关于推动工业互联网加快发展的通知
4	工业和信息化部	《网络数据安全标准体系建设指南》（征求意见稿）
4	国家互联网信息办公室、工业和信息化部等 12 部门	网络安全审查办法
4	国家市场监督管理总局、国家标准化管理委员会	信息安全技术 防火墙安全技术要求和测试评价方法
5	工业和信息化部	关于工业大数据发展的指导意见
6	北京市	北京市加快新型基础设施建设行动方案（2020—2022 年）
7	工业和信息化部	工业互联网专项工作组 2020 年工作计划
7	全国人民代表大会	数据安全法（草案）
10	工业和信息化部、应急管理部	"工业互联网+安全生产"行动计划（2021—2023 年）
11	国家市场监督管理总局、国家标准化管理委员会	信息安全技术 网络产品和服务安全通用要求
12	工业和信息化部	工业互联网标识管理办法

资料来源：国家工业信息安全发展研究中心采集整理。

1. 强化工业互联网安全，助力行业转型发展

2020 年，工业和信息化部陆续出台《工业数据分类分级指南（试行）》《关于推动工业互联网加快发展的通知》《关于工业大数据发展的指导意见》《工业互联网专项工作组 2020 年工作计划》《网络数据安全标准体系建设指南》（征求意见稿）等多项政策文件，指导开展工控安全标准体系建设，强化工业互联网安全保障工作。

2020 年 4 月，国家互联网信息办公室、工业和信息化部等 12 个部门联合发布《网络安全审查办法》，强化重点行业重要信息系统安全风险管控能力，加强采购信息产品和服务安全风险评估工作，建立引入产品和服务的安全风险预判和检查机制，推动工控安全关口前移，切实提升工控安全综合保障水平。

2020 年 10 月，工业和信息化部、应急管理部印发了《"工业互联网+安全生产"行动计划（2021—2023 年）》。该文件指出，通过工业互联网在安全生产中的融合应用，增强工业安全生产的综合保障能力，加强工业控制系统安全态势感知、事件预警和联防联控能力，到 2023 年年底，工业企业数字管理、网络协同、安全管控水平明显提升。

2020 年 11 月，全国信息安全标准化技术委员会归口的《信息安全技术 网络产品和服务安全通用要求》等 11 项国家标准正式发布。根据标准的规定，工控网络设备属于网络产品，其设计、开发、运行、测评、维护等环节均需满足安全保障要求、安全功能要求。

2. 坚持应用导向，加快创新发展

2020 年 4 月，工业和信息化部开展征集工业互联网创新发展工程项目，主要围绕平台、网络、安全、5G+等内容的具体项目进行公开招标。工业互联网安全方向有 13 个项目，包括网络安全公共服务平台、态势感知平台、综合防护平台、网络安全解决方案等项目，将促进我国工业互联网平台向更广、更深、更高水平发展。

2020 年 12 月，工业和信息化部继续组织开展 2020 年工业互联网试点示范项目推荐工作，旨在通过示范引领，加快工业互联网推广普及，培植壮大经济发展新动能。在公布的试点示范项目中，共有 26 个安全方向项目入围，如表 7-3 所示，与 2019 年相比，入围项目增加 9 个，重点关注钢铁、电力、石油化工等领域，试点示范项目的增加有助于带动工业互联网安全上中下游产业链发展，促进工业互联网安全产业生态的形成。

表 7-3　2020 年工业互联网试点示范项目名单（安全方向）

序号	项目名称	申报单位	推荐单位
1	工业物联网安全接入平台	中通服和信科技有限公司	中国电信集团有限公司
2	基于安全大数据和零信任的工业互联网安全防护平台	海尔卡奥斯物联生态科技有限公司、北京卓越信通电子股份有限公司、深圳竹云科技有限公司	青岛市工业和信息化局

序号	项目名称	申报单位	推荐单位
3	面向钢铁行业的工业互联网安全一体化平台	南京中新赛克科技有限责任公司、江苏省互联网行业管理服务中心、南京钢铁有限公司	江苏省通信管理局
4	昆钢工业互联网企业级集中化安全监测平台	昆明钢铁控股有限公司、云南昆钢电子信息科技有限公司、烽台科技（北京）有限公司	云南省工业和信息化厅
5	面向钢铁行业的工业互联网安全态势感知平台	上海宝信软件股份有限公司	—
6	工业互联网数据安全智能监测平台	北京国双科技有限公司	北京市经济和信息化局
7	面向工业互联网基础设施的网络空间资产管理平台	远江盛邦（北京）网络安全科技股份有限公司	北京市经济和信息化局
8	工业互联网安全监测与态势感知平台	长扬科技（北京）有限公司	—
9	工业互联网安全及测试验证赋能平台	贵州航天云网科技有限公司	贵州省工业和信息化厅
10	核安全环保云安全防护平台	核工业计算机应用研究所	中国核工业集团有限公司
11	工业互联网可信计算安全免疫防护系统	北京可信华泰信息技术有限公司	北京市经济和信息化局
12	能源工业互联网安全态势感知平台	中能融合智慧科技有限公司	—
13	基于行为基线的水电控制网络安全防护系统	北京天融信网络安全技术有限公司	—
14	电力监控系统网络安全态势感知平台	南方电网数字电网研究院有限公司	中国南方电网有限责任公司
15	电力网络安全监测与指挥平台	北京安天网络安全技术有限公司	北京市经济和信息化局
16	基于可信安全防护技术的工业互联网安全防护系统	中国石油天然气股份有限公司西南油气田分公司川中油气矿、北京中油瑞飞信息技术有限责任公司、北京圣博润高新技术股份有限公司	四川省经济和信息化厅

序号	项目名称	申报单位	推荐单位
17	石化行业工业互联网平台安全防护系统	江苏斯尔邦石化有限公司	江苏省工业和信息化厅
18	千万吨炼油二控网络安全防护系统	浙江中控技术股份有限公司	浙江省经济和信息化厅
19	面向燃气行业的一体化网络安全管理平台	深圳市燃气集团股份有限公司、工信君阳（北京）科技有限公司	深圳市工业和信息化局
20	基于人工智能的工业网络安全防护系统	北京六方云信息技术有限公司	—
21	航空工业商网零信任安全管理平台	中航金网（北京）电子商务有限公司、格尔软件股份有限公司	中国航空工业集团有限公司科技发展部
22	基于5G零信任安全专网的全球协同设计及智能制造安全管理平台	菲舍尔航空部件（镇江）有限公司、北京东方棱镜科技有限公司、中国电信股份有限公司镇江分公司	—
23	三一重起生产网安全融合韧性系统	三一汽车起重机械有限公司、广州安加互联科技有限公司	湖南省经济和信息化厅
24	DCS安全防护系统	北京蓝军网安科技发展有限责任公司、新疆量子通信技术有限公司、中科兴云（北京）科技有限公司	北京市通信管理局
25	大数据驱动的泛终端安全管理平台	北京北信源软件股份有限公司	北京市经济和信息化局
26	攻防演练平台工控仿真系统	杭州木链物联网科技有限公司	浙江省经济和信息化厅

资料来源：国家工业信息安全发展研究中心采集整理。

（二）工业信息安全产业持续快速增长

工业信息安全作为一项重要的战略新兴产业，国家目前尚未出台工业信息安全产业的统计标准，工业信息安全相关主管部门、地方政府、国内外主要研究机构和产业各界对于产业规模的统计口径、规模预测的认识存在一定差距。国家工业信息安全发展研究中心依托对国内外工业信息安全产业长期跟踪调研，对我国工业信息安全产业规模统计口径进行了调整，涵盖工业领域 IT 安全、OT 安全、IT/OT 融合安全，同时还包括含有内款信息安全功能的工业自动化、信息化和网络基础设施等。

近年来，我国坚定不移地建设制造强国、网络强国、数字中国，IT 和 OT 加快融合发展，伴随着国家工业信息安全领域政策标准的日益完善，工控安全保障需求迅速扩大，促进了工业信息安全产业的快速发展。2020 年，我国工业信息安全产业保持高速发展，据调研结果统计[1]显示，我国工业信息安全产业规模为 122.81 亿元，市场增长率达 23.13%（见图 7-3）；新基建时代的工业互联网安全已然成为产业数字化和数字产业化的关键，工业互联网安全产业将迎来高速发展，2020 年工业互联网安全产业增长率达到 42.9%，产业规模达到 54.6 亿元。

受"新基建""工业互联网+安全生产"等政策利好，经综合研判，预计 2021 年我国工业信息安全市场增长率将达 35.2%，市场整体规模将增长至 166.04 亿元。

单位：亿元

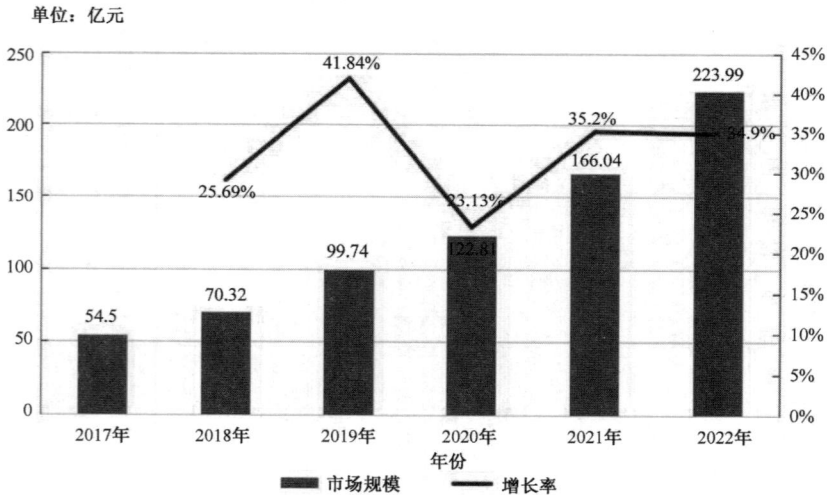

图 7-3　2017—2022 年我国工业信息安全市场规模及增长率

资料来源：国家工业信息安全发展研究中心采集整理。

---

[1] 国家工业信息安全发展研究中心对国内典型工业信息安全厂商 2020 年业绩进行了调研，结合国内工业信息安全市场公开招标情况、企业年报、其他相关产业报告等材料，对我国工业信息安全产业进行综合分析和预测。

（三）工业信息安全行业投入持续加大

2020 年，我国电力、智能制造、石油、交通等重点行业持续关注工业控制系统安全，纷纷加大工业信息安全投入，行业应用均有不同程度增长。

2020 年我国工业信息安全行业应用情况如图 7-4 所示。2020 年电力行业工业信息安全投入仍稳居高位，市场规模达 19.8 亿元，市场占有率为36.2%，较 2019 年增长 26.7%。以"智能电网""智慧电厂"为代表的电力行业数字化建设正逐步走向实际落地，电力企业对工业信息安全的重视也与日俱增，促进了工控安全防护类产品的部署。2020 年 7 月《电力监控系统网络安全评估指南》正式实施，明确了电力监控系统评估内容、方法，加强系统应急备用措施和安全管理评估，指导企业监控系统运行各阶段的安全评估工作。

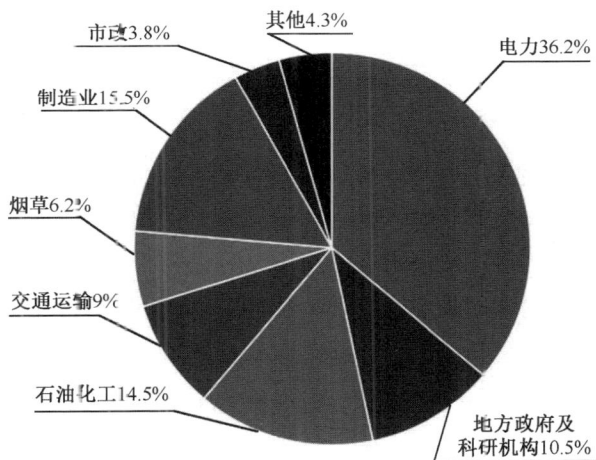

图 7-4 2020 年我国工业信息安全行业应用情况

资料来源：国家工业信息安全发展研究中心采集整理。

2020 年，地方政府及科研机构在工业信息安全领域的投入大幅增加，达 5.7 亿元，占市场总额的 10.5%，围绕制造强国和网络强国建设任务，各级政府聚焦信息安全、数字经济、信息技术产业等领域，持续开展工业信息安全探索研究，推动技术研发与成果转化，加快工业信息安全创新发展。

2020 年，石油化工行业工业信息安全市场占有率为 14.5%，市场规模达 7.9 亿元。随着石油石化行业管控一体化项目的推进，企业大量引入 IT 技术，同时也包括网络安全技术，针对各层级和区域之间的网络采取安全隔离和访问控制措施，对工控网络中的场站服务器、实时数据库、生产调度系统等主机进行加固，保障主机运行安全和数据安全。

交通运输行业工业信息安全市场增长迅速，2020 年 8 月，交通运输部发布《推动交通运输领域新型基础设施建设的指导意见》，要求强化交通领域信息基础设施建设，打造智慧交通，建设网络安全综合保障支撑平台，推动行业加快基础设施信息安全建设。

此外，工业信息安全行业应用案例不断丰富，为了及时梳理、总结企业工业信息安全工作推进情况，工业信息安全产业发展联盟持续推动工业信息安全优秀应用案例征集、宣传工作，指导企业提升综合保障能力。2020 年工业信息安全优秀应用案例征集数量超过 80 件，案例提交数量在 3 年间实现成倍增长，案例广泛覆盖电力、能源、交通、水利等领域。用户单位提交案例占总数量的 43%，较 2019 年所占比例增加 9%，用户单位对工业信息安全的关注度不断提升。评选出的 17 项优秀应用案例中，电力领域有 6 项，石油领域有 3 项，汽车领域有 2 项，制造业领域有 2 项，目前电力领域依然是我国工业信息安全建设的热点和重点。

工业信息安全应用案例主要包括工业互联网安全综合解决方案、态势感知、新技术应用、应急能力提升、安全靶场等维度（见图 7-5）。其中，工业互联网安全综合解决方案所占比例最高，占案例总数的 35%，受益于《关于推动工业互联网加快发展的通知》《工业互联网企业网络安全分类分级管理指南（试行）》等政策，工业互联网安全需求大幅提升。5G、AI 等新技术在行业领域内的应用尤为显著，占案例总数的 15%，引领工业信息安全行业创新发展。

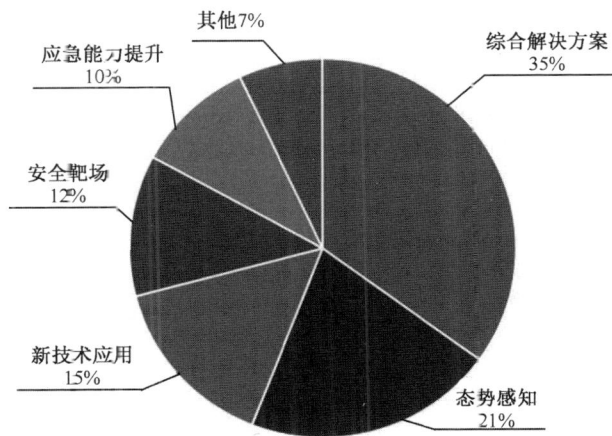

图 7-5 2020 年我国工业信息安全应用案例分类图

（四）我国工业信息安全市场竞合加快

近年来，在我国政府和企业数字化转型、信息系统逐步上云的过程中，特别是 2020 年疫情的大面积暴发，企业远程访问和操作需求急剧增加，企业网络边界逐渐消失，工业信息安全领域获得企事业单位的重点关注。在此背景下，国内科研机构、企业的工业信息安全技术研究及产品研发力量加大投入，工控安全产品产业化加速，优势企业产业链更加完善，服务厂商显著增多，资本市场更加活跃。

据国家工业信息安全发展研究中心调研数据显示，目前国内约有 344 家企业涉足工业信息安全领域，较 2019 年增长 29.3%。传统信息安全背景厂商和系统集成厂商所占比例较 2019 年略有增加，占总体数量的比例分别为 55.8%、16%，自动化背景厂商所占比例略有降低，专注工控安全的厂商所占比例与 2019 年持平，如图 7-6 所示。

与 2019 年相比，2020 年工业信息安全市场的竞争格局及发展趋势有以下几个特点。

一是国有资本为工业信息安全产业持续加码。2020 年国有资本对工业信息安全领域公司关注度持续增加，深圳市创新投资集团、上海市国有资产监督管理委员会下属上海国鑫投资、宝鼎投资、清研资本、浙江国有创投基金、上海市国有创投基金等资本持续入场，持续拉动工业信息安全产业发展。随着《网络安全法》、等保 2.0 标准的推出，工业信息安全的监管和处罚力度进一步提升，企业的合规自查和合规采购需求逐渐增多，进一步驱动了工业信息安全市场的快速发展。

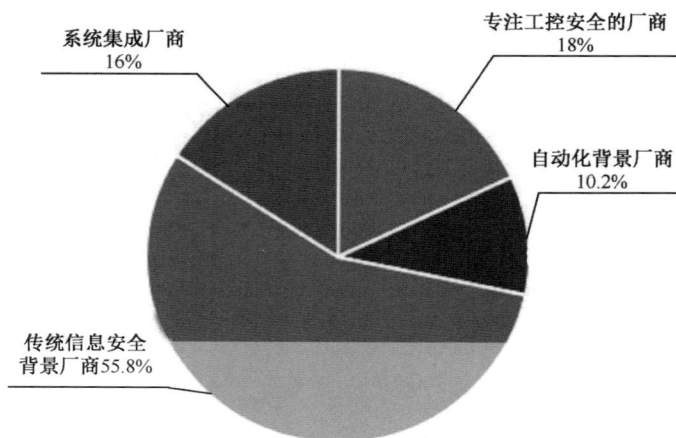

图 7-6　2020 年我国工业信息安全行业应用情况

资料来源：国家工业信息安全发展研究中心综合分析。

　　二是从地域分布来看，北京优势仍旧明显，但差距在缩小。2020 年工业信息安全 10 件投融资案例中，总部位于北京的企业占总样本空间的 30%，与 2019 年占总样本空间 71% 相比，优势下降明显。深圳、杭州、上海、南京在工业信息安全领域发展势头强劲，这与地方政府的政策支持和大型企事业单位需求支持密切相关，如《广东省深化"互联网＋先进制造业"发展工业互联网的实施方案》《江苏省"互联网＋监管"系统建设方案》等，从政策扶持、应用示范和人才引进等方面全面部署，营造有利于产业蓬勃发展的生态环境，加速地区产业发展。

　　三是工业互联网高速发展带动工业信息安全产业。2020 年工业互联网安全融资案例占总样本空间 50%，工业互联网安全处于快速扩张期。《中华人民共和国国民经济和社会发展第十四个五年规划和 2035 年远景目标纲要》指出加快工业互联网建设，特别是《工业互联网创新发展行动计划2021—2023 年）》的发布，工业互联网进入快速发展期，据 IT 桔子统计，国内工业互联网企业占正在 IPO 排队企业总数的 34.4%。随着工业互联网经济体的迅速增长，安全成为 IT 和 OT 融合发展的必备条件，极大地推动了工业信息安全产业的发展。

四是工控安全初创公司资本融资再创新高。与 2019 年相比，2020 年B 轮投融资案例显著增加，工控安全业务将要进入快速扩张阶段。互联网安全解决方案提供商六方云完成数千万元融资，将工控安全相关技术与仿生人体免疫系统技术相融合，强化工业互联网主动防御能力建设。2020 年下半年，工业信息安全领域资本市场十分火热，安天科技、长扬科技（北京）、融安网络、博智安全等公司均完成过亿元融资。其中，安天科技再创融资新高，由龙江基金领投、高科新浚、鲲鹏一创等基金跟投，到位资金超过 6 亿元人民币，如表 7-4 所示。

表 7-4　2020 年我国工业信息安全初创企业融资情况

序号	企业名称	时间	投资机构	轮次	金额	城市	领域
1	六方云	2020-04-22	达晨财智	B 轮	数千万元	北京	工业互联网
		2020-07-18	中科科创和拓金资本	B+轮	数千万元		
2	珞安科技	2020-06-01	琥珀资本	B 轮	数千万元	北京	工业互联网
3	木链科技	2020-06-03	国投（宁波）科技成果转化基金	A 轮	数千万元	浙江杭州	工业互联网
4	浙江中控	2020-06-15	科创板	IPO	16 亿元	浙江杭州	安全产品
5	高川自动化	2020-06-30	深圳高新投远望谷物联网基金	A 轮	—	广东深圳	安全产品
6	安天科技	2020-08-05	龙江基金领投、高科新浚、鲲鹏一创等基金	B 轮	超 6 亿元	黑龙江哈尔滨	产品和整体解决方案
7	长扬科技	2020-08-06	中海创投、基石基金、联创永宣、中信证券投资有限公司、再石资本、丰厚尚德	C 轮	1.5 亿元	北京	工业互联网

续表

序号	企业名称	时间	投资机构	轮次	金额	城市	领域
8	融安网络	2020-08-21	深圳市创新投资集团和上市企业产业资本	A+轮	近亿元	广东深圳	工业互联网
9	博智安全	2020-11-24	由国金证券直投基金国金鼎兴领投，上海国资委下属上海国鑫投资、宝鼎投资、清华大学研究院直投基金清研资本、浙江国有创投基金台州金控、上海市国有创投基金上海锦冠、上海镕乐、广东政府引导基金蚁米基金、金泉渡基金等共同参与完成		3.7亿元	江苏南京	工控安全靶场
10	上海雾帜智能科技有限公司	2020-12-20	耀途资本	天使轮	数千万元	上海	产品和整体解决方案

资料来源：国家工业信息安全发展研究中心采集整理。

参考资料

1. https://www.verifiedmarketresearch.com/product/industrial-cybersecurity-market/。

2. https://www.marketresearch.com/MarketsandMarkets-v3719/Industrial-Control-Systems-ICS-Security-13608557/。

3. https://www.marketsandmarkets.com/Market-Reports/industrial-control-systems-security-ics-market-1273.html。

4. https://www.researchandmarkets.com/reports/5241309/global-industrial-cybersec-urity-market-by?utm_source=CI&utm_medium=PressRelease&utm_code=379hd7&utm_campaign=1500024+-+Worldwide+Industrial+Cybersecurity+Industry+ to+2026+-+Key+Drivers+and+Restraints&utm_exec=jamu273prd。

试析网络安全技术优先发展方向及对策

闫寒　李晓婷　叶晓亮[1]

摘　要： 本文梳理分析了网络安全技术在国家安全、经济社会发展、产业升级、公众利益等重点领域的发展需求，通过文献挖掘开展技术前沿分析，凝练总结出密码技术、数据安全和内容安全等7个子领域60项网络安全技术清单，通过两轮德尔菲调查遴选出10项网络安全领域优先技术方向。同时，面向全球网络安全技术发展新态势新趋势和我国经济社会发展新要求，研究提出了加快我国网络安全技术发展的政策建议。

关键词： 网络安全；关键技术；技术预见

Abstract： The paper analyzes the needs of cybersecurity technology development in terms of national security, economic and social development, industrial upgrading, and public interest，and summarizes sixty kinds of technologies in seven sub-fields including cryptographic technology，data security and content security through document study and other methods. After two rounds of Delphi surveys, ten

---

[1] 闫寒，国家工业信息安全发展研究中心工程师，硕士，主要研究方向为网络安全、工业互联网安全、网络空间治理等；李晓婷，国家工业信息安全发展研究中心助理工程师，硕士，主要研究方向网络安全；叶晓亮，国家工业信息安全发展研究中心助理工程师，硕士，主要研究方向为工业信息安全、数据安全。

key technologies are selected, then the paper puts forward suggestions for accelerating these key technologies.

Keywords：Cybersecurity; Key Technology; Technology Foresight

一、网络安全技术发展需求分析

网络安全是国家安全的重要组成，没有网络安全就没有国家安全，网络安全技术为维护国家网络安全提供了基本的技术基础，为支撑经济社会发展构建坚实的安全屏障。近年来，各国纷纷将网络安全视为关系经济社会数字化转型的关键保障，作为国家安全战略的优先方向加强资源投入和力量部署，网络安全防护在国家安全、产业转型、社会发展、公众利益等方面的重要作用愈加凸显。

（一）网络安全是维护国家安全的重要组成

一是网络空间成为大国博弈的新战场，各国在网络空间的博弈手段不断升级。目前，有 100 多个国家成立了超过 200 支网络部队。例如，美国早在 2009 年就成立了网络司令部，到 2018 年 133 支网络任务部队已经形成全面作战能力。同时，具有国家背景的网络攻击行为日益频繁，国家间网络安全对抗从幕后走向台前，要求各国从网络战高度审视网络安全保障能力建设。面对各国激烈角逐制网权的形势，我国应加快构建以快打快、以智对智的防御屏障，形成威胁感知和攻击预判能力。

二是互联网"巴尔干化"趋势显露，防范网络断供风险依赖技术突破。各国加紧部署网络保障能力，提升应对网络信息技术发展带来的风险挑战，如俄罗斯于 2019 年通过《独立互联网法案》，启动建设独立的域名系统并开展断网测试，以测试独立互联网"Runet"的正常运行能力。现阶段外国核心设备有可能被植入软件级、芯片级漏洞和后门，造成大规模、持续性的网络瘫痪,针对关键信息基础设施领域,亟须加快核心关键技术创新,并同步打造配套的网络安全防护体系。

三是网络监听窃密活动危害国家安全。"棱镜门"事件使美国主导的网络秘密窃听行动公之于众,凸显了加强重要信息系统防护对于维持国家安全的重要意义。长期来看,需依靠自身技术研发和创新,尽快突破网络和信息领域核心技术,加强网络、数据等全方位安全防护能力,实现信息系统从硬件到软件的自主研发、生产、升级、维护和全程可控,提升维护网络安全的技术手段支撑。

(二)网络安全是产业转型升级的有力支撑

一是网络安全技术概念加速变革,新兴概念落地依赖技术突破。从网络安全技术演进视角来看,网络安全技术思路可以分为三个阶段。第一阶段和第二阶段的网络安全技术方向和产品以终端安全、边界安全、应用安全领域的技术为主,目前相关技术项目发展较为成熟,而第三阶段的技术需结合机器学习、人工智能等前沿技术手段,推动网络安全技术的智能化、主动化发展。

二是新兴领域安全需求持续增长,基础性技术支撑有待加强。数字经济发展带动新兴技术创新步伐不断加快,与新技术广泛应用伴生的安全问题逐步显现,5G、IPv6、物联网、云计算、大数据、人工智能应用同时带来网络安全风险。但同时,教育、制造、交通等行业对网络安全的需求进一步提升,融合新兴领域的安全需求快速增长。以工业信息安全产业为例,我国工业信息安全产业规模从 2016 年的 43.46 亿元增长到 2019 年的 93.9 亿元,2019 年的产业规模增速为 30%。面向新兴领域安全需求不断增多,应以网络安全新技术突破带动安全保障能力的快速提升。

三是网络安全产业需要依靠技术创新作为重要驱动力量。2019 年我国网络安全产业增速约为 25%,远高于 9% 的全球增速。我国网络安全产业发展潜力和市场空间巨大,但我国网络安全产业仍存在企业数量规模小、集聚效应不明显、缺乏龙头企业引领、研发攻关力量相对分散等短板。根据知名咨询机构 Cybersecurity Ventures 发布的全球网络安全企业 500 强显示，其中约 70%的企业为美国企业，而我国仅有 9 家企业入围，与我国网络大国地位不相符，亟须促进技术创新作为促进产业发展的重要驱动力量。

（三）网络安全是保障社会稳定的关键环节

一是关键信息基础设施安全保护需求。我国大部分关键信息基础设施以满足等级保护要求、满足合规性要求为着力点，部署防护技术手段。实时监测安全威胁，动态调整防护策略，快速应急处置安全事件，构建全方位、全天候、全过程、全覆盖的体系化整体保障能力已成为重要趋势。实现攻击可防御、行为可检测、攻击可溯源、威胁可预警、事件可处置等目标要求，推动从单一防护向体系化防御、从被动防护向主动防御，从局部静态防护向整体动态防御的转变，全面加强关键信息基础设施安全防护，这对网络安全态势感知、预警监测技术的需求不断提升。

二是工业互联网应用带来工业场景下的安全保障需求。工业互联网拓展了网络空间的边界，打破了传统工业相对封闭可信的制造环境，越来越多的生产一线设备、系统等直接暴露在互联网上，增加了工业信息安全风险。根据工业和信息化部印发的《加强工业互联网安全工作的指导意见》相关要求，设备、控制、网络、平台及数据安全是工业互联网安全的重要方面，需要以工业互联网安全为抓手加快提升工业领域网络安全保障水平。

三是智慧城市建设的安全治理需求。以智慧城市等为代表的治理模式逐步发展成熟，但是网络安全防护需求也日益提升。例如，基于传感器的智慧城市多领域应用加剧物联网技术设备安全隐患，基于大数据的挖掘与分析技术隐含数据泄露隐患。一旦这些城市的生命系统遭到破坏，城市的运行管理将遭到重大打击，影响市民正常生活，智慧城市运营需要加强联网设备安全、数据安全和物联网安全防护。

四是数字政府建设网络安全防护需求。数字政府是落实建设网络强国、数字中国、智慧社会战略的重要举措，近年来，"一网通办""最多跑一次""不见面审批"等"互联网+政务服务"模式不断涌向，极大地提升了人民群众的获得感和幸福感。数字政府建设有赖于信息系统跨部门互联互通和技术标准统一，其中，实现数据资源共建共享是核心基础，而针对数字政府存储的海量国家基础数据的管理至关重要，对数据保护提出更高要求。

（四）网络安全是维护人民利益的必然要求

一是信息高度共享释放个人信息保护需求。互联网平台汇聚海量用户数据，智能手机、平板电脑、可穿戴设备等多种类型终端，通过社交、支付、娱乐、短视频等各类 App 收集包括个人信息数据在内的各类数据，数据挖掘与分析技术的加持使数据价值不断提升。

二是车联网技术带来的安全保障需求。麦肯锡测算，当前汽车运行需要一亿行代码，未来 10 年将增长到现在的 3 倍。基于智能化汽车的车联网将基于更加复杂的软件，也更容易遭受网络攻击。奇虎 360 报告显示，仅 2018 年就有 14 起智能网联汽车信息安全事件发生，包括 5 起数据泄露事件和 9 起汽车破解事件。如何确保信息的安全性和隐私性，亟待从安全技术方面进行考虑和设计。

三是有效打击网络违法犯罪的技术需求。"网络谣言""假新闻""信息造假"等网络违法犯罪行为不断出现，加之个性化算法推荐、深度伪造等技术应用泛滥，严重侵害了广大人民群众的切实利益，提升了网络治理难度。加强法律法规体系建设的同时，亟须加强内容安全领域新兴技术应用研究，增加以技术管技术的手段支撑。

二、网络安全关键技术问卷调查

在发展需求分析的基础上，本文选取国际网络安全领域高质量会议论文为基础数据源，同时梳理借鉴国内外相关研究成果，开展了技术研究文献的挖掘分析。网络安全技术清单的制定按照"网络安全领域—子领域—技术项"的分步骤分层次进行研究的收敛聚焦。通过专家研讨，凝练提出了 7 个子领域的划分方案，并开展了两轮德尔菲调查，如表 8-1 所示。

表 8-1　网络安全技术关键技术清单

技术子领域	技术项
（1）密码技术	①零信任网络访问安全；②基于零知识证明的身份认证；③电子签名技术；④匿名与隐私保护技术；⑤量子加密技术；⑥差分隐私及应用；⑦同态加密技术
（2）数据安全	①云环境下的数据存储安全技术；②数据防泄漏技术；③侧信道分析技术；④网络虚拟身份管理技术；⑤基于生物识别的身份认证；⑥大数据威胁情报分析技术；⑦数据溯源
（3）系统安全	①端点检测及响应技术；②多层级端点防护技术；③端点准入防御；④网络测绘技术；⑤面向移动终端的安全技术；⑥IPv6 安全技术；⑦多重安全网关技术；⑧特征码提取与识别；⑨云访问安全代理技术；⑩边缘智能网络安全技术；⑪入侵检测与防御技术
（4）内容安全	①信息内容的理解和研判技术；②互联网舆情管理技术；③视图像内容安全技术；④网络安全审计与防护技术；⑤行为监测与分析技术；⑥网络可视化技术；⑦网络资源管理技术
（5）应用安全	①应用访问控制技术；②工业控制系统的安全防护技术；③Web 应用安全风险评估及防护技术；④移动应用安全检测技术；⑤可信计算技术；⑥网络取证技术
（6）网络攻防	①态势感知网络防御；②网络安全主动防御技术；③动态网络安全防御技术；④拟态防御技术；⑤信息渗透与对抗技术；⑥网络攻击追踪溯源技术；⑦大规模网络攻击的机理和过程分析技术；⑧基于机器学习的攻击预测/检测；⑨边缘计算环境下网络安全防御体系；⑩分布式拒绝服务攻击防御；⑪漏洞分析及评估
（7）新一代信息技术安全	①5G 与 6G 安全技术；②软件定义网络安全技术；③基于区块链的网络安全防御技术；④基于量子的互联网安全技术；⑤云访问安全代理技术；⑥工业互联网安全技术；⑦车联网网络安全防护技术；⑧面向人工智能应用的网络安全防护；⑨空天网络安全；⑩金融网络安全；⑪认知网络安全保障技术

根据调查结果，有以下几个特点。①从实现时间看，多数技术的实验

室实现时间集中于 2021—2025 年，在此时间区间内将实现的技术约占 91.9%，有 8.1% 的技术预计实现时间在 2026—2030 年。社会推广时间同样集中在 2021—2025 年，预计在此区间内实现的技术约占 72.6%，有 25.8% 的技术预计实现时间在 2026—2030 年，另有 1.6% 的技术预期于 2031—2035 年实现。②从制约因素看，科学原理突破、高层次人才及团队是限制网络安全技术发展的最主要制约因素，产学研合作等因素的制约影响较强。在应用推广普及的制约因素方面，公众需求、国内示范推广对网络安全技术发展的影响较为突出。③从领先国家和地区看，美国在网络安全技术的研究开发水平处于绝对领先的地位，此调查中所有技术美国研究开发水平均居于世界第一位。从我国看，4.8% 的技术处于国际领先水平，91.9% 接近国际水平，3.3% 落后于国际水平。

三、网络安全关键技术方向分析

基于国家安全、产业升级、社会发展、生活质量 4 个维度的网络安全发展愿景分析，综合考虑技术项目在实验室和应用推广的时间，同时也结合不同技术方向之间存在一定的关联性和重叠性，这里遴选出 10 项网络安全领域需要优先发展的关键技术方向，分析其发展趋势及可能对经济社会产生的影响。

（一）网络攻击追踪溯源技术

追踪溯源是指针对攻击者的背景、目的、来源及行为方式进行研究分析。网络攻击者通常使用伪造 IP 地址来伪装攻击源位置，从而阻碍了技术防护策略的有效实施。追踪攻击源的追踪技术成为网络安全防御体系的基本手段，对于发现分析防护漏洞、威慑潜在的网络攻击者具有重要意义。追踪溯源概念最早于 2000 年提出，追踪溯源技术通过定位攻击源和攻击路径等手段追踪网络攻击的发起者，进行有针对性反制或抑制网络攻击，对于维护网络安全具有重要价值。因此，追踪溯源分析就是分析攻击什么时候发生，攻击为什么发生，攻击将达到什么效果，攻击过程中使用了哪些工具，同时对整个攻击路径进行溯源、对攻击者进行溯源、对攻击源进行画像等。

目前的追踪溯源技术方法在一定程度上都有一些限定和约束条件，通常只能适用于特定场景，尚不存在一种通用的追踪溯源技术。网络攻击的追踪溯源通过虚假 IP 溯源、僵尸网络溯源、跳板溯源、匿名网络溯源等方式，进而追踪攻击主机，追踪攻击控制主机，追踪攻击者位置、名字、账号或类似信息。位置信息既包括物理位置，也包括网络地址。追踪溯源技术方法大致可分为静态分析技术、动态分析技术和同源性分析技术，常见技术包括路由调试技术、数据包标记技术、数据包日志技术、网络流量分析技术等。不过追踪溯源手段往往没有固定路径可寻，需要通过表象发现样本背后的信息。

（二）面向人工智能应用的网络安全技术

世界主要国家都将发展人工智能提升到国家战略高度，也将推进人工智能技术在网络安全领域的应用作为提升国家网络实力的战略方向。2018年，美国国防部宣布成立联合人工智能中心，加强人工智能计划在网络防御中的深入应用。2019 年 6 月发布的美国《国家人工智能研发与发展战略计划》中要求注重数据安全、隐私保密性。日本防卫省宣布将人工智能用于自卫队的网络防御。我国也加快推进人工智能在网络安全领域的研发应用。2017 年 7 月，国务院印发《新一代人工智能发展规划》提出要促进人工智能在公共安全领域的深度应用。工业和信息化部发布《促进新一代人工智能产业发展三年行动计划（2018—2020 年）》明确提出，着重在行业训练资源库、标准测试及知识产权服务平台、智能化网络基础设施和网络安全保障体系四大领域率先取得突破。

人工智能在网络防护、信息审查、智能安防及舆情监测等方面拥有广阔的应用前景。机器学习、深度学习等人工智能技术在网络安全领域的应用正在引发新一轮技术创新和产业推广，人工智能对网络流量中大量元数据所存在的成千上万个关联进行分析，提高网络流量异常检测的处理效率。人工智能算法可以发现超出正常模式的不正常网络行为，并以此识别可疑用户和个人。未来人工智能技术必须能够更加适应复杂困难场景的调整，提升技术应用的可行性和可操作性。

（三）大数据威胁情报分析技术

网络威胁情报是近年来众多国际网络安全机构为共同应对 APT 攻击而逐渐兴起的一项热门技术。根据 Gartner 定义，威胁情报是一种基于正据的知识，包括威胁相关的上下文信息、威胁所使用的方式机制、威胁指标、攻击影响及应对建议。其描述了现存和即将发生的威胁，并可以用于通知受害方采取应对措施。基于大数据的威胁情报分析技术主要通过结合威胁情报和攻击事件信息进行大数据挖掘分析，能够更好地解决海量威胁情报信息的采集、存储、汇聚并综合分析，以此洞悉网络安全态势，应对新型复杂的未知多变的风险。目前大数据威胁情报分析技术仍处于起步阶段，运用大数据技术对数据分析、筛选还不够精准，情报共享还有待进一步深化。

（四）云环境下的数据存储安全技术

数据存储的安全性是数据安全的重点。数据本地存储和处理的传统模式已经逐渐无法满足快速增长的业务数据量需求，云计算技术显著降低了数据管理成本，但数据的集中也造成了目标和风险的集中，因此不可避免地带来了一些网络安全问题。在云计算环境下，用户数据主要存储在数据中心的云平台上，数据中心承载着所有业务实现过程中数据的存储、计算和处理，因此云安全已经成为数据安全防护的主战场。目前有潜力的技术应用方向包括零信任策略、联邦学习、隐私计算等。但随着云计算技术和虚拟化技术的发展，云的边界、云上的资产和应用，都在以传统 IT 所难以想象的速度快速变化，虚拟化放大了传统信息系统环境下安全域的规模，增加了网络安全防护难度和强度。

（五）信息内容的理解和研判技术

网络环境下舆情管理所存在的网络数据安全性、真实性等问题日益突出，特别是随着网络数据量的暴增，更大信息量、更大数据量、更复杂运算量等带来了更大的挑战，互联网舆情管理需要满足标准化运行、程序化管控、规范化处理等新特点、新要求。传统的文本过滤技术已经不能适应新的内容安全形势的要求，大数据技术辅助网络挖掘、机器学习，可自动化分析和快速挖掘舆情信息，通过采集、过滤、记录网络上所有的网络数据报文，实时检测网络上的流量信息，发现可疑的内容和目标，并对可疑内容和目标进行记录、报警和阻断。

目前网络挖掘和机器学习等新技术使快速即时的收集和处理大量网络数据成为现实。相比传统媒体信息，网络数据内容更新快速、数据形式多样，不仅有传统图文形式，也有高清视频、动画等形式，网络信息内容的数据量巨大、内容复杂及非结构化等特征明显。人工智能、大数据等新技术在信息内容理解和研判中的应用具有广阔的空间，关键技术包括文本内容检测、视频/图片内容检测等，未来可通过对抗网络，提升人工智能在网络内容安全中的质量。

（六）网络安全主动防御技术

主动网络安全防御是解决网络系统中未知威胁与入侵攻击的新途径，在动态的网络安全技术体系架构中，可根据全局网络安全状态、实战化安全运营要求等，构建主动防御模式，应对已知攻击、未知威胁。基于智能的数据挖掘分析，溯源定位、策略动态下发、事件自动化响应处置尤为重要，动态防御以高效率、弹性资源利用等优势，成为网络安全防御技术研究领域的重点方向。

动态防御可以主动欺骗进攻者，扰乱攻击者的视线，通过设置伪目标、诱饵，诱骗攻击者实施攻击，从而触发攻击预警。例如，网络欺骗技术主要由网络蜜罐技术发展而来。Gartner 认为网络欺骗技术是使用骗局或假动作来阻碍或干扰网络攻击者的认知过程，使用虚假响应、混淆、误导等伪造信息进行"欺骗"。该技术通过伪造欺骗环境，通过伪造的资源吸引攻击者的注意力从而发现攻击者或迟滞攻击者的时间。但是，由于基于欺骗的网络安全防御技术需要防止被攻击者识破，需要与原有信息系统、业务系统具有高度一致性，这对欺骗技术的动态调整能力提出了更高的要求。因此网络欺骗技术需要进一步与威胁情报等技术相结合，不断演进更新发展，提升欺骗的整体效果，进而增强网络安全防御能力。

（七）网络虚拟身份管理技术

网络虚拟身份管理的主要作用是打击网络欺诈，建立诚信网络，遏制有害信息的传播和扩散。网络虚拟身份管理是使网络空间中的个人、组织、服务和设备等对象由权威源建立和认证对应的数字身份，使各方可以相互信赖。我国目前已经初步建立了面向用户的虚拟身份管理系统及其相关支撑平台，重点在可信、可管、可控方面进行了重点研究，并在部分城市和行业成功试点。但是，设备、应用服务及各类组织机构的身份管理技术还亟待工程化研究，与网络新应用的结合方面还不够深入，从"技术可行"到"全面实行"还有距离，亟须在工程技术方面进一步突破。未来有望突破十亿级用户的网络虚拟身份高效管理技术，并在全国全面推广，实现与各类网络应用的高度集成。

（八）车联网网络安全防护技术

车联网已经成为未来智慧交通的重要组成，随着 5G 技术的加速落地，车联网技术成熟度不断提升。在引入自动驾驶和联网功能的同时，数据篡改、用户隐私、数据跨境流动等网络安全问题引起广泛关注。自动驾驶水平的提升带来软件代码的激增，其中软件缺陷中很大一部分是可以被利用的漏洞，这些程序漏洞可能导致软件系统的完整性和可用性受损。车联网安全防护需要结合车联网应用场景，采用多种防护技术协同联动。未来车联网网络安全防护技术包括功能安全和网络安全一体化、内生安全技术、验证测试平台、云网融合的安全、5G 车联网安全等。

（九）可信计算技术

可信的核心目标之一是保证系统和应用的完整性，从而确定系统或软件运行在设计目标期望的可信状态。可信计算可以实现对于攻击的主动免疫，基于芯片中的硬件安全机制，主动检测和抵御可能的攻击。相对于传统的杀毒软件、防火墙等被动防御方式，可信计算不仅可以在攻击发生后进行报警和查杀，还可以在攻击发生之前就进行主动防御，能够更系统更全面地抵御恶意攻击。可信计算及相关产业对于构建网络安全保障体系、满足新型网络安全技术等具有重要意义。基于可信计算构建网络安全防御体系，正在成为推进我国网络安全体系建设的重要举措之一。未来发展方向包括依托自主密码技术建立可信计算技术体系，完善自主可信计算技术标准，从技术、标准、产业链等方面全力推动，从而构建完整的科技计算产业生态，成为我国网络空间安全的基础支撑。

（十）工业控制系统安全防护技术

工业控制系统广泛应用于工业领域，已经构成国家关键基础设施的重要组成部分。工业控制系统的网络安全防护与互联网有很大区别，很多联网工业设备设计之初未考虑网络安全设计，工业生产的可靠性连续性要求较高，导致针对特定工业控制设备的定期更新升级通常很困难。随着信息技术的发展，5G、物联网、云计算等新兴技术涌现，工业控制系统的网络边界被打通，深度网络化增加了攻击路径，这些工业控制系统更加倾向于使用通用协议和软/硬件，安全隐患较为突出。

针对工控系统信息安全的脆弱性，要提高工控系统的信息安全需要对系统的每个位置进行安全防护，需要根据应用场景的现实需求采取防御手段。典型的技术手段包括：白名单技术不需要频繁更新升级，以便更好地适应工控环境；工业流量安全检测技术实时监控工业网络流量变化，分析网络攻击及其他违规行为；网络隔离技术通过摆渡、单向传输等方式实现数据的可靠传输。随着工业互联网加快应用，工业信息安全面临新形势新挑战，未来主要的技术发展方向有：威胁情报通过构建攻击知识库，使得针对网络威胁的响应更快；态势感知技术面向 OT 技术，对各种工控数据进行全面深入的安全智能分析；纵深防御通过设置多层重叠的安全防护系统，加强整体安全能力。总体上，工业场景安全技术向着更加综合、实时、高效的方向发展。

四、网络安全技术发展建议

面向全球网络安全技术发展新态势新趋势和我国经济社会发展新要求，网络安全技术发展应贯彻落实网络强国建设目标和重点任务，立足全局，用全球视野，下大力气加强基础研究和前瞻部署，围绕 5G、数据中心、人工智能、区块链、大数据、工业互联网等新一代信息技术及新型融合领域应用的安全需求，加快提升对经济社会数字化、网络化、智能化转型的支撑保障能力，推动我国网络安全技术研发和应用达到世界领先水平。

（一）强化顶层设计，着力构建技术创新体系

为进一步提升网络安全战略地位，应从维护国家安全的高度统筹谋划有利于我国网络安全技术创新发展的体制机制、组织架构、制度设计等。

一是注重国家网络安全战略引领作用。面向世界网络技术发展前沿、

面向经济社会和产业创新的发展需求、面向维护公众切身利益，加强国家网络安全的战略部署和综合施策，着力构建以安全能力为核心的网络安全防护体系，推动形成有利于网络安全技术创新发展的环境。深化整体、动态、开放、相对、共同的安全理念，着力改变"先发展，再安全"的传统思路，推进网络安全与信息化建设同步规划、同步建设、同步使用。

二是加强部门间的协同配合。围绕工业互联网、车联网等未来网络安全技术应用的重点场景，加强不同部门之间的统筹协调和协同推进，发挥新型举国体制下的资源整合优势，汇聚工作合力，形成长效机制，推动跨学科、跨部门、跨领域联合创新、协同创新。

三是强化重点技术方向的系统谋划。在网络安全领域重大前沿技术创新方面，研究制定技术路线图和时间表，引导产学研用、产业链上下游相互支持、联合研发，在共性关键技术等方面实现突破。

四是加强技术创新体系构建的制度保障。积极研究解决监管模式、风险投资、成果转化、人才支持等影响技术发展中的制度性因素，打破网络安全领域新技术研发、新产品推广、新业态发展过程中的制度障碍，以高质量的制度供给助推技术的高质量发展，在加强政府技术规划引导的基础上，充分调动市场主体的积极性和创造力，形成"政府引导"和"市场主导"双轮驱动局面，持续增强网络安全技术创新发展动能。

（二）加大要素投入，增强创新资源配置效益

网络安全技术发展具有资金密集型、知识密集型、技术密集型等新兴技术的共性特点，需要科学、持续、长期地加大支持力度，更好发挥政府和市场在技术、人才、资金等资源配置中的作用，进一步增强技术创新资源配置的前瞻性、合理性和有效性。

一是部署一批网络安全重点领域的重大工程。重点支持在网络安全攻防体系、关键基础设施安全保护、新基建网络安全保障等方面关键性、综合性技术发展，广泛动员和鼓励网络安全领域技术能力强、自主程度高的产学研力量参与。

二是支持大型龙头企业牵头参与基础技术研发。鼓励和支持企业牵头组织或参与网络安全相关的国家科技重大专项、国家重点研发计划，发挥国家科技计划对创新型网络安全企业开展自主创新研发的引导作用；完善落实国企成果转化政策等配套制度改革，释放信息技术领域的创新活力；鼓励中小企业与研究机构合作开展创新研究，建立新领域创新型平台；充分利用专业化众创空间、企业孵化器等专业化服务平台，支持网络安全创新团队发展。

三是构建多元化资金投入渠道。加强各级政府引导资金与金融资本、社会力量的合作，按照市场化原则设立投资基金，重点向中小网络安全技术企业倾斜。针对网络安全技术创新链的重点方向，实施所得税免除、增值税优惠、免征进口关税等多种税收优惠政策，提高企业等主体进行技术创新的内在动力。

（三）厚植发展基础，提升产业创新发展水平

面对日益复杂的国际形势，我国网络安全技术必须探索自主创新的发展道路，技术创新离不开坚实的产业支撑，需围绕产业链部署创新链，围绕创新链布局产业链，支撑网络安全产业做大做强，积极打造具有国际竞争力的技术产业创新集群。

一是深化网络安全产业园区建设，推动产业集聚化发展。围绕国家重大区域战略部署网络安全产业园区布局，推动网络安全产业集聚化、差异化发展，形成各有特色的产业集群，改变集而不聚、聚而不强的局面。加快制定和完善产业园区政策，调动网络安全企业、电信运营商、高校、科研机构、金融机构等主体的积极性，强化产业链协同能力，搭建网络安全技术成果转化、交易平台。

二是提升产业链协同创新能力，开展关键技术联合攻关。支持网络安全龙头企业、高校、科研机构等强化核心技术突破能力，开展网络安全基础技术、通用技术、关键核心技术创新研究，支持量子计算、区块链、大

数据、人工智能等新技术与网络安全技术融合创新，开展新兴融合应用网络安全技术布局，加强对符合特定场景需要的专用网络安全技术的研究。支持网络安全领域技术优势单位牵头组建 5G 网络安全、工业信息安全、工业互联网安全、可信计算等产业技术创新联盟，开展关键技术开发与验证、技术标准研发、试验系统研制、技术试验与应用释放等，形成产学研用、面向市场需求协同创新的技术促进机制。

三是创造良好的发展环境，促进产业可持续发展。引导市场从满足合规需求为主向兼顾合规和能力建设转化，并逐渐形成以能力建设为导向的市场机制。完善细化产业促进政策，明确产业层次结构、功能定位、发展重点，打造层次鲜明的产业梯队，着力打造一批面向重点行业领域的解决方案提供商和行业巨头，支持产业健康可持续发展。促进产业结构优化，形成不同层次、不同水平的安全产品和服务，更好地适应网络安全市场需求，提升网络安全服务在产业结构中的比重。

（四）注重人才培养，加快创新人才队伍建设

技术的竞争归根结底是人才竞争，人才是技术创新和产业发展的重要基础，需加强网络安全人才梯队建设，完善创新人才发现、培养、激励机制，健全符合技术规律和市场规律的管理体制和政策体系，改进技术成果的评价标准，增强网络安全技术人才供给。

一是探索网络安全人才联合培养机制。鼓励网络安全企业与高校、研究机构建立联合培养机制，支持国内高校、国际知名大学、跨国公司开展合作，通过引进优质师资资源、设立海外技术研发中心等形式，联合培养网络安全技术人员。加强网络安全人才国际交流，提升网络安全人才国际竞争力。

二是建立适应技术创新的评价和选拔机制。推动网络安全学科、智库和实验室建设，聚焦网络安全基础运维、监管审计、应急处置等领域，推进网络安全职业教育，加快网络安全职位体系建设，开展培训认证、竞赛演练，加快补齐人才缺口。支持举办面向实际网络安全防护需求的高水平

技术竞赛，针对工业互联网安全、车联网等新型融合领域及电力、金融、能力等重点行业防护实际，遴选发现创新型、复合型、实践型的技术人才。

三是建立鼓励探索、宽容失败的技术创新环境。强化科技人才在科技创新中的核心地位，鼓励科学探索，着力解决我国科技人才的工程性和创新性不足的问题，逐步建立注重知识、崇尚创新、多元包容的社会环境。进一步推进人才激励机制改革，大力改变科研评价中急功近利的导向，建立人尽其才的人才培养与使用环境，切实落实和进一步完善新科研成果转化机制。

（五）深化国际合作，积极融入全球创新网络

网络安全技术发展具有全球化特点，需要坚持在开放环境下培育成熟的网络安全产业，积极打造国际化、法治化的营商环境，提升整合全球技术创新资源的能力。

一是探索国际合作新模式。加快科技自主创新融入全球创新网络进程，尽可能充分利用全球创新网络优质资源，坚持自主创新、开放式创新和迭代创新。围绕网络安全重点领域强化国际创新合作，搭建全球创新平台，支持企业探索国际合作新模式。在进一步改进国内知识产权环境的同时，建立知识产权的国际化发展策略，帮助企业应对海外知识产权保护问题。

二是鼓励网络安全企业参与国际竞争。鼓励网络安全企业参与国际竞争和全球网络安全规则体系建设。提高企业创新积极性，继续以基金等形式支持企业通过技术合作、资本运作等手段争取国际先进技术和人才等。抓住全球人才流动新机遇，构建更加开放的国际人才交流合作机制。

三是积极引进国际优势资源。优化技术领域的法律框架与标准，促进创新的全球化。将创新国际化与国际贸易、产业国际化紧密结合，建立促进创新的贸易政策，促进我国网络安全企业能够公平开放地进入全球市场。通过建立有利的创新、监管、税收和知识环境，吸引国际基金和拥有技术的国际公司进行科研与创新投资。

从国外网络安全人才选拔教育现状看我国工业信息安全人才培养模式

胡心盈　程宇[1]

摘　要： 作为新一代信息技术和制造业融合的衍生物，工业信息安全学科涵盖了工业控制系统安全、工业互联网安全、工业大数据安全、工业云安全、关键信息基础设施安全等诸多领域的知识技能。工业信息安全人才选拔培养工作的持续开展，旨在进一步提高我国相关技术实力，加强我国工业信息安全保障能力，推动我国工信安全产业高质量发展。

近年，美国、欧盟等一些国家和地区先后通过出台法律法规、创建选拔培养新模式、创新选拔培养途径等手段加强国家网络空间安全保障队伍的建设。我国也高度重视工业信息安全人才选拔培养工作，在近年出台的《"工业互联网+安全生产"行动计划（2021—2023年）》《工业互联网创新发展行动计划（2021—2023年）》等文件中多次明确工业信息安全/工业互联网人才选拔培养相关重点工作，并在计划的指导下开展了相关工作。

本文选取了部分主要国家和地区为选拔培养网络安全人才采取的措施，并对应罗列了我国近年开展的工业信息安全人才选

---

[1] 胡心盈，国家工业信息安全发展研究中心助理工程师，硕士，研究方向为工业信息安全人才培养体系建设、工业信息安全产业发展和生态培养等；程宇，国家工业信息安全发展研究中心工程师，学士，主要研究方向为工业信息安全人才体系建设、工业信息安全产业、网络安全战略规划及宣传教育等。

拔培养工作。最后，对我国在下一阶段应开展工业信息安全人才培养的主要方向提出了展望。

关键词：工业信息安全；工业控制系统安全；工业互联网安全；人才选拔；人才培养

Abstract： As a derivative of the new generation of information technology and manufacturing integration, industrial information security involves industrial control system security, industrial Internet security, industrial big data security, industrial cloud security, key information infrastructure security and many other fields of knowledge and skills. To carry out the industrial information security personnel selection and training work to constantly improve the relevant technical strength of our country, accelerate the promotion of Chinese industrial information security guarantee ability, related to the future industrial production safety, economic development and national security.

In recent years, some countries and regions, including the United States and the European Union, have successively strengthened the construction of national cyberspace security guarantee teams by introducing laws and regulations, creating new selection and training models, and innovating selection and training channels. China also attaches great importance to industry information security personnel selection and training, in the "*Internet + industry*" *production safety action plan (2021-2023), industrial Internet innovation and development action plan (2021-2023)* and other documents in multiple clear industry information security/Internet key work related the selection and training of talent, and under the guidance of planning to carry out the relevant work.

In this paper, the measures taken by some major countries and regions to select and train network security talents are selected and compared with some of the work carried out in talent training in China at the present stage. Finally, the main direction and content of industrial information security personnel training in our country are prospected.

Keywords: Industrial Cyber Security; Industrial Control System Security; Industrial Internet Security; Talent Election; Talent Training

一、主要国家和地区网络安全人才培养现状

（一）美国：人才选拔培养模式日趋成熟

美国历来视信息安全为维持国家整体安全的重要因素，近年，美国更是将网络安全上升至影响国家安全的战略高度。而优质的网络安全人才队伍作为保障网络安全的重要条件，受到美国的高度重视。

1. 通用型人才培养框架

2020 年 11 月，美国国家标准与技术研究所（以下简称"NIST"）发布了第四版美国《国家网络安全人才队伍建设框架》（以下简称"NICE 框架"）。该框架是 NICE 标准化网络安全领域的基础，首次明确了美国网络安全人才队伍建设生态中各项主要工作与相关参与者的明确映射关系，这种知识-岗位之间的映射为拟从业者选择学习方向提供了明确导向性，对维持人才培养和岗位需求之间的供需平衡有直接影响。因此，该框架自 2012 年初次发布起一直被视为网络安全领域人才培养的最佳实践，是美国近年来选培专业网络安全人员、确定技能缺口和培训相关人员的主要参

考。如美国国防部于 2020 年 10 月发布的《国防部网络空间劳动力框架》（DCWF）里就参考了大量第三版《国家网络安全人才队伍建设框架》的内容。

目前，美国网络安全高等教育课程认证主要包括 NSA/DHS 联合主持的"网络安全 CAE 计划"、美国计算机学会（ACM）的网络空间安全高等教育课程指南（CSEC 2017），以及美国工程与技术认证委员会（ABET）的"网络安全教育课程认证标准（草案）"三种。纵观这三类认证，都是以 NICE 人力框架为基础，遵循知识体系直接映射人才培养方向的基本模式创立的，为计划进入特定岗位的学习者提供明确的学习方向。此外，美国网络安全人才的各类供需匹配工具及网络安全竞赛也都在寻求与 NICE 框架的适用和匹配，以提升培养效率和加强供需协调。

NICE 框架除了被大量应用于政府出台的网络安全人才培养计划，还被应用于匹兹堡大学、沙特阿美公司等多家高校和大型企业的信息技术框架建设中，体现出该框架强大的通用性。

2. 高规格嘉奖促可持续人才培养

为了建立符合现代要求的激励机制，吸引更多网络安全人才，美国在 2018 年《国家网络战略》中强调，要把奖励"突出人才"作为优先行动，并提出一系列人才激励措施，旨在加速发展壮大网络安全人才队伍。

首先，为了鼓励学生进入网络安全学位计划，CISA 赞助了 Cyber Corps®服务奖学金（SFS）计划，为网络安全专业的学生提供奖学金，提供毕业后就职于政府的机会，有效降低了学生家庭负担。奖学金由国家科学基金会（NSF）与 DHS 和人事管理办公室（OPM）合作赠予。另外，CISA 还和国家安全局（NSA）共同赞助了国家学术卓越（CAE）计划，将特定的高校指定为网络防御（CD）的顶级学校。这些学校邀请该领域的顶级专家，紧密对标特定网络安全相关知识单位（KUS）为学生设计课程安排。

同时，行政令提出由国土安全部牵头策划举办"总统杯"网络安全竞赛，参赛人员仅限于美国联邦政府行政部门和机构雇员和美国军队的训练人员（政府承包商不允许参加），目标是选拔和奖励美国政府内部在网络安全攻防方面最优秀的网络安全从业人员和团队。首届竞赛于 2019 年 9—12 月开展，吸引了 1000 多名个人和 200 多支团队参赛，美国空军学院的学员西尔斯·舒尔茨在个人赛中获得第一名并受到表彰。第二届总统杯网络安全竞赛于 2020 年 8 月开幕，共计超过 1400 名参赛者和近 250 支队伍参加了比赛，冠军是一位从事网络空间能力研究的现役军人。行政令提出，对于在"总统杯"中表现优异的参赛者，将通过授予荣誉称号、给予额外休假、不低于 2.5 万美元的奖励、破格晋升等奖励表彰获奖人员，鼓励联邦政府其他人员积极参赛。

对于联邦政府外的人才激励机制，行政令提出设立"总统网络安全教育奖"，每年奖励教育成就突出的小学和中学教师各一人。值得关注的是，此奖项的评选标准主要是教师的教学能力和教育成就，而非其学术研究水平或技术开发能力，一方面杜绝"总统网络安全教育奖"与其他科研奖项重复评选，一方面促进教师不断探索网络安全人才培养的最佳实践，为创新特殊人才培养模式提供新思路。

3. 多领域合作统筹规划人才培养

从政府层面上，2018 年 11 月，美国设立网络安全和基础设施安全局（CISA），专注于联合政府、科研机构和企业针对不同领域的网络安全人员分别制定相应的学科概念、能力要求规范和顶层政策框架，高效率培养高质量人才。

在行业层面上，2014 年的《网络安全增强法案》中提出建立"国家网络安全意识和教育计划"，现在被称为国家网络安全教育倡议（NICE）并成立相关工作组。2020 年 12 月，NICE 工作组（NICEWG）转型为 NICE 社群协同委员会（The NICE Community Coordinating Council），由三位联席主席领导，分别代表学术界、私营企业或政府。三方代表可以共同商议制定概念、设计战略，并采取行动，促进网络安全教育、培训和劳动力发展。而 NICE 工作组也分成了与战略计划中的目标一致的三个工作小组：学习过程转变小组、促进职业探索小组、现代化人才管理小组。学术界、私营企业和政府三领域合作，统筹制定体系化的人才培养策略，保障了培养人才的"实用性"。

2013 年 2 月，为整合网络安全课程资源，促进从事网络安全专业人员数量的上涨和质量的提升，美国建立了美国国家网络安全职业与研究计划（NICCS），由 CISA 下设的网络安全防御教育和培训（CDET）部门运营管理，为网络安全（拟）从业者提供网络安全意识、学位课程、培训、职业和人才管理相关的一站式信息服务。

NICCS 上提供的课程主要分为职业发展、技能培训、学历教育三类。通过受认可的大学、国家学术卓越（CAE）计划、政府机构和其他第三方培训机构为 NICCS 提供课程资源，CDET 将全国各地的政府雇员、学生、教育工作者和行业与网络安全培训提供商联结在一起，尤其在疫情封闭期间，在保障相关人员持续学习网络安全相关课程方面发挥了巨大作用。截至 2020 年 2 月，NICCS 网站已收录 6000 多门课程。

值得注意的是，NICCS 网站收录的每门课程也都可以映射到国家网络安全劳动力框架，确保了学习者获取更全面和易于实践的网络安全技能。

（二）欧盟地区：人才选拔培养模式正转型

欧盟委员会一直以来十分重视网络安全教育，随着近年来网络安全问题日益突出，欧盟也在不断加强对网络安全人才选拔培养体制的完善。

1. 政策引导人才培养发展方向

近年，欧盟委员会持续发布了多份研究报告和指导指南以促进网络安全技能课程和项目的推进。例如，2013 年发布的《网络安全战略》，2014年发布的《网络和信息安全培训中公私伙伴关系》《网络安全教育项目路线图》，2015 年发布的《欧盟网络安全教育情况简述》《欧盟成员国隐私和网络安全课程设置情况》，2019 年发布了《欧盟网络安全技能发展报告》

《数字单一市场：建设欧洲网络安全能力中心》《数字教育行动计划》文件等。

其中，2019 年欧洲网络与信息安全局（ENISA）发布的《欧盟网络安全技能发展报告》（*Cybersecurity Skills Development In The EU*）指出，欧盟地区的网络安全专业人才在数量和质量上都已无法满足经济发展需求或保障各国国家安全需要。欧洲的网络安全教育存在诸如师资不足、与行业需求脱节、教授内容不符合实际等严重问题，因此，报告指出欧盟各国政府应当重新审视本国教育培训体系，制定全面的网络安全人才发展战略，并适当通过政策引导方式改善当前网络安全教育中存在的人才短缺问题。

2. 联合创建人才选拔培养良好生态

2004 年，欧盟委员会成立了网络安全局（ENISA），并通过《欧盟网络安全法》确立了其统筹规划促进网络安全人才培养的地位。通过与成员国和欧盟机构合作，达到知识共享、能力建设和提高认识的目的。ENISA 鼓励政府、科研机构和企业等相互合作，通过协调和集中欧洲地区现有的网络安全技术和人才资源搭建地区内网络安全人才交流合作平台，保障各国网络安全人才参与到欧洲大型网络安全研究和创新项目中，缩小地区网络安全技术差距，培育高质量网络安全人才，构建欧洲网络安全人才选拔培养的良好生态，避免人才流失。2020 年 12 月，欧盟成员国在欧洲议会和理事会上通过了关于建立网络安全能力中心网络（ECCCN）的提案，正式启动了 ECCCN 项目和 Concordia、ECHO、SPARTA、CyberSec4Europe 四个试点项目。

3. 不断拓宽人才选拔和培养渠道和范围

目前，欧盟网络安全局（ENISA）将地区网络安全能力建设与欧盟的"数字教育行动计划"保持一致，作为其新的战略目标。ENISA 也在不断拓宽人才选拔培养渠道和范围以促进地区网络安全人才培养工作的推进，解决网络安全专业人才短缺的问题。

①ENISA 牵头制定了欧洲网络安全技能框架，对网络安全行业的角色（岗位）、能力、技能和知识进行了定义规范，以消除不同国家间网络安全人才的交流壁垒。②为帮助学习者选择适合的网络安全专业课程，促进更多人进入网络安全行业，ENISA 对原来的网络安全教育地图作了修改，建成网络安全高等教育数据库（The Cybersecurity Higher Education Database），收录了欧盟地区现有的所有网络安全服务和项目，供学习者参考。

除此之外，欧盟地区每两年还会组织开展"网络欧洲"（Cyber Europe）演习活动。目前，Cyber Europe 是 ENISA 主办的最大规模活动，每两年举办一次，至今已举办了六次，参加演习的人员来自各欧盟成员国的网络安全主管机构、应急处理机构、互联网服务商、电信企业、能源企业和其他组织机构。开展演习演练活动一方面是为了加强欧盟内部合作提升欧洲整体网络安全应急处置能力，另一方面是为了选拔优秀网络安全人才加以培养。

与其他国家/地区有明显区别的是，ENISA 组织开展的人才选拔培养活动几乎是面向所有水平、所有需求和所有年龄公民的，如 ENISA 每年都会开展"欧洲网络安全月"（ECSM），以提高整个欧洲地区公民的网络安全意识；"欧洲网络安全挑战赛"（ECSC）召集来自所有成员国的网络安全人才竞技选拔；组织开展网络和信息安全（NIS）趣味小测验并颁发级别证书等。

（三）俄罗斯：采取政府主导型发展模式

在俄罗斯，与美国常用的"网络空间"安全概念最接近的概念是"信息空间"安全，是指与形成、创建、转换、传递、利用、存储信息有关的活动域安全。俄罗斯政府对于信息安全人才的选拔和培养非常重视，往往是国家主导整体规划统领信息安全人才选拔培养方向。

1. 在学生时期培养相关兴趣，有效提升人才资源储备

要确保从量和质两个方面解决人才短缺问题，相关战略中应包括确保

有效增加专业人才梯队的措施，因为实行政策引导是最有效的壮大专业人才队伍的渠道。

对于开展网络安全教育，俄罗斯联邦教育标准（FES）规定，信息学课程在初高中阶段都是必修课。而在这之前的小学阶段，在数学和科技等核心课程中也有教授编程基础的章节。这直接导致相较其他国家俄罗斯有更高比例的高中毕业生选择在大学主修计算机和网络专业。据美国大学理事会（The College Board）的研究报告显示，在2005—2016年，美国共有27万高中生选择参加计算机科学的国家考试（"高级计算机科学"考试）。对比俄罗斯Perm州立大学（Perm State National Research University）在2014年的一个关于"信息学"的研究发现，在之前的十年里，俄罗斯报名参加计算机科学国家考试的学生约有60余万人，是美国的两倍多。

2. 联合我国开展人才交流和产学研合作相关活动

近年来，俄罗斯联邦教育与科学部和我国科学技术部共同举办多次优先方向的科研联合竞赛。如2020年12月在西安落幕的第三届中俄（工业）创新大赛，吸引了众多来自两国科研机构和高等院校战队的参与。俄罗斯教育与科学部表示，按照中、俄科技创新合作年度计划，年底前还计划举行60场活动，以及30余场有关年度主题的中、俄双边项目竞赛活动。

此外，2020年12月，在中、俄总理定期会晤委员会组织的中、俄总理第二十五次定期会晤中，俄方强调，将以举办2020—2021中、俄科技创新年为契机，深化双方在科技创新领域合作，加强联合科研攻关，共同建设相关科研实验机构，搭建两国网络安全人才沟通交流平台。

二、国内工业信息安全人才培养即将迎来高速发展期

（一）国内工业信息安全人才选拔培养现状

2017年以来，我国在《国务院关于深化"互联网+先进制造业"发展

工业互联网的指导意见》《工业互联网发展行动计划（2018—2020 年）》《"工业互联网+安全生产"行动计划（2021—2023 年）》《工业互联网创新发展行动计划（2021—2023 年）》等多个国家规划文件中指出，要强化专业人才支撑，健全融合发展人才培养体系，建设高质量的技术人才队伍，提升工业互联网安全保障能力。

五年来，为落实相关文件任务要求，许多高等院校和职业技术学校不断探索产教融合的具体实现路径，吸引了数以万计的企业积极参与，创造性地探索了从系统整合到项目合作的多种形式。

（二）以深度行活动为抓手，面向重点行业领域深入开展工业信息安全培训工作

2020 年，为贯彻《国务院关于深化制造业与互联网融合发展的指导意见》《国务院关于深化"互联网+先进制造业"发展工业互联网的指导意见》等文件精神，落实《工业控制系统信息安全行动计划（2018—2020 年）》任务要求，加快我国工业信息安全保障体系建设，提升工业企业信息安全防护能力，促进工业信息安全产业发展，国家工业信息安全发展研究中心在工业和信息化部信息技术发展司的指导下举办了全国工控安全深度行系列活动（以下简称"深度行活动"）。

深度行活动以"一会一赛一活动"为思路，在全国 8 个省市举办了 8 场工业信息安全高峰论坛、8 场工业信息安全攻防对抗赛，发布 4 次区域工业信息安全态势报告，开展 4 次工业企业信息安全应急演练和 4 次工业企业调研活动，累计约 3500 人次参加。

1. 高质量论坛活动宣贯行业优秀实践

工业信息安全高峰论坛聚焦《工业控制系统信息安全行动计划（2018—2020 年）》的宣贯落实，邀请各省工业和信息化主管部门相关负责同志，属地重要工业企业、高等院校、科研院所、安全厂商、IT 服务企业代表参会。论坛紧紧围绕工业信息安全发展现状及重点任务，邀请地方

主管部门和行业代表分享地方和行业在推动工业信息安全工作方面的优秀经验和做法，邀请业内专家和企业家代表分享工业信息安全态势、核心技术和行业实践等。与工业信息安全高峰同期举办的工业信息安全优秀实践案例展示则输出了工控安全最新技术解决方案及成果。

2. 专业机构分享行业最新研究成果

国家工业信息安全发展研究中心在四地发布了 4 个地区的《工业信息安全态势报告》；于京津冀站集中发布《中国工业信息安全产业发展白皮书（2019—2020 年）》《工业互联网边缘计算安全白皮书》《工业互联网标识解析安全白皮书》《工业互联网数据安全白皮书》等系列白皮书。同时，各省在深度行活动期间积极发布属地工业信息安全相关研究报告，包括《江西省电力、能源、石化行业工业信息安全白皮书》《江西省工业数据分级分类白皮书》《江西省工业互联网安全白皮书》等研究成果。

3. 成立专业组织壮大技术支撑队伍

为促进网络与信息安全产业链上下游之间的交流与深度合作，促进供需对接和知识共享，工业信息安全高峰论坛期间，"江苏省网络与信息安全产业联盟""大连市工业互联网产业联盟工业互联网安全专委会""大连海事大学—奇安信船舶网络安全实验室"等专业研究组织相继揭牌成立，进一步壮大了工业信息安全专业技术支撑队伍。

4. 开展攻防对抗竞赛挖掘行业人才

深度行活动期间，来自属地内高校、研究机构、相关企业及个人团体共计 205 支队伍踊跃参加工业信息安全攻防对抗赛，累计参赛人员近 500 人次。参赛队伍主要围绕组委会提供的工业信息安全赛事环境，从风险评估、威胁分析、漏洞挖掘、安全防护、攻防对抗等实战攻防技术方面进行综合比拼。赛事活动充分检验了地方技术力量在工业信息安全领域的能力积累，有效促进了各地工业信息安全技术不断进步，深入挖掘和锻炼了工业信息安全人才队伍。

同时，推动各省市县工业和信息化主管部门、工业企业、技术机构进一步明确政府职责及企业主体责任、提升工信安全意识、熟悉应急流程、提高工信安全应急联动与处置能力。通过桌面推演与实战结合的方式，运用多媒体手段，全景式展示了工控安全风险监测、预警通报、政企协同联动、应急技术处置等内容。

（三）国家级奖项表彰推动工业信息安全人才选拔

为深入实施工业互联网创新发展战略，建设高水平的工业互联网安全人才队伍，工业和信息化部联合人力资源社会保障部、全国总工会、共青团中央主办 2020 年全国行业职业技能竞赛——全国工业互联网安全技术技能大赛（以下简称"大赛"）。

大赛共吸引来自全国的 5279 支队伍、15837 名选手参赛。经过激烈角逐，最终有 56 支队伍分获职工组、学生组、教师组的一、二、三等奖。作为国家级一类职业技能大赛，本次大赛的表彰规格也很高。职工组获得全国决赛前 2 名的选手，经人力资源社会保障部核准后授予"全国技术能手"称号，获一等奖第一名并符合推荐条件的选手，由选手所在省（区、市）及新疆生产建设兵团总工会在次年度向全国总工会按程序优先推荐"全国五一劳动奖章"；获一等奖前 2 名且年龄在 35 周岁及以下符合条件的选手，按程序向共青团中央推荐授予"全国青年岗位能手"称号；教师组获一等奖前 2 名的选手，经人力资源社会保障部核准后授予"全国技术能手"荣誉，获一等奖前 2 名且年龄在 35 周岁及以下符合条件的选手，按程序向共青团中央推荐授予"全国青年岗位能手"称号。

（四）短期发展方向

从顶层设计来看，2020 年 6 月 30 日，中央全面深化改革委员会通过了《关于深化新一代信息技术与制造业融合发展的指导意见》（以下简称《指导意见》）。《指导意见》提出要充分挖掘工业互联网等新技术在提升重点行业安全生产水平方面的巨大价值，加快推进新一代信息技术和制造业融合发展。《指导意见》的出台为我国新一代信息技术和制造业融合发展指明了方向。2020 年 10 月，工业和信息化部、应急管理部联合发布了《"工业互联网+安全生产"行动计划（2021—2023 年）》（工业和信息化部联信发〔2020〕157 号，以下简称《行动计划》）。《行动计划》提出，一是要加强专业人才培养，建设"工业互联网+安全生产"人才培养和评价体系，建立实训基地，培养形成复合型人才队伍。二是对各地工信主管部门、通信管理局、应急管理部门、事业单位、工业企业和工业互联网平台企业等加大组织宣贯培训力度，详细解读和宣贯《行动计划》内容。

从政府层面看，地方政府作为科技第一生产力、人才第一资源、创新第一动力的核心交会点，可以通过出台引导政策、搭建交流平台等方式打破人才培养教育、科技研究和市场推广之间的壁垒，鼓励企业、高校和科研机构直接参与到产学研融合发展的进程中去，加强与本地重点行业企业进行人才供需对接，保障重点行业人才供需平衡，形成人才供给侧改革的强大动力。

从高等院校、科研机构看，还需要加强与政府和产业的协同。高等院校必须加快改革创新教学方法的步伐，将教育定位到培养创新型、应用型、技能型人才上，从而实现人才供给端和需求端联动配合，推动人才培养和产业需求之间平衡的供需关系。科研机构应不断跟踪行业创新需求，引导高校高效培养高质量人才，真正将研究工作融合到服务发展、开放共建、协同创新上来，确保科研成果高效转化。

从产业来看，企业处于行业技术创新前沿，具备推动众多学校和众多企业相互连接构建平台化、生态化合作的优势；企业拥有产业化研发和生产服务能力，能够为人才培养提供实践场景，也可成为高等院校科研成果转化的最终关键环节；企业拥有众多经验丰富的从业人员，是学校改革人才培养模式和企业内部推行"传帮带"模式不可或缺的师资库。

参考资料

1. 王瑞红. 国家出台政策支持打造高质量发展"学习工厂". 劳动保障世界，2019，16。

2. 张瑾，王冠群. 关于互联网信息安全人才队伍建设的思考. 中国经贸导刊 2013，15。

3. 马振超. 当前美国网络空间战略变化对我国家安全的影响及思考. 江南社会学院学报，2012，1。

4. 郑美. 美国网络安全产业人才培养的标准化趋势——《网络安全人力框架》解析. 信息安全与通信保密，2018，8。

5. 王星. 美国高等教育网络安全知识体系规范综述. 中国信息安全，2018，4。

6. 李波洋. 美国网络空间安全意识教育的经验与借鉴. 北京电子科技学院学报，2017，3。

7. 胡尼克，黎霍、杨乐. 中国与欧盟的网络安全法律原则与体系比较. 信息安全与通信保密，2019，9。

8. 黄信恒. 创新驱动发展背景下地方企业与高校协同创新人才培养的思考. 湖北经济学院学报（人文社会科学版），2020，3。

B.10
工业信息安全产业产融合作研究

李晓婷[1]

摘　要： 2020 年，突如其来的新冠肺炎疫情加快了众多行业的互联网化步伐，社会运行对网络设施依赖性大幅增加，各领域对安全的需求持续释放。我国工业信息安全产业发展面临着新的机遇与挑战，深化工业信息安全产业产融合作发展，是确保我国工业信息安全产业发展稳中有进、完善我国网络安全产业布局的重要推手。2020 年，我国工业信息安全产业产融合作总体向好，资本市场对于行业的投资意愿进一步增强，工业信息安全领域产融合作良性互促的发展格局逐渐形成。

关键词： 工业信息安全；产融合作

Abstract: In 2020, the sudden "Black Swan" COVID-19 epidemic accelerated the pace of Internet in many industries, the dependence of social operation on network facilities increased significantly, and the demand for security in various fields continued to release. The development of Chinese industrial information security industry is facing new opportunities and challenges. Deepening the development of combination of industry and finance in industrial information

---

[1] 李晓婷，国家工业信息安全发展研究中心助理工程师，硕士，研究方向为网络安全产业产融合作。

security industry is an important driving force to ensure the steady development of Chinese industrial information security industry and improve the layout of Chinese network security industry. In 2020, the combination of industry and finance in Chinese industrial information security industry is generally improving, the capital market's willingness to invest in the industry is further enhanced, and the development pattern of benign and mutual promotion of combination of industry and finance in the field of industrial information security has gradually taken shape.

Keywords: Industrial Information Security Industry; Combination of Industry and Finance

中国共产党第十九届中央委员会第五次全体会议通过了《中共中央关于制定国民经济和社会发展第十四个五年规划和二〇三五年远景目标的建议》，首次把统筹发展和安全纳入"十四五"时期我国经济社会发展的指导思想，设列专章做出战略部署，要求把安全发展贯穿国家发展各领域和全过程，全面加强网络安全保障体系和能力建设。工业信息安全产业的发展离不开资本的带动和支持，强化金融对产业的支撑作用，有利于提高资源配置效率，促进金融资本赋能网络安全技术创新和规模化应用，推动工业信息安全产业与金融行业协同发展、互利共赢。2020年，工业信息安全产业产融合作态势良好，行业投融资热度不减，工业信息安全产业受到资本广泛关注。未来需通过进一步优化行业产融合作环境，建立有效合作机制机制、强化产融合作动态分析、探索产投基金发展模式等方法，进一步深化产业链与资金链的融合，打造互惠互利的新发展格局。

一、2020 年总体情况

2020 年，我国工业信息安全产业投融资总体呈现良好活跃度。资本市场在早期项目和中后期项目均有涉及，高成长性企业更是获得两轮融资，资本市场长期看好工业信息安全市场。此外，奇安信、云涌科技等安全厂商成功登录科创板，上市企业价值获资本市场肯定。已上市安全厂商业绩总体表现良好，受新冠肺炎疫情影响较小。

（一）非上市公司融资捷报频传

2020 年，受新冠肺炎疫情影响，整个资本市场较为低迷，资本对投资持有谨慎态度。但在工业信息安全领域，资本在早期和中后期项目均有涉及，对工业信息安全市场持有长期看好态度。同 2019 年相比，2020 年工业信息安全领域投融资事件数量基本持平，全年共计 16 起（收录过程中难免疏漏，敬请谅解）。此外，物联网安全厂商天防安全、工控安全厂商六方云等高成长性企业更是在 2020 年获得两轮融资，如表 10-1 所示。

表 10-1　2020 年获多轮融资的网络安全企业基本情况

时间	公司	轮次	投资机构	金额	主要用途
2020-04-21	六方云	A	达晨财智等	数千万元	主要用于研发投入和市场投入
2020-04-29	天防安全	天使轮	梅花创投等	1200 万元	用于产品研发、团队建设、产品实验局的搭建和灯塔项目的开拓
2020-07-17	六方云	C	中科科创和拓金资本联合投资	数千万元	主要用于研发投入和市场投入
2020-11-02	天防安全	天使＋轮	梅花成长期基金	2000 万元	继续加码技术研发、市场拓展和内部团队建设三方面的工作

资料来源：国家工业信息安全发展研究中心整理（2021 年 2 月）。

（二）优质工业信息安全厂商加快上市步伐

2020 年，优质安全厂商加快上市步伐，企业价值获资市场肯定。2020 年 7 月 10 日，聚焦于工业信息安全领域的云涌科技成功登录科创板，募集资金 6.6705 亿元，用于"研发中心建设项目""营销中心和服务体系建设项目""补充流动资金"等。截至收盘，云涌科技报收 252.61 元，全天涨幅 468.05%，市值涨至 152 亿元。2020 年 7 月 22 日，国内网络安全行业龙头奇安信正式挂牌科创板，原计划募资 45 亿元，但上市前夕已实现超募，募资达 57.19 亿元，创同类型企业 A 股募资额新高，这些资金将全部投入建设云和大数据安全防护与管理运营中心、工业互联网安全服务中心。在上市首日，奇安信收于每股 133.55 元，较 56.10 元的发行价上涨 138.06%，市值涨至 907.63 亿元。

（三）已上市企业业绩表现良好

根据已上市安全厂商发布的 2020 年度业绩快报数据显示，虽受新冠肺炎疫情影响，但 2020 年总体业绩表现良好。2021 年 2 月 25 日，天融信（002212.SZ）发布 2020 年度业绩公告，报告期内，公司网络安全业务实现营业总收入 28.29 亿元，同期增长 17.05%；归属于上市公司股东的净利润 4.66 亿元，同期增长 18.45%。2021 年 2 月 25 日，绿盟科技（300369.SZ）披露 2020 年度业绩快报，报告期内，公司实现营业收入 20.10 亿元，同比增长 20.29%；实现营业利润 3.29 亿元，较上年同期增长 37.51%；实现利润总额 3.28 亿元，较上年同期增长 38.99%；实现归属于上市公司股东净利润 3.07 亿元，较上年同期增长 35.47%；每股收益 0.38 元。2021 年 2 月 26 日，安恒信息（638023.SH）披露 2020 年度业绩快报，实现营业总收入 13.22 亿元，同比增长 40.04%；归属于母公司所有者的净利润 1.37 亿元，同比增长 48.19%；归属于母公司所有者的扣除非经常性损益的净利润 1.23 亿元，同比增长 53.97%；每股收益 1.84 元。

二、2021 年发展趋势

2021 年，新冠肺炎疫情带来的负面效应还将持续一段时间，这对于我国工业信息安全领域的初创企业将是一个考验期。同时，因疫情催生的远程办公、在线教育等线上数字化生产生活使得网络安全风险激增，与之伴随的是民众风险防范意识提高，将有望助力我国网络安全保险市场进入新的发展阶段。此外，随着网络世界与物理世界的加速融合，工业信息安全与国家安全、社会稳定紧密相关，工业信息安全的战略地位进一步提高。国家资本将加大对网络安全的扶持和引导，促进产业蓬勃发展。

（一）行业进入洗牌期马太效应明显

鉴于当前我国工业信息安全产业发展很大程度上依赖于合规驱动，导致各厂商的产品同质性较为严重，并且各厂商已存在价格战的趋势，这使得处于发展初期的中小企业在竞争中处于下风。此外，工业信息安全产业作为战略新兴产业，其核心竞争力是技术创新，对相关企业的研发投入提出了较高的要求，而中小企业不具有研发优势。预计未来一段时期我国工业信息安全产业发展将进入洗牌期，"大者愈大、强者愈强"的马太效应将愈发明显。

（二）网络安全保险市场持续发展

20 世纪 90 年代，伴随着互联网的应用及安全风险的产生，网络安全保险应运而生，目前欧美国家已普遍开展相关业务，但我国仍处于发展初期。随着云计算、大数据、物联网、工业互联网的应用普及，数据安全风险大大增加，勒索软件和数据泄露等安全事件的频发导致许多机构面临巨大的财务损失。尤其是 2020 年新冠肺炎疫情带来的全球远程办公浪潮又加剧了网络安全威胁，各方更加意识到网络安全保险的必要性。根据保险公司 Finaria.it 的最新研究，2021 年全球网络安全保险市场预计将激增 21%，市场规模达到 95 亿美元；2025 年，网络安全保险市场规模预计将达到 204 亿美元。

（三）国家资本持续布局网络安全领域

近年来，网络安全对抗事件时有发生，频频敲响国家和社会安全警钟。尤其是电力、水利、交通等关键基础设施领域的网络安全，不仅与企业自身利益相关，更与国家安全密切相关。2020 年，上海国资委下属上海匡鑫投资、浙江国有创投基金台州金控、上海市国有创投基金上海锦冠、广东政府引导基金蚁米基金等多家国资背景的投资机构均在工业信息安全领域布局。预计未来几年将有越来越多的国家资本入驻工业信息安全领域，为安全产业持续加码，加大对企业的扶持和引导，培育新技术、新产品、新业态、新模式，锻造产业链长板，补齐产业链短板，提供覆盖全流程全方位的整体安全能力，构建良好的工业信息安全产业生态。

三、发展机遇分析

长期以来，我国政府高度重视工业信息安全产业的发展。在数字基建背景下，不断新生的安全需求推动我国工业信息安全产业走向深耕。同时，科创板的制度优势为我国还处于蓝海市场的工业信息安全行业发展提供了制度保障。在国家政策法规、数字经济、新基建等多方需求驱动下，未来市场发展的潜力和空间巨大。

（一）我国政府高度重视工业信息安全产业发展

党的十八大以来，以习近平同志为核心的党中央高度重视网络安全工作，指出没有网络安全就没有国家安全，强调要积极发展网络安全产业，坚持网络安全教育、技术和产业融合发展，形成人才培养、技术创新、产业发展的良性生态。在营造产业发展环境方面，持续开展网络安全宣传周、工业信息安全大会和国家级安全赛事，形成重视工业信息安全的浓厚社会氛围。在推进安全能力建设方面，推进工业信息安全相关政策、制度、标准等制定和落实。在强化前沿技术创新方面，围绕工业互联网等领域持续开展试点示范、工程项目等，支持前沿技术攻关。党的十九届五中全会又进一步提出，要统筹发展和安全，全面加强网络安全保障体系和能力建设，对工业信息安全产业发展提出了更高的要求。

（二）数字基建推动工业信息安全产业走向深耕

5G、工业互联网、人工智能、数据中心等数字基础设施作为新基建的重要组成部分，在新一轮科技革命和产业变革的背景下不断取得新突破、持续激发新活力，成为驱动经济发展的重要引擎。随着信息技术的广泛应用，安全风险也将激增。工业以太网、工业无线等网络化改造加快，工业设备联网数量增长迅速，加剧了网络安全威胁在工业互联网的广泛流动和渗透。未来，基于数字基建的信息技术应用，将构建起万物互联时代社会运行的神经中枢，网络安全保障水平将成为技术创新发展的"天花板"，数字基建对技术应用、技术体系、产业推广及供应链等环节的安全保障提出更高的要求，这也势必会推动我国工业信息安全产业进一步走向深耕。

（三）未来市场成长空间巨大

随着新一轮科技革命和产业革命深入发展，国际经济、政治、科技、文化、安全等格局都在发生深刻变化，世界进入动荡变革期。国家间网络对抗持续升级，尤其是制造业、能源和其他关键基础设施领域正成为对抗的主战场。工业信息安全得到全球的高度重视，工业信息安全产业进入蓬勃发展阶段。国际方面，据市场研究公司 Verified Market Research 分析，2019 年，全球工业信息安全市场规模大 164.01 亿美元，预计到 2026 年增长至 297.6 亿美元，年复合增长率 8.83%。国内方面，2019 年，我国工业信息安全产业规模保持了快速上升之势，产业规模为 99.74 亿元，市场增长率达 41.84%；其中，工业互联网安全产业规模为 38.3 亿元，较 2018 年同比增长 51.62%。经综合研判，预计 2020 年我国工业信息安全市场增长率将达 23.13%，市场整体规模将增长至 122.81 亿元。

（四）金融制度不断创新优化激发资本活力

科创板的设立与创业板注册制试点改革，使更多高成长性工业信息安全领域企业满足上市门槛，为企业发展提供了强大的资本市场直接融资保障，并吸引更多资金进入市场，实现投融资双方共赢。据 Wind 统计，在 2020 年 394 项 A 股 IPO 中，有 145 项来自于科创板，而在融资规模方面，科创板的融资规模更是接近 A 股的一半，如表 10-2 和图 10-1 所示。

表 10-2　2020 年各交易板块 IPO 数量及规模统计

股票市场	交易板块	IPO 数量	IPO 规模/亿元
A 股	上交所-科创板	145	2151.16
	上交所-主板	88	1208.18
	深交所-中小板	54	372.29
	深交所-创业板	107	892.95
港股	港交所-主板	124	3036.94
	港交所-创业板	7	4.46
中概股	纳斯达克	28	385.74
	纽交所	12	555.72

资料来源：CVSource，前瞻产业研究院（2021 年 1 月）。

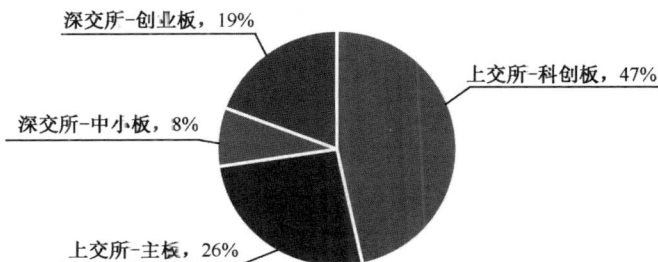

图 10-1　2020 年 A 股各交易板块 IPO 规模所占比例

资料来源：国家工业信息安全发展研究中心整理（2021 年 1 月）。

科创板在审核中关注行业定位，强调技术驱动，重点支持新一代信息技术、高端装备、新材料、新能源、节能环保及生物医药这六大行业，并需要同时满足下列三项指标：①最近 3 年研发投入占营业收入比例 5%以上，或最近 3 研发投入金额累计在 6000 万元以上；其中，软件企业最近 3 年累计研发投入占最近 3 年累计营业收入比例 10%以上；②形成主营业务收入的发明专利（含国防专利）5 项以上，软件企业除外；③最近 3 年营业收入复合增长率达到 20%，或最近一年营业收入金额达到 3 亿元。与科创板相比，创业板投资者参与门槛更低，创业板在审核过程中重点关注企业创新能力，支持新技术、新产业、新业态、新模式与传统行业深度融合，对拟上市公司行业范围的包容性更高。随着这一轮注册制改革的推进，为更多优质的网络安全企业打通了上市渠道，促进金融资本赋能网络安全技术创新和应用发展，助力产业高质量发展。相关制度如表 10-3 所示。

表 10-3　2020 年国内资本市场重磅制度落地

落地时间	具体制度	释放利好
2 月 14 日	证监会发布《关于修改<上市公司证券发行管理办法>的决定》《关于修改<创业板上市公司证券发行管理暂行办法>的决定》《关于修改<上市公司非公开发行股票实施细则>的决定》	在精简发行条件、优化非公开制度安排的同时，适当延长批文有效期，方便上市公司选择发行窗口
3 月 1 日	《中华人民共和国证券法》正式施行	全面推行注册制，上市企业将更关注持续经营能力
3 月 20 日	证监会发布《科创属性评价指引（试行）》	鼓励硬科技企业在科创板上市
3 月 27 日	上交所发布《上海证券交易所科创板企业发行上市申报及推荐暂行规定》的通知	细化了行业范围
4 月 17 日	证监会发布《公开募集证券投资基金投资全国中小企业股份转让系统挂牌股票指引》	明确新三板企业转板上市的上市机制、主要制度安排和监管安排的要求
6 月 3 日	证监会发布《关于全国中小企业股份转让系统挂牌公司转板上市的指导意见》	
6 月 12 日	证监会发布《创业板首次公开发行股票注册管理办法（试行）》《创业板上市公司证券发行注册管理办法（试行）》	随着创业板注册制首批企业 8 月 24 日在深交所敲钟上市，创业板交易新规正式实施

续表

落地时间	具体制度	释放利好
7 月 3 日	证监会发布《科创板上市公司证券发行注册管理办法（试行）》	对优质科创板企业的再融资给出更为便利的政策措施
12 月 14 日	上交所和深交所对《上海证券交易所股票上市规则》《深圳证券交易所股票上市规则》《上海证券交易所科创板股票上市规则》《深圳证券交易所创业板股票上市规则》等多项配套规则进行修订，并发布修订后的相关规则征求意见稿	通过进一步优化退市指标、缩短退市流程，加大市场出清力度，提升退市效率，以期形成上市公司有进有出、优胜劣汰的市场生态

资料来源：德勤，国家工业信息安全发展研究中心整理（2021 年 1 月）。

四、存在的问题及挑战

目前，我国工业信息安全产业处于加速扩张阶段，产融合作发展还面临诸多问题与挑战。行业投融资渠道有待快速拓展升级，产融双方信息对接效率低下，亟须建立覆盖工业信息安全产业链各环节、多层级的投融资体系，打通产融双方沟通渠道。区域间马太效应明显，协同发展能力不足。缺乏完善的产业投资基金体系为产业发展助力。

（一）行业投融资渠道有待拓展升级

当前，我国投融资市场整体发展尚不成熟，未能建立覆盖产业链各环节的、多层次的投融资体系。在工业信息安全领域，从资金需求方看，大量龙头企业的融资方式仍主要依托于上市公司或集团母公司投入、股东原始出资或后续追加投资及各级政府的智能化改造专项支出、税收减免等；而部分中小企业，受限于经营水平，融资仅能通过银行贷款和民间借贷实现，通过股票、基金和债券等募集方式进行融资的尚较少。从投资方看，当前行业处于高速发展与扩张阶段，资本需求具有较强迫切性，工业信息安全领域单个项目的平均投资规模在数千万级别，对于市场化投资者存在一定压力。受此影响，投资人为了分担风险，通常由几家投资机构共同出资，也在一定程度上加剧了企业融资难度。此外，由于工业信息安全企业不能采用传统的估值方法，投资者对工业信息安全企业尤其是中小型企业的投资持有更加慎重的态度。

（二）产融双方信息不对称情况突出

当前，我国网络安全产融双方亟须加强信息共享。从企业方看，一部分企业存在对行业内知名的、正规的投资机构了解不足的情况，没有充分调研过投资机构的真实实力和口碑，实际操作中可能存在纠纷、毁约等情况。此外，一部分企业对产业政策、产业规划等信息了解不够及时，存在"滞后性"，错失一些机遇及红利。从投资机构看，寻找优质项目、高成长性企业需要耗费较大的时间、人力成本。此外，需求不匹配的问题也值得重视。考虑到机构对风险承受程度等因素的差异，不同投资机构对不同阶段的项目有不同的偏好，就目前整体现状来看，产融信息对接的效率并不高。

（三）区域协同发展仍存不足

目前我国网络安全领域区域产融合作发展差距较大，马太效应较为明显。北京、上海、广东凭借在政策支持、科研实力、人才聚集、服务资源等方面的领先优势，在产融合作方面遥遥领先，成为工业信息安全产业投融资交易的主要聚集地。江苏、浙江、山东等沿海发达地区发挥各自在工业信息安全领域的发展特色和发展潜力，投融资交易也较为频繁。而我国其他地区的投融资活跃度相对较低，产融合作有很大的提升空间。特别是四川、湖北、湖南等省市在经济发展、工业生产、科技创新等方面处于局部领先地位，且网络安全行业发展具有良好的基础，亟待进一步加强支持引导、完善政策体系，提高地方企业融资能力，释放产业与金融的协同效应。

（四）产业投资基金体系建设亟待完善

与旧基建产业相比，以工业互联网为代表的新基建产业对高端科研人才的需求更为旺盛，技术壁垒也相对更高，促使了其在资金需求上呈现出更为复杂的特点。新基建领域不仅需要财政资金的引导，也需要撬动市场化的风险投资基金和发挥金融机构的募资能力，做好资金投入上的平衡。产业投资基金作为金融体系的重要组成部分，在促进创新创业发展、产业结构调整、区域要素集聚以及经济发展转型中发挥了重要的作用。当前，聚焦于工业信息安全领域的产业基金数量和资金规模尚不能满足行业融资需要。同时，政府引导基金投资占比较高，而就目前投资现状来看，政府引导基金市场存在着投资节奏普遍较慢的问题，民营资本的出资积极性仍需调动。

五、相关建议

针对我国当前工业信息安全产业产融发展的现状及问题，应持续优化产业产融合作环境，加强资本市场同产学研用各方力量的合作。加快建立有效的产融合作机制，畅通产业链、人才链、资金链的衔接。强化产融合作动态分析，加强区域间协同发展。探索建立产投基金发展模式，激发我国工业信息安全产业发展潜能。

（一）优化工业信息安全产业产融合作环境

一是强化行业主管部门与人民银行、银保监会、证监会等部门间工作联动，从工业信息安全产业产融合作发展的战略方向、顶层设计、政策引导等方面入手，结合工业信息安全产业发展特点，做好产融结合发展规划与协调。二是丰富产融合作模式，拓宽网络安全行业建设融资渠道。支持企业通过发债、抵押、担保、借贷、金融租赁等多种方式进行融资。充分发挥科创板与注册制试点的作用，为工业信息安全企业上市融资营造有利环境，积极推动较成熟和典型的企业上市。三是持续通过国家网络安全宣传周、网络安全产业高峰论坛等活动加大网络安全宣传，形成重视网络安全的社会氛围，为推动工业信息安全产业发展营造有利环境。

（二）加快建立有效产融合作机制

一是采用线上线下相结合的方式，周期性举办工业信息安全产融对接活动、路演活动、培训会，为中小型工业信息安全企业提供投融资解读、上市培训、企业路演等产融对接服务，加强对相关企业的融资能力培训。二是充分发挥国家产融合作试点城市作用。鼓励网络安全产业基础较好、产业特色鲜明的城市踊跃申报产融合作试点城市，提高金融资源配置效率，引导产业资源与金融资源高效对接，实现政、银、企互惠共赢。三是充分利用大数据、云计算等信息技术手段，建立产融信息对接服务平台，实现企业融资需求网上申请、即时汇总、分类整理、及时推荐，并同步更新相应产业政策及产业规划等信息，更有效地为产融双方提供信息对接服务。

（三）强化网络安全产融合作动态分析

一是针对网络安全投融资活动建立检测预警体系，建立和完善分析模型，针对产业基金、风险投资、IPO、企业并购等活动，进行跟踪、评价和预警，对资本偏好进行分析和预判。二是利用金融估值、金融产品、金融人才等服务于网络安全产业发展，实现产业资本和金融资本的紧密结合。三是通过对企业投融资、上市动态分析，建立工业信息安全领域高成长性企业清单，绘制工业信息安全企业产融合作发展地图。围绕工业信息安全产业产融合作的最新进展、关键问题和未来发展趋势，推动强强联合、以点带面、协同攻关，构建多方参与、优势互补、融合发展的产融生态体系。

（四）探索建立我国产投基金发展模式

同传统的贷款等债权投资方式相比，产业投资基金主要投资于新兴的、有巨大增长潜力的企业，更看重未来潜在市场。工业信息安全产业当前正处于蓝海市场，应充分发挥产业投资基金的引领带动作用，引导各类投资基金向网络安全领域倾斜。依托国家制造业转型升级基金、国家中小企业发展基金、国家集成电路产业投资基金，带动社会资本支持工业信息安全产业发展、生态建设和创新创业。鼓励企业与政府加强合作，推出覆盖网络安全产业上下游的投资基金，形成尊重市场规律和产业发展规律的有效投资，进而完善网络安全产业布局，推动网络安全产业持续发展。

参考资料

1. 王伊琳，钱镜羽，王天硕. 后疫情时代网络安全保险的透视与思考. 理论与实践，2020，8。

2. 数说安全. 中国网络安全产业分析报告（2020 年），2020-12。

3. 上海证券交易所. 上海证券交易所科创板企业发行上市申报及推荐暂行规定，2020-3。

4. 李华. 科创板科创属性之定位和指引解读. 德恒律师事务所，2020，3。

5. 2020 年中国企业 IPO 市场发展回顾，科创板 IPO 数量稳居首位，https://new.qq.com/rain/a/20210126A0545L0，2021-1。

6. 证监会. 创业板首次公开发行股票注册观念里办法（试行），2020-6。

7. 2021 年网络安全保险市场规模将激增. https://www.secrss.com/articles/ 28272，2020-12。

8. 闫寒. 数字基建需同步谋划筑牢网络安全防线. 人民邮电报，2020-6。

Ⅴ 专 题 篇

Thematic Articles

B.11

美国国防部《网络安全成熟度模型认证
（CMMC）1.0 版》解读

刘芷君[1]

摘　要： 2020 年 1 月 30 日，美国国防部正式发布《网络安全成熟度模型认证（CMMC）1.0 版》（以下简称"CMMC 文件"），要求获得美国国防部订单合同的供应商进行网络安全成熟度认证，并获得与项目投标内容和安全资质要求相符的网络安全等级。此举旨在防范国防供应链网络安全风险，确保国防供应商具有足够的网络安全能力，在为国防部提供产品或服务过程中能有效应对网络安全风险，加强国防供应链网络安全保障。

关键词： 国防工业；供应链网络安全；重要信息保护；网络安全成熟度

---

[1] 刘芷君，国家工业信息安全发展研究中心信息政策所助理工程师，硕士，主要研究方向为供应链安全、数据安全等。

Abstract： On January 30, 2020, the U. S. Department of Defense officially released the "*Cybersecurity Maturity Model Certification (CMMC) Version 1.0*" (hereinafter referred to as the "CMMC Document"), requiring suppliers who obtain order contracts of the U.S. Department of Defenseto conduct cybersecurity maturity certification and to obtain a network security level compliant with the project bidding content and security qualification requirements. This action is aimed at preventing cybersecurity risks in the defense supply chain, ensuring that defense suppliers equipped with sufficient cybersecurity capabilities, effectively responding to cybersecurity risks in the process of providing products or services to the Department of Defense, and strengthening defense supply chain cybersecurity assurance.

Keywords： Defense Industry; Cybersecurity of Supplychain; Important Information Protection; Cybersecurity Maturity

一、CMMC 文件解析

CMMC 构建了一个全新的、以保障政府重要信息安全为目的的网络安全评价认证标准，通过设定强制性网络安全认证要求，将国防部所有供应商纳入统一的网络安全认证框架和评估体系，完成相应等级网络安全认证成为承接美国国防部订单的前置条件。

（一）保障目标：从供应商侧入手保护重要信息，防范供应链网络安全风险

供应商是掌握国家重要信息的重要主体，其网络安全水平直接关系到

供应链整体网络安全水平和重要信息保护能力。CMMC 文件规定，此次强制性对供应商进行网络安全成熟度评估的目的是将所有国防供应商所掌握的联邦合同信息纳入保护范围，且重点保护受控非密信息。美国已建立专门的政策体系、管理机构和配套措施统一管理受控非密信息，并形成了明确受控非密信息范围的类别清单。CMMC 文件借助受控非密信息保护体系，明确重点保护的重要信息范围，防范可能通过供应商侧引发的信息泄露等网络安全风险，提升供应链整体信息保护能力和网络安全水平。

（二）认证标准：将供应商网络安全成熟度划分为 5 级，匹配相应安全要求

CMMC 将供应商的网络安全成熟度从低到高划分为 1 至 5 级，提出了网络安全管理的 17 个方面，每个级别对应不同的网络安全具体要求，17 个方面分别是访问控制、资产管理、审计与问责制、意识和培训、配置管理、身份认证、事件响应、运维、介质保护、人员安全、物理保护、恢复、风险管理、安全评估、态势感知、系统及通信保护、系统及信息完整性，分别具有不同的功能，如表 11-1 所示。

表 11-1　CMMC 文件确定的网络安全管理 17 个方面及对应的功能

域	功能
访问控制（AC）	建立系统访问要求
	控制内部系统访问
	控制远程系统访问
	限制对授权用户和进程的数据访问
资产管理（AM）	识别和记录资产
审计与问责制（AU）	定义审计要求
	执行审计
	识别和保护审计信息
	检查和管理审计日志
意识和培训（AT）	组织安全意识活动
	组织培训

域	功能
配置管理（CM）	建立配置基线
	执行配置和变更管理
身份认证（IA）	为认证实体授予权限
事件响立（IR）	事件响应计划
	检测和报告事件
	对发生的事件进行快速响应
	及时对事件进行回溯
	事件响应演练
运维（MA）	运维管理
介质保护（MP）	介质识别和标记
	介质保护和控制
	介质销毁
	传输过程中保护介质
人员安全（PS）	人员筛查
	在人员行动中保护受控非密信息
物理保护（PE）	限制物理访问
恢复（RE）	管理备份
风险管理（RM）	识别和评估风险
	管理风险
安全评估（CA）	开发和管理系统安全计划
	定义和管理控制
	执行代码审计
态势感知（SA）	实现威胁监控
系统及通信保护（SC）	为系统和通信定义安全要求
	系统边界控制通信
系统及信息完整性（SI）	识别和管理信息系统缺陷
	识别恶意内容
	执行网络和系统监控
	实现高级邮件保护

　　CMMC 文件还根据相关标准指南细化出了 171 个具体的网络安全要求，涵盖了重要信息全生命周期的保护。评估机构将根据供应商可能接触

的重要信息的类型、敏感程度和威胁范围，对照相关评价标准对主承包商和分包商在内的所有国防供应商进行认证评级，获得相应等级网络安全认证是承包商获得合同订单的前提条件。级别一对国防供应商提出最低程度的网络安全保护要求，保护所有国防供应商所掌握的联邦合同信息，供应商仅需满足 17 个基本要求，执行初步控制措施；级别二提出了进一步保护受控非密信息的过渡性要求，供应商需满足 72 个要求，并通过建立书面化流程指导网络安全管理；级别三是保护受控非密信息的最低标准，任何可能接触受控非密信息的供应商都须达到三级标准，供应商需满足 130 个要求，并建立体系化网络安全管理机制；级别四对受控非密信息进行更高级别的保护，供应商需满足要求的数量上升到了 156 个，同时还需评估网络安全措施的有效性并及时采取纠正措施；级别五代表对受控非密信息最高水平的保护，供应商需满足全部 171 个要求，并保证网络安全措施实施过程的标准化和优化，同时采取更加复杂的网络安全手段保护受控非密信息免受各类 APTs 攻击。

（三）评估机制：建立第三方评估认证体系并设置充足过渡期

为确保供应商网络安全成熟度评估的客观性和独立性及相关体制机制的全面落实，美国建立了独立第三方评估认证体系，并且设置了长达 6 年的过渡期逐步推进 CMMC 实施落地。

一方面，由独立第三方人员或机构实施评估认证。在原有标准体系下，国防供应商网络安全合规主要是供应商自我评估报告，缺乏客观独立的评价体系。为保证 CMMC 认证的独立性和客观性，美国国防部、工业界等利益相关者此次为 CMMC 的实施建立了客观中立且相互制约的评估监督机制。国防供应商网络安全成熟度的评估定级将由独立评估师或第三方机构进行，该类机构被统一命名为"C3PAO"。独立评估师和 C3PAO 评估人员均需经过工业界资助成立的非营利 CMMC 认证机构"CMMC-AB"的专业培训和资质注册，并在该机构监督下进行 CMMC 认证。2020 年 3

月，美国采办与持续保障副部长与 CMMC-AB 主席签署备忘录，明确双方在 CMMC 实施过程中的角色、职责和权限。截至 2021 年 1 月底，已有 100 名独立评估师获得 CMMC-AB 的临时批准，73 个评估组织 C3PAO 已获注册。

另一方面，为 CMMC 全面实施设立 6 年过渡期。目前美国国防部拥有 30 多万供应商，许多国防供应商合同仍处于执行阶段，用新的网络安全认证标准代替原有体系难以一蹴而就，美国国防部制定了详细的时间表并为 CMMC 落地实施设置了持续多年的过渡期。国防部自 2019 年 4 月开始定期就 CMMC 向国会汇报，9 月至 12 月接收审查了关于 CMMC 草案的数千条公众意见。2020 年 9 月，美国国防部发布了一项临时规则，修订《联邦采办条例国防部补充规定》（DFARS），细化了认证要求，以落实网络安全成熟度认证模型框架，经过 60 天的公众意见征求阶段，该临时规则于 2020 年 11 月 30 日生效。2020 年 12 月，美国国防部宣布了 2021 财年贯彻落实网络安全成熟度模型认证（CMMC）的首批 7 个候选试点采办计划，涉及海军、空军和导弹防御局，2021 年将开启 CMMC 试点，如表 11-2 所示。经过前期政策完善和体制机制搭建，国防部计划在 2026 年实现将所有国防供应商合同纳入 CMMC 框架内。

表 11-2　CMMC 首批试点采办计划项目

部门	试点计划项目
海军	综合共用处理机（Integrated Common Processor）
	F/A-18E/F 战斗机二次排气空气调节器和截止阀全面改造（F/A-18E/F Full Mod of the SBAR and Shut off Valve）
	DDG-51 驱逐舰先期船坞服务/后续船坞服务（DDG-51 Lead Yard Services / Follow Yard Services）
空军	移动空军战术数据链（Mobility Air Force Tactical Data Links）
	统一宽带全球区域网络后续（Consolidated Broadband Global Area Network Follow-On）
	微软蓝云解决方案（Azure Cloud Solution）
导弹防御局	技术咨询与协助合同（Technical Advisory and Assistance Contract）

二、主要认识

美国国防部此次加强国防领域供应商网络安全认证要求是其提升供应链网络安全水平的重要手段。CMMC 整合多个网络安全标准，基于重要信息保护评估供应商各方面的网络安全成熟度，弥补了传统网络安全控制类防护要求的不足，更符合高级威胁的防御保护要求，其在国防领域成功适用可能为更多领域的重要信息保护提供范例，不排除 CMMC 发展成熟后进一步应用于国防领域之外供应链网络安全保障。

（一）美国高度重视国防工业供应链网络安全管理

随着网络空间威胁日益加深，美国国防部担忧国防供应商所掌握知识产权和重要信息的流失会削弱其技术和创新优势，增加国家安全风险。2020 年 2 月 5 日，美国防工业协会发布评估报告指出国防工业基础的总评分仅为 77 分，总体呈下降趋势，工业安全（63 分）评分最低，其中全球信息安全威胁网络漏洞的数量逐年上升，成为工业安全的重要威胁来源。据相关媒体报道，美国军官称国防部每天遭受 4000 万次互联网攻击。CMMC 对获取国防部业务合同的国防供应商提出更高的网络安全要求，增加额外的第三方认证程序，同时为其提供网络安全管理最佳实践，最大程度确保国防工业基础和国防供应链的网络安全水平以增强受控非密信息等重要信息安全保障，对抗日益严峻的网络安全风险。

（二）全面摸排重点掌握供应链安全薄弱环节

美国国防部对国防供应链的审查摸底是其实施 CMMC 的重要前提。国防部坚持对国防工业基础和国防供应链进行审查评估，例如每年提交国会的《年度工业能力报告》、依据第 13806 号总统行政令对国防工业基础和供应链弹性进行的评估，以及针对电子元器件、太空系统、5G 等重要领域供应链安全审查等，均关注供应链网络安全风险。供应链审查评估使国防部充分意识到网络安全对供应链安全的重大意义，同时对国防供应链供应商数量和基本情况进行摸底，为国防部相关政策的制定和 CMMC 认证的实施落地奠定了基础。

（三）整合现有标准构建供应链网络安全新标

CMMC 有机整合了美国《联邦采购条例》、NIST SP 800-171 标准等现有政策法规和标准，将参考性标准和强制性认证流程相结合，将受保护信息类型及敏感程度与不同等级网络安全要求相结合，同时提供来自多个网络安全标准的成熟流程和最佳实践。前三个级别的认证标准主要整合了国家标准 NIST 800-171 修订版，第四、五级认证标准整合了尚未正式出台的 NIST 800-171 版本 B 草案及国际标准组织、航空工业协会等机构发布或制定中的标准，为接触受控非密信息的供应商提出更高网络安全要求。

三、相关建议

目前我国对企业网络安全管理的重视程度逐步提升，相关政策标准陆续出台，网络安全产业规模不断增长，但在网络安全风险日益加剧的形势下，我国应更加重视重要领域供应商网络安全能力对重要信息保护的重要性，尽早规划、提前布局、逐步构建符合我国国情的供应商网络安全评估评价体系。

一是组织重点领域供应链网络安全风险排查摸底。充分发挥行业组织作用，组织开展针对重点领域供应链网络安全情况的摸底排查，对主承包商、分包商等各层级供应商基本信息、网络安全情况进行风险评估，识别供应链网络安全保障薄弱环节，梳理风险点、风险来源，明确供应链网络安全保障重点需求。

二是构建供应商网络安全评估评价体系。梳理整合相关国家标准和指南，结合重点领域供应商网络安全保障特殊需要，组织制定重点领域供应商网络安全能力评价标准。采用第三方评价机制，组织具备相关资质的第三方机构，对供应商网络安全水平进行客观、专业的评估和认证。选取国防科技工业、重要装备制造业等行业，开展供应商网络安全能力认证试点，逐步向多个行业和领域推广。

三是开展重要领域供应商的网络安全管理培训。重点围绕供应商网络安全能力评价标准解读和评估工作流程，依托行业组织，面向供应商开展宣贯指导和培训，推动供应商把握相关领域供应链网络安全风险状况和网络安全保障需求，提升网络安全管理意识和能力，完善网络安全管理机制。

名词解释

1. 联邦合同信息（FCI）：英文全称为"Federal Contract Information"，指供应商与政府签署的合同所涉及的信息，且该类信息不对公众公开。

2. 受控非密信息（CUI）：英文全称为"Controlled Unclassified Information"，指国家机密信息之外的依据相关法律法规和政府政策进行保护和控制传播的政府信息。

3. C3PAO：全称为"Certified Third-Party Assessment Organizations"，是对美国防供应商进行 CMMC 认证的独立第三方机构的统称。

4. CMMC-AB：全称为"CMMC Accreditation Body"，是工业界资助成立的非营利机构，主要负责对 C3PAO 进行注册和认证并对评估人员进行专业培训。

5. APTs：全称为"Advanced Persistent Threats"，指高级持续性威胁。

6. NIST SP 800-171：美国国家标准与技术研究院（NIST）发布的网络安全标准之一，NIST SP 800-171 修订版本 r 于 2016 年 12 月发布，2021年 2 月 21 日前继续有效。NIST SP 800-171 版本 B 已完成征求意见阶段，但尚未正式出台。

新冠肺炎疫情对全球网络安全防护重点的影响研究

王丽颖[1]

摘　要： 随着新冠肺炎疫情推动线上生活和生产方式成为主流，网络攻击者的攻击活动也日益活跃，比如利用新冠病毒等热门词语发送钓鱼邮件，攻击政府与医疗机构窃取情报。网络攻击活动增加了网络安全防护、隐私数据管理的难度，也对个人、企业和国家的网络安全防护提出了更高要求。本章分析了在后疫情时代，随着人们对数字技术日益依赖，网络安全防护形势也将迎来新变化。因此，面向"十四五"时期的国内网络安全需求，应摸清国内重点行业的网络安全风险，针对个人、企业和国家做好网络安全防护工作，筑牢网络安全的坚实防线。

关键词： 新冠肺炎疫情；网络安全；防护重点

Abstract： One of the consequences of COVID-19 pandemic moving life and production online is cyber attacks are on the rise, such as sending phishing emails in the name of hot words as Coronavirus, stealing cyber information from governments and medical institutions, which poses more difficulties to cybersecurity protection and personal data management, as well as higher standards on the

---

[1] 王丽颖，国家工业信息安全发展研究中心信息政策所工程师，主要研究领域为数据安全、网络空间国际治理等。

cybersecurity protection for individuals, enterprises and countries. The paper analyzes the situation of cybersecurity protection in the post COVID-19 world as people rely more heavily on the digital technology. Looking into the domestic cybersecurity needs during the 14th Five-Year Plan Period, we should make a sound investigation and get to know the cybersecurity risks of key industries, and adopt effective measures to realistically protect the cybersecurity of individual, enterprises and countries.

Keywords： COVID-19; Cybersecurity; Priority of Protection

随着新冠肺炎疫情推动线上生产和生活方式成为主流，网络攻击、勒索病毒、安全漏洞等网络安全风险将进一步向现实世界渗透，加剧网络空间安全问题的严峻性。美国欧亚集团发布的《2020年未来风险报告》分析认为，未来五到十年内，网络安全将是全球第三大风险，超过一半（51%）的专家认为是最高风险。

一、基本情况

网络安全防护的主体在于个人、企业和国家，新冠肺炎疫情的暴发改变了网络安全防护重点，对个人、企业和国家的网络安全防护提出了更高要求。对个人来说，在疫情防控大背景下，个人隐私安全的重要性大幅提升，各国收紧了个人数据防护举措；对企业来说，随着数字孪生、远程办公等工具和手段的应用增加，企业网络攻击面不断扩大，亟须企业进一步提高网络安全防护能力；对国家来说，供应链中网络安全漏洞增加，各国对供应商的网络安全审查趋严。

（一）个人隐私保护更趋严峻

随着新冠肺炎疫情的蔓延，数字化程度不断提高，意味着收集数据量的增加，数据安全风险上升。一方面，黑客们打着"新冠肺炎疫情"的幌子，发送钓鱼邮件，传播计算机病毒，实施诈骗。比如，通过发送钓鱼邮件，欺骗个人访问虚假的美国疾病控制与预防中心（CDC）网站，并收集个人账户密码；伪装成客户服务顾问，声称为用户提供更新来应对由疫情引起的服务中断，欺骗个人下载恶意软件；伪装成各类政府医疗机构或世界卫生组织（WHO），发送指导疫情防控的钓鱼邮件，而这些邮件往往包含恶意程序。

另一方面，政府收集大量个人数据，但尚未明确数据收集和管理规则，难以保障数据治理的透明度。疫情已经推动全社会进入一个"后隐私时代"，"后隐私时代'的不确定性较大，主要源于人们不知道收集信息的规模，同时对新的隐私规则应该采取何种形式存在分歧。这要求数据保护领域的参与者继续探讨如何权衡公共健康与个人隐私保护，以及如何在促进公共利益的同时保护个人数据。

2020 年，各国纷纷收紧个人数据防护举措，欧盟、加拿大、巴西、澳大利亚、新加坡等加强数据保护立法。其中，欧盟认为数据保护官（DPO）应具备监视和预测数据保护问题，并在运营、政策、法律等方面做出快速响应的能力。美国国会也在考虑全面的隐私立法，以填补目前联邦和州隐私立法上的空白，希望将保护个人隐私的责任从消费者转移到收集数据的企业，改变形式上的"通知和同意"模式。澳大利亚的一款应用只要求用户提供基本信息，如年龄、电话号码、邮政编码、姓名或昵称，并承诺在 21 天后删除所有数据。

调查数据显示，在疫情期间，个人愿意接受这种侵入式的监控，但不希望这种监控变成永久性的。一旦疫情得到控制，各国是否还应继续进行健康监测，以预警未来的疫情？若继续监控，将需要新的规则和监督框架。目前，全球出现了两种解决方案。第一种是以美国为代表，没有推出国家层面的隐私法，仅对隐私采取了部门性和自我监管的方式，比如要求谷歌、亚马逊、脸书等科技企业通过合同，即通过"通知与同意"原则施行隐私政策。第二种是以欧盟为代表，通过实施《通用数据保护条例》，对个人隐私保护采取了较为全面的监管措施。这两种方案各有优劣，针对隐私和数据保护的新方法，应介于美国的商业极简主义和欧洲的监管过度之间。

（二）企事业单位的网络安全能力有待加强

在线生产和生活方式扩大了网络攻击面，远程办公成为不少企业的主要工作模式之一，由于缺少必要的网络防御工具，企事业单位面临的网络漏洞问题被放大，提高了网络"风险敞口"。

一是企业面临的外部网络环境威胁加剧。从 2020 年 1 月下旬开始，网络安全专家开始识别并提醒民众，与新冠肺炎疫情相关的钓鱼攻击比其他时候的攻击更严重。例如，2020 年 2—3 月期间，全球钓鱼邮件的数量增加了 600%，其中，医院是主要攻击目标，捷克布尔诺大学医院在遭到网络攻击后，被迫关闭了整个 IT 系统。从网络威胁的手段上看，疫情早期的网络钓鱼行为大多利用新冠肺炎相关话题为饵，攻击个人网络以窃取证书或进行财务欺诈。随着疫情给全球经济和商业带来的影响日益增加，网络威胁的活动性质和目的也在变化。更成熟的网络犯罪集团开始以网络钓鱼作为突破口，进一步开展各类攻击，例如窃取金融或其他敏感数据、发送垃圾邮件或进行分布式拒绝服务攻击、投放勒索软件等。未来，网络犯罪分子和国家行为者将继续利用不断扩大的疫情影响进行活动，各个行业的企业都有可能成为攻击目标。

二是企业内部的信息技术漏洞凸显。企业在关注自身网络安全的同时，还应增加对员工家庭中网络安全环境的关注。企业运营越来越强调线上元素，尤其是疫情所催生的大规模远程线上办公，使得许多企业的网络安全突然承压，防范措施大打折扣，进而将数据和系统的保密性、完整性和可用性置于更高的风险之中。企业首席信息安全官（CISO）应调整工作重点，为新一代远程办公人员建立安全连接，采取措施防止针对远程办公人员的新网络威胁。政府应更加注重对私营部门的数据收集和分析方式进行立法，尤其是私营部门收集和分析的个人和企业数据远远超出政府。

（三）供应链安全审查重要性提升且更趋严格

新冠肺炎疫情最核心的焦点是对供应链的重创，使许多企业意识到必须多元化布局，避免"把所有鸡蛋放在一个篮子里"。尤其是之前大力推动制造业外迁的发达国家借机进一步推动制造业回流。对于无法在短期内转向供应链多元化的企业而言，增加数字工具的使用，如数字孪生、数字化库存等，可能成为有效的解决方案，有利于降低供应链风险。总结而言，供应链正朝向多元化、区域化和数字化趋势发展。

疫情暴发后，欧美国家纷纷以供应链安全为由推动供应链重组。美国发起了名为"经济繁荣网络"的可信赖伙伴联盟，与澳大利亚、印度、日本、新西兰、韩国和越南合作，以期重组供应链，防止对其他国家制造的过度依赖。日本政府提出"改革供应链"计划，由政府提供 2400 亿日元资助厂商撤出在其他国家的产线。日本、印度和澳大利亚就启动三方"供应链弹性计划"展开讨论，以组建供应链联盟。德国墨卡托中国研究中心建议，欧盟与美国、加拿大、日本和韩国等国共同建立一个技术联盟，协调技术政策，防止重点技术的出口或转让。

供应链安全审查更趋严格，美国、新加坡、澳大利亚等国都开始以网络安全审查为手段，加强对供应商的监管和审查，通过制定严格的网络安全标准对国内技术分销商施加监管压力，避免不符合标准的产品在国内销售或分销，进一步规范外国制造商，推动整个供应链采用安全标准。这种方式解决了各国监管机构在外国司法管辖区影响力有限的问题，使其无须直接监控众多海外制造商。比如，美国国防部推出网络安全成熟度模型认证标准（CMMC），要求主要供应商应确保其下属供应商拥有良好的供应链安全实践，由第三方认证机构对 30 多万家工业企业进行评估，并将它们的网络安全状况划分为 1～5 级，申请国防部合同的企业必须达到相应的 CMMC 级别。新加坡政府将在 2021 年推出网络安全信誉标志，证明企业具有一定程度的网络安全能力，便于客户选择一家具有适当安全保证的企业，保证供应链上的企业具有一定安全性。澳大利亚政府发布《2020 年网络安全战略》，提出正考虑是否制定网络安全产品标签，告知消费者相关产品的安全信息，以便做出明智的网络安全决策。

二、发展趋势

在后疫情时代，人们对数字技术日益依赖，网络安全防护形势迎来新变化。整体来看，个人数据收集将进一步增多，企业构建多层级防御体系愈发迫切，网络外交合作有望朝着多层次、高频率的方向发展。

（一）政府数字监控将导致个人数据收集进一步增多

新冠肺炎疫情的暴发使曾经标榜"自由民主"的西方政府也在以公共安全之名，加紧部署如接触者追踪程序等数字监测技术，扩大数字监控，预测人们的行动轨迹。除了这些国家，印度等国家也出现了令人不安的趋势，如建立中央政府控制的数据库、强制民众下载政府支持的联系人追踪应用程序等。因此，新冠肺炎疫情为政府提供扩大现有监控措施并使其永久化提供了机会。

这种"监视资本主义"已经引起了公民自由倡导者的愤怒和担忧，进一步暴露了人们对政府缺乏信任。许多民众对政府推出的联系人追踪应用感到恐惧，甚至排斥和拒绝。因此，在新冠肺炎疫情结束后，各国政府必须采取行动重新获得公众信任。在数字环境下重建政府信任已经不仅限于保护个人隐私的范畴，更应打造一个更加透明的政府，制定或改革国家数据保护法，支持技术伦理研究，发布隐私保护评估报告。

（二）个人数据收集激增或突出集体治理模式的可能性

政府对个人数据收集的增多对全球数据治理提出了更高要求。当前，主流的数据治理方式是将个人视为控制点，即赋予个人控制数据的权利，创建个人同意机制，或从数据集中删除敏感数据。这种方式认为个人数据需要受到保护，而非个人数据可以被自由和公开地分享。然而，这种分类是有问题的，因为个人数据绝不仅是个人的，个人的电话记录、短信或DNA数据会泄露他人信息；非个人数据泄露也会产生连带影响。例如，关于土壤状况的数据可以被用来提高农作物产量，也可以被用来操纵商品价格，其结果很可能会影响到食品价格，甚至影响到每一个人。因此，亟须重新审视数据治理方式。

为更合理地管理个人数据，加拿大国际治理创新中心提出建立集体治理模式，具体做法是通过建立数据共享空间（Data Commons），在需要讨论的情况下，由一群人共同决定数据的收集和使用；在其他普通情况下，由中介机构和数据信托来行使权利和执行决策，这类中介机构的决策应符合消费者的最大利益。

（三）多点入侵将提高企业多层级防御的要求

新冠肺炎疫情期间，无缝联接和数字服务给个人和企业带来了极大便利，但也由于存在大量潜在攻击入口点，大大增加了网络攻击的威胁程度。随着产品和服务的自动化和个性化程度不断提高，个人数据的爆炸式增长和集中放大了网络攻击的后果。比如，科技企业推出的自动语音助手服务可安排约会、商务会谈、购物、度假等事宜，一旦收集足够多有关消费者偏好的信息，语音助手就会预测用户的需求并提供建议。然而，语音助手持有大量敏感的金融、医疗、生物统计数据，现实中已经出现了自动语音助手受到黑客攻击的案例，造成了严重后果。

企业利用互联网实现无缝联接和多方合作，一个项目往往拥有多个合作伙伴，这也为网络犯罪提供了安全漏洞，即使是最好的网络安全系统也可能遭到破坏。例如，购买机票将涉及航空公司、支付处理公司、第三方网络供应商和移动票务应用程序等多家企业，每一个企业都有可能成为潜在的网络入侵点。因此，各类企业应加强合作，打造多层级防御体系，全方位监控关键设备及重要业务系统的网络安全状况，及时发现、处置、阻断各类网络安全隐患风险。

（四）国家间网络安全合作将推动网络外交进一步加强

美国胡佛研究所提出，网络安全和新冠肺炎疫情在本质上都是全球性问题，建议各国在关注本国内部情况的同时，更应加强国际合作，共同遏制危机的蔓延。目前已经有数十个国家的外交部建立了专门的网络空间办公室，并任命了"网络外交官"，以应对网络空间的日益政治化和更广泛的技术地缘政治动态。网络外交可以保持同行之间的持续对话，确保在危机时刻的沟通渠道保持畅通，从而防止网络攻击升级或严重误判，并调解网络空间利益相关方之间的分歧。

在新冠肺炎疫情期间，网络外交实现了对传统外交暂时性的替代，无论是从数量还是从频率上，都远远超过了正常情况下的外交。各国通过即时信息、短视频、在线直播、视频会议、云峰会等数字媒体工具，开展双边对话、多边对话、首脑峰会，以及国际外交传播、公众外交互动等多样化活动。各国外交部门通过社交媒体账号，积极传播外交信息，这种多层次、高频率的外交沟通为克服疫情给国际社会带来的猜疑、摩擦和矛盾起到了重要作用，也为稳定全球资本市场、恢复贸易往来带来信心。

三、对策建议

党的十九届五中全会通过的《中共中央关于制定国民经济和社会发展第十四个五年规划和二〇三五年远景目标的建议》明确提出，要统筹发展和安全，加快构建新发展格局。面向"十四五"时期的国内网络安全需求，应摸清国内网络安全风险现状，推进分层管理举措落实，制定个人隐私和数据管理规范，加强对供应链的网络安全审查。

（一）全面评估国内网络安全风险

当前，愈加紧张的地缘政治竞争格局很可能导致网络空间的误判，因此对本国网络安全风险现状及他国的网络安全威胁做出正确评估至关重要。首先，应组织国内研究机构，加强对国外网络安全风险评估指标的研究与分析，比如美国哈佛大学贝尔弗科学与国际事务研究中心提出的国家网络能力指数（NCPI），提出 32 个意图指标和 27 个能力指标，从公开数据中收集相关证据，评估 30 个国家的网络能力。兰德公司提出的度量网络空间安全和网络弹性架构及具体评估方法，将网络空间安全分为两个层面：工作层，即对抗敌方的具体网络空间行动；机制层，即捕捉与网络空间相关的制度缺陷。针对这两个层面，兰德公司分别制定了评价方法和安全级别。因此，可基于国际上较为成熟的指标体系，研究提出我国网络安全风险评估指标体系。其次，应组织网络安全专家对医疗、教育、金融、制造业等重点行业的网络安全风险状况进行摸底，出具网络安全风险评估报告。最后，应组织网络安全企业，加强对网络安全风险较大的行业进行重点防护。

（二）推进分层管理举措落实

为降低可能造成严重后果的重大网络攻击的概率和影响，美国网络空间日光浴委员会提出了分层网络威慑战略，主要包括塑造行为层（Shape Bebavior），联合盟友和合作伙伴建立和实施基于共同利益和价值观的网络规则，以塑造网络空间行为；拒止获益层（Deny Benefits），通过与私营企业的合作减少漏洞，使得针对美国的网络攻击变得更加困难或无利可图，迫使对手放弃攻击；施加成本层（Impose Costs），利用包括军事手段在内的所有政策工具来施加成本，对抗低于武装冲突阈值的网络行动，以在源头进行扰乱或阻止。

我国可借鉴美国等网络安全强国的分层战略，推进分层管理举措的落实。首先，网络安全设计应以多层保护为核心。对服务或应用程序的各个阶段，包括内部系统、流程、数据库等进行分层防护，使个人可以更安全地进行分阶段访问。正如在船上建立防水舱，防止单个漏洞淹没整艘船一样，分阶段访问限制了黑客入侵内部系统的风险。虽然这种方法的运行费用可能更昂贵，但它更有效，并可大大降低企业的网络安全风险。其次，对数据资产等容易成为黑客攻击目标的对象实施额外的网络保护、身份验证和加密层等防护措施。例如，一些敏感的银行应用程序应需要面部或指纹识别等生物特征认证。最后，企业在建立合作关系之前，应仔细排查潜在的网络危险，并制定预防措施。尽管目前已出现一些第三方网络风险管理实践，但在整个行业范围内，并没有针对此类第三方风险的通用管理框架。因此，公司需要制定或调整自己的政策、规则和标准，组织决策者使用供应链网络仪表盘工具，监控和量化第三方威胁防御效能，仔细监控数据流和授予外部人员的权限，特别是访问安全、金融等关键基础设施的权限。

（三）制定个人隐私和数据管理规范

新冠肺炎疫情暴发引起人们对个人隐私和数据保护的格外关注。为支持政府进行大规模监测病毒传播情况，需要在线收集不同人群和经济活动的数据，然而，各国政府要在隐私数据保护和疾病监测之间找到平衡。

联合国贸易与发展会议认为，在特殊和临时情况下，为对抗疾病和预防感染，政府选择放宽数据隐私法规可能是适当的，这更加要求政府适应新兴技术的快速发展，制定明确的个人隐私和数据管理规范。首先，在数据收集阶段，应明确数据收集的范围，数据收集、分析和维护的责任主体，数据收集的目的，并坚持数据最小化原则，即应收集和保留尽可能少的个人数据。其次，在数据使用和分析阶段，需要明确数据是单独使用和分析，还是需要结合其他数据进行个性化分析，应建立数据访问权制度，控制利益相关方对数据的访问。再次，在数据使用后的存储阶段，应规定删除数据的时间表。最后，应坚持透明度原则，使公众能够准确了解数据收集的内容、目的及可访问的人员，从而及时掌握并知悉自身隐私受保护的情况，不应强制用户分享或使用某项服务，换取某些政府优待。美国兰德公司提出了一项隐私记分卡，从透明性、目的、匿名性、知情同意、时间限制、数据管理等方面评估移动监视项目对隐私的影响。因此，政府可考虑创建一个公共卫生移动监控项目注册表，实施、评估、阐明移动监视项目中的隐私保护，帮助项目实施人员了解项目进展，提高政府获取和使用手机中个人数据的透明度。

（四）增加对关键供应链的网络安全审查

加强供应链安全管理已成为国际社会共识，诸多国家纷纷出台国家供应链安全政策，采取供应商安全评估、安全审查等多种手段加强供应链安全管理。新冠肺炎疫情的暴发使各国更加强调打造富有弹性的供应链，提高供应链的网络安全水平。

首先，提高供应链弹性的一种方法是增加数字工具的使用，在新冠肺炎疫情中，各行业技术人员开始使用 3D 打印机等新技术设备。与传统的制造业公司相比，3D 打印等新技术公司的反应更为迅速。德国罗兰贝格咨询公司提出数字孪生可以为仿真、性能测量和供应链优化提供巨大优势。美国麦肯锡咨询公司也认同将自动化测试和包装、3D 打印等工业 4.0 技术应用于制造过程，比如一些成熟的经济体在采用工业 4.0 的方法和技术方面显示出巨大潜力。其次，应制定网络安全审查标准，加强对供应链中供应商的网络安全审查。美国、新加坡、澳大利亚等国都开始以网络安全审查为手段，加强对供应商的监管和审查，通过制定严格的网络安全标准对国内技术分销商施加监管压力，避免不符合标准的产品在国内销售或分销，进一步规范制造商行为，推动整个供应链采用安全标准。比如，美国国防部推出网络安全成熟度模型认证标准（CMMC），要求主要供应商应确保其下属供应商拥有良好的供应链安全实践，由第三方认证机构对 30 多万家工业企业进行评估，并将它们的网络安全状况划分为 1～5 级，申请国防部合同的企业必须达到相应的 CMMC 级别。新加坡政府在 2021 年推出网络安全信誉标志，证明企业具有一定程度的网络安全能力，便于客户选择一家具有适当安全保证的企业，保证供应链上的企业具有一定安全性。澳大利亚政府发布《2020 年网络安全战略》，提出考虑是否制定网络安全产品标签，告知消费者相关产品的安全信息，以便做出明智的网络安全决策。

人工智能安全发展动态及治理跟踪研究

叶晓亮　　陈羽凡[1]

摘　要： 在算力高速发展、算法持续进步、数据急剧增加的新时代背景下，人工智能技术的发展迎来了新的发展高潮，彰显出其引领技术变革的重大优势。世界主要国家重视人工智能的发展，积极推动人工智能向各个行业渗透，力图在新一轮人工智能发展浪潮中占得先机、提升整体竞争力。在人工智能驱动传统产业转型升级的同时，也带动了人脸识别、自动驾驶、机器人等新产品新业态的兴起，对推动社会发展和进步有重要意义。人工智能在技术发展和应用场景落地过程中，由于技术的不成熟性和应用的广泛性，给个人隐私保护、社会伦理、甚至国家安全带来诸多风险和挑战，人工智能的攻击性应用更是加剧了攻击活动本身的威胁。因此，世界主要国家及国际组织纷纷在人工智能风险安全监管治理领域发力，积极探索可解释人工智能框架、对抗样本攻击检测、人工智能数据隐私保护等人工智能安全前沿技术，发展负责任的人工智能，推动人工智能应用可信可靠。本章在分析人工智能技术应用的安全风险的基础上，梳理了国内外有关人工智能安全监管治理的主要技术手段及相关政策导向，从顶层设计、核心技术、监管体系、安全评估、应急处置、人才培养等方面提出我国人工

---

[1] 叶晓亮，国家工业信息安全发展研究中心助理工程师，硕士，主要研究方向为工业信息安全、5G安全、AI安全；陈羽凡，国家工业信息安全发展研究中心助理工程师，硕士，主要研究方向为网络安全产业、网络安全产教合作。

智能安全发展建议。

关键词： 人工智能应用；人工智能安全；安全监管与治理

Abstract： In the background of the rapid development of computing power, the continuous improvement of algorithms, and the rapid increase of data, the development of AI technology has ushered in a new development climax, which demonstrates its major advantages in leading technological changes. Major countries in the world pay great attention to the development of AI, actively promote the penetration of AI into various industries, and try to take the lead in the new wave of AI development and enhance overall competitiveness. While AI drives the transformation and upgrading of traditional industries, it also drives the rise of new products and formats such as face recognition, autonomous driving, and robot, which is of great significance to promoting social development and progress. In the process of AI technological development and application scenarios, AI has brought many risks and challenges to personal privacy protection, social ethics, and national security due to the immaturity of technology and the wide range of applications, and the offensive application of AI also has exacerbated the threat of the attack. Therefore, major countries and international organizations in the world have made efforts in the field of AI supervision and governance, actively exploring the frontier AI security technologies such as interpretable AI frameworks, counter-sample detection, and data privacy protection in AI, and developing responsible AI, and promote AI application to be credible and reliable. The report analyzes the security risks of AI technology, sorts out the main technical means and related policy guidance related to AI safety supervision at home and abroad, and puts forward suggestions on the development of AI security in China from the top-level design, core technology, regulatory system, safety assessment, emergency response, talent training and other aspects.

Keywords： Application of AI；　AI Security；　Security Governance

一、人工智能安全风险分析

在算力提升、算法优化、海量数据等三大要素都得以满足的背景下，人工智能向各个领域渗透的过程中给我们的生活带来极大的便捷，但是在应用过程中所带来的风险与挑战值得我们警惕。人工智能技术本身的脆弱性、技术的"两面性"及应用风险等方面的安全风险进一步加剧人工智能安全监管难度，对社会伦理及就业市场也带来较大冲击。

（一）人工智能技术本身存在脆弱性

人工智能技术的总体发展水平仍处于起步阶段，不可避免地存在脆弱性。一是人工智能算法设计局限性明显。由于人工智能系统是一项复杂的系统工程，算法的设计方面无法对其实施过程和目标进行完全准确的描述，只能做到尽可能接近预期设想，特征描述的局限、目标函数的偏差、计算成本的制约都是可能导致决策偏离预期甚至出现伤害性结果的原因。而且，人工智能算法往往被视为"黑箱"，其决策的结果往往无法由人类思维所理解，具有不可解释性，加剧人工智能应用风险。二是人工智能学习框架易被攻击。人工智能应用的开发主要依赖于 TensorFlow、Caffe 等主流的机器学习开源框架和组件，但主流框架中普遍存在的安全漏洞包括了几乎所有常见的类型，例如内存访问越界、空指针引用、整数溢出、除零异常

225

等，这些安全隐患都会威胁到人工智能框架之上的应用系统。三是模型保密性易受威胁。攻击者可以通过使用专门设计的样本迭代对目标模型进行查询，能够根据其返回的预测结果构建出相似的人工智能模型，进而还原出原人工智能模型内部的信息，加剧人工智能模型被攻击风险。四是训练数据"投毒"易引发结果异常。攻击者通过修改样本、删除部分样本或加入自身精心设计的恶意样本等恶意操作，导致训练出的模型可用性和完整性遭到破坏，最终造成模型无法按照符合客观规律的推理过程进行决策，甚至使得最终训练的模型的决策结果出现利于攻击者的情形。

（二）人工智能可被用于恶意攻击

人工智能技术是一把"双刃剑"，在驱动生产力变革、推动社会发展的同时，其助长攻击性行为的作用也不容小觑。一是人工智能技术降低了信息造假的门槛。深度伪造通话利用生成对抗网络（GAN）实现对图像、音频、视频的生成或修改，形成逼真的"虚假信息"。恶意伪造的图片、音频、视频频信息不仅是对公民肖像权及隐私权等个人权益的侵犯，若将其用于敲诈勒索、伪造罪证等恶意活动，会严重危害人际信任关系、影响社会稳定，基于深度伪造的虚假新闻还可能对社会舆论生态造成恶劣影响，甚至威胁国家安全，例如美国格外担忧虚假新闻对大选造成灾难性影响，已计划采取立法及研发奖励等方式打击相关行为。二是"人工智能技术武器化"加强网络攻击破坏性。传统网络攻击中，攻击规模和攻击效率难以兼顾，而人工智能技术的应用能够实现大规模的自动化网络攻击。一方面人工智能系统能够实现恶意软件编写和分发的自动化，大大提升恶意软件生成及攻击效率；另一方面可以基于被感染设备构建智能僵尸网络，利用人工智能技术实现网络内部的信息共享、智能分析，甚至是主动攻击。三是"人工智能技术军事化"构建新型打击力量。人工智能技术除了在民用领域广泛应用，也格外受到军方的青睐。越来越多的国家试图研发"致命性自主武器系统"，实现远程精准打击能力。"致命性自主武器系统"使用传感器组件和计算机算法来独立挑选和识别目标，能够在没有人工控制的情况下自动攻击和摧毁目标。"致命性自主武器系统"将颠覆传统的战争形态，对世界各国的安全构成严重威胁，其系统本身存在的不确定性因素也将威胁系统拥有国的国家安全，甚至造成难以预计的后果。

（三）人工智能应用引发安全风险

人脸识别、自动驾驶、机器人等人工智能应用过程中所涉及的安全、伦理等风险挑战，甚至有可能造成安全事件及社会事件。一是人工智能技术应用尚不成熟。人脸识别、自动驾驶及机器人这些特定应用领域的不成熟性，可能引发不同类型和程度的安全事件。①人脸识别技术尚未兼顾功能性与安全性。一方面，由于当前的技术限制和机器学习算法的不足，在识别过程中因年龄、性别、种族等因素导致识别错误的情况时有发生。另一方面，伴随着大规模人脸信息采集，数据存储或处理方面安全保障能力不足，隐私泄露问题不可避免。②自动驾驶系统数据安全风险凸显。自动驾驶技术对数据的高度依赖，使其在数据采集、数据传输、数据存储等方面都面临安全威胁。在数据采集方面，攻击者可通过数据拦截、篡改、引入攻击样本等方式干扰采集设备，"污染"采集数据。在数据传输方面，自动驾驶功能或面临数据在通信链路上被窃听、中间人攻击、数据篡改等风险。在数据存储方面，数据蕴藏的巨大价值也使得数据被窃取风险凸显。③机器人智能化加剧系统脆弱性风险。攻击者通过传感器干扰、系统漏洞利用、通信链路窃听或篡改，很容易实现机器人的远程控制，进而实施恶意操作。二是人工智能对数据的大规模需求必然引发个人隐私问题和数据泄露风险。人工智能模型的准确性背后是由大量的数据来做支撑。在其数据采集、传输、存储及处理的各个阶段存在的安全风险都有可能导致重要数据泄露，进一步引发安全事件。例如，一旦人脸识别系统中的人脸信息泄露，恶意攻击者通过其强大的关联分析能力，能够实现人脸信息、身份信息、日常行踪甚至亲属关系的匹配，形成个人信息画像，公民隐私透明化风险尤其突出。三是技术的智能化发展也将带来伦理问题及结构性失业等社会风险。训练数据或算法的局限性，经常会导致人工智能系统输出带有偏见或错误的决策结果，例如，亚马逊人脸识别系统会将黑皮肤女性错误识别为男性。人工智能系统输出结果的不准确性轻则影响社会公平正义，重则危害人身财产安全。此外，人工智能的普及推广将在部分行业实现"机器代人"，以其技术精度和成本优势替代制造业等行业中的劳动者体力劳动，而且可以凭借其快速的数据采集、处理和分析能力替代金融、律师等行业中的劳动者。

二、国内外人工智能安全治理现状

随着各国对人工智能安全风险认识的不断全面与深入，各国在大力推动人工智能发展以提升本国国际竞争力的同时，也针对人工智能的风险积极开展对人工智能监管及治理方法的探索，这些积极的行动以促进人工智能安全与发展相统一为目标，围绕人工智能技术安全防护、数据安全保护、伦理原则建设、军事应用可控等主要方面，持续开展战略、政策、法规、标准、技术、应用等方面监管及治理的研究与探索。

（一）完善人工智能框架可解释性

人工智能算法的不可解释性导致的"算法黑盒"风险，对人工智能模型的风险管控具有较大影响。为加强人工智能算法解释性，微软推出开源可解释机器学习框架 InterpretML，用户通过统一 API（应用程序接口），借助内置的可扩展可视化平台，为机器学习过程生成高准确性解释。Facebook 公司推出了神经网络解释决策工具 Captum，该工具可应用于所有最新人工智能算法，帮助研究人员和开发人员深入研究人工智能神经网络并理解神经元和层属性，解释人工智能在文本、音频、视频等多模态环境中做出的决策，并可帮助研究人员把结果与库中现有模型进行比较分析。

该公司后续还将推出可视化工具 CaptumInsights，用于对 Captum 的结果进行可视化表示，进一步增加工具的可用性。IBM 公司推出了可解释人工智能工具包 AI Explainability 360，通过使用可对比解释等一系列技术来解释人工智能模型决策，这一开源工具包涵盖 8 种前沿的可解释性方法供用户选择，同时还提供了有效的分类方法引导各类用户寻找最合适的方法进行人工智能模型的可解释性分析。这一工具包通过提供丰富的教程、网页 demo（样例）和相关的学习材料，帮助不同领域的用户了解、学习和使用。

（二）探索人工智能"杀毒软件"

人工智能模型具有高度的数据依赖性，数据的准确性和相关性对人工智能模型运算结果具有较大影响，因而可通过"数据投毒"攻击，在训练数据中混入恶意数据，致使决策结果出现偏差。为防范此类风险，清华大学人工智能研究院孵化企业 RealAI（瑞莱智慧）推出针对人工智能模型在极端和对抗环境下的算法安全性检测与加固工具平台 RealSafe，该平台目前主要包括模型安全测评和防御解决方案两大模块。模型安全评测模块可对人工智能模型安全性进行评测。通过接入所需测评模型的 SDK（软件开发工具包）或 API 接口，该平台将基于多种算法生成对抗样本进行模拟攻击，并综合在不同攻击模式下的变化，给出模型安全测评报告。防御解决模块可提供模型安全性升级服务，目前 RealSafe 平台可实现对输入数据的自动去噪处理，破坏攻击者恶意添加的对抗噪声，可快速缓解对抗样本的攻击威胁。人工智能非营利组织 Open AI 提出了一种人工智能安全技术，通过训练人工智能系统进行相互辩论，然后通过人工来判断胜负，可帮助我们训练人工智能系统执行比人类能力更高的高级认知任务，同时保持与人类的偏好一致，保障决策结果不会产生较大偏差。阿里巴巴推出的"AI安全诊断大师"，可对人工智能模型进行安全性评测和防御，通过人工智能防火墙系统对部分网络攻击进行过滤，增强人工智能模型抵御攻击的能力。

（三）重视个人隐私保护与数据安全

全球主要国家和地区格外重视人工智能应用引发的隐私保护和数据安全问题。2018 年 4 月，英国推出《产业战略：人工智能部门协议》，提出开发公平、安全的数据共享框架。同期，英国人工智能特别委员会发布《英国人工智能发展计划、能力与志向》，提出"人工智能不应用于削弱个人、家庭乃至社区的数据权利或隐私"等准则。欧盟在 2018 年 12 月发布的《人工智能协调计划》中，提出在发展人工智能时必须要符合《通用数据保护条例》中的相关规定。2019 年 4 月，欧盟发布《可信赖人工智能伦理指南》指出，人工智能系统必须确保隐私和数据安全，保护范围应该覆盖用户提供的信息和交互过程中生成的信息。2019 年 6 月美国发布新版的《国家人工智能研发与发展战略计划》，将确保人工智能系统安全作为八大战略之一，并针对人工智能数据提出安全保护要求。谷歌公司是差分隐私技术的早期使用者之一，已实现并保持了 Chrome 浏览器数据的匿名化。苹果公司也已将差分隐私技术应用于保护用户数据共享中。英特尔推出的开源版 HE-Transformer 系统，通过应用同态加密技术，在安全前提下，可允许人工智能系统对敏感数据进行操作。印度将人工智能视为引领未来发展的战略性技术，也高度重视其数据安全问题。2018 年 6 月，印度发布《人工智能国家战略》报告，建议建立数据保护框架和部门监管框架，加强人工智能隐私保护力度，防范发生人工智能数据泄露事件。2017 年 7 月，我国推出《新一代人工智能发展规划》，建议强化数据安全防护；2019 年 6 月发布的《新一代人工智能治理原则——发展负责任的人工智能》，提出人工智能的发展必须保护个人隐私，严禁任何借机非法滥用个人信息的行为。一些国际组织也为人工智能领域的数据安全保护积极发声，例如国际互联网协会（ISOC）在其推出的《人工智能与机器学习政策建议》的报告中，明确指出人工智能在采集、使用、共享、存储等数据周期中应遵守相关法律法规。

（四）聚焦人工智能伦理道德建设

推动人工智能发展符合伦理道德原则一直是世界主要国家、地区及国际组织的关注重点。欧盟早在 2018 年就将研究和制定人工智能新的伦理准则作为战略重点，并于 2019 年发布《人工智能伦理准则》，提出可信赖人工智能应受人类监管等原则；在 2020 年 2 月推出的《人工智能白皮书——通往卓越和信任的欧洲路径》指出，人工智能发展过程中须遵守人类的尊严等权利。美国国家标准与技术研究院（NIST）于 2019 年 8 月推出的《关于人工智能技术和道德标准的指导意见》明确指出，人工智能架构须符合社会伦理道德及法律法规，并建议增强技术透明度和责任分配机制。2020 年 11 月，韩国科学技术信息通信部与情报通信政策研究院共同发布《国家人工智能伦理标准》，指出人工智能应以人为中心，须遵守维护人的尊严、社会公益和技术合乎目的三大原则，并细化为"保障公共机构、企业和用户人权、保护隐私、尊重多样性、禁止侵犯、公共性、连带性、数据管理、责任性、安全性和透明性"等十大核心条件。2017 年 7 月，我国推出的《新一代人工智能发展规划》指出，在人工智能发展过程中，伦理规范须作为重要保证。2019 年 6 月发布的《新一代人工智能治理原则——发展负责任的人工智能》再次提出，人工智能在发展过程中须遵守八条原则，如公平公正、和谐友好等。另外，人工智能发展过程中的伦理道德问题也是许多国际组织的重点关注方向。世界科学知识与技术伦理委员会、联合国教科文组织所联合发布的《机器人伦理的报告》指出，对机器人需要施加人为控制。电气与电子工程师协会（IEEE）在《人工智能设计的伦理准则》白皮书指出，人工智能的设计、开发和应用应遵循人权、问责、透明等伦理原则。

（五）确保国防领域应用可控

美国格外关注人工智能技术在确保国家安全和提升国家竞争力方面的作用，同时也注重评估其国防领域应用的潜在风险。2017 年 11 月，新美国安全中心发布《战场奇点：人工智能、军事变革与中国未来军事力量》，在建议美国政府发展人工智能以维持国家竞争力的同时，也指出人工智能领域军事和战略竞争可能导致军备竞赛，应试图降低此类战略不稳定风险。2019年1月，经《2019财年国防授权法》批准美国成立了美国人工智能国家安全委员会，考察人工智能在军事应用中对国家安全、伦理道德及国际法的影响等是该机构的主要职能之一。2019年10月，美国国防创新委员会推出《人工智能原则：国防部人工智能应用伦理的若干建议》，提出负责、公平、可追溯、可靠、可控的5项基本原则，为人工智能的军事应用指明发展方向。2020年4月，兰德公司发布《人工智能的军事应用——不确定世界中的伦理问题》研究报告，预测联合国近期不太可能出台关于人工智能在军事应用方面的国际禁令或其他规定。而来自多国专家学者也发出了不同的声音，对人工智能技术武器化发展进行强烈抵制。早在2017年举办的国际人工智能联合会议的开幕式上，以特斯拉创始人马斯克牵头的来自26个国家的116名专家联名致信联合国，强烈呼吁制止围绕"智能武器"而展开的军备竞争，并应将其纳入国际公约的管制范围。2018年4月，来自世界30个国家和地区的专家学者联合签署公开信，抵制韩国科学技术院设立人工智能武器实验室。

三、我国人工智能安全发展建议

人工智能作为新一轮产业变革的重要驱动力，正对经济发展、社会进步、国际政治格局、国际经济格局产生重大影响。我国应紧紧抓住这一历史机遇，同时在国内外现有的人工智能安全治理基础上，平衡安全与发展的辩证关系，让安全成为人工智能飞速发展的坚实底座。

（一）完善政策法规体系与制度建设

我国应加快完善人工智能领域法律法规体系，促进人工智能安全发展。一是完善人工智能安全上位法。明确人工智能安全法律原则与安全管控整体框架，确定权利主体及义务主体范围，同时针对人工智能自身安全及其数据安全责任进行明确划分。二是完善人工智能安全部门规章。一方面，针对人工智能框架、算法及数据明确监管要求，另一方面，优化及细化现有规章制度，规范人工智能在各领域的安全应用。三是加强人工智能安全标准研制。联合研究院所、技术企业，制定完善人工智能安全的国际、国内、行业标准，形成涵盖人工智能技术本身、产品和系统的数据安全、算法安全和应用安全的系列安全标准体系；促进国内现有标准化机构加强人工智能安全研究，尽快形成我国人工智能安全标准体系及组织体系；加强国际人工智能安全标准化参与工作，在 IEEE（电气与电子工程师协会）、ITU（国际电信联盟）等国际标准化组织中联合发声，提出更多人工智能安全相关提案，增强我国话语权。四是研究制定人工智能伦理道德规范。为适应人工智能时代"人机共生"的社会行为模式，由政府引导，推动相关高校、研究院所和企业等加快人工智能发展过程中的伦理道德研究，建立人工智能发展舆情跟踪机制，及时掌握人工智能伦理道德发展动态，尽快形成系统化伦理道德规范，对技术人员、管理人员、用户形成全覆盖的伦理道德规范。

（二）突破人工智能核心关键技术

把握人工智能核心技术意味着掌握话语权与主动权，占领技术制高点需要我们加强对人工智能框架等核心技术及相关安全技术研究。一方面，要加强人工智能在理论、方法、工具、系统等核心关键技术基础研究，提高人工智能学习框架的稳定性及成熟度，完善人工智能框架的可解释性。另一方面，开展人工智能相关风险产生机制研究，从风险点实施安全技术保障，在企业、科研机构等建设一批人工智能国家重点安全实验室、模拟试验场等，针对人工智能较大应用领域，如制造业、金融业等行业，制定针对性的安全解决方案。

（三）建设多方参与的监管治理体系

我们可以借鉴国外优秀经验，加强政府、行业机构、企业等多主体参与的监管治理机制的构建。一是建立健全政府监管治理机制。人工智能与多行业深入融合，催生出大量新业态和新模式创新，监管工作涉及政府多个管理部门，应结合技术实际发展情况对现有的监管体系进行进一步完善优化，明确人工智能的安全监管责任，提升监管能力。二是强化行业自律与企业自治。通过行业协会等形式，配合政府监管约束市场行为，落实监管手段。企业作为人工智能及其数据的重要载体，其自身行为的合规性合法性更为重要，应加大对企业的监管力度，引导企业在重视自身经济效益的同时，加强自治，安全发展人工智能技术。三是准确把握监管力度。针对人工智能这一新兴技术领域，应在人工智能技术研发、试验和推广应用中适度容错，不能让安全问题成为发展路上的拦路虎和绊脚石，树立科学发展观与安全观，在人工智能技术和产业迅速发展与安全可控之间取得平衡，避免过度监管限制产业发展。

（四）建立评估及应急处置机制

我们要定期开展人工智能安全检测评估与应急演练，增强安全事件预警与处置能力建设。一方面，加强人工智能安全检测评估。尽快完善检测评估指标及评估办法，建立安全评估评测体系，针对人工智能技术本身、人工智能技术应用及人工智能社会影响，进行全方位的安全评估，防范化解重大风险，制定安全保障方案。另一方面，构建覆盖监管机构、企业的人工智能威胁信息共享、风险监测及应急处置机制。当发生人工智能安全事件或人工智能相关风险明显加大时，立即启动应急响应机制，采取补救及应对措施，事前及事后通过多种形式报告给有关部门及相关涉险单位和人员。并构建人工智能攻防演练平台，真实模拟风险发生环境，开展应急处置演练，以练代战，提升安全防护能力和及时响应的处置能力。

（五）完善人工智能安全人才培养模式

我们应加大人工智能安全人才教育与培养力度，打造多形式、多层次人才培养平台，加强后备人才培养力度，形成稳定的人才供给和合理人才梯队，降低人才短缺对技术产业发展的制约风险。一是优化现有培养机制。人工智能安全不仅需要从业人员具有扎实的计算机及人工智能知识，还需建立具备人工智能应用领域（如金融、工业控制等）的专业知识体系，可在现有人工智能及网络安全等专业设置基础上，通过本土研究机构重组、国外人才引进等方式，增强师资队伍，并建设跨学科混合人才培养体系。二是加强理论研究与实际应用相结合。鼓励企业加强与科研院校的实践合作，促进产学研用深度融合，加强教师、学生的人工智能安全技术实操能力，在实践中培养可用人才。三是提高大众人工智能安全意识及技能。通过在线培训、在职培训等方式，提高大众尤其是人工智能领域从业人员的安全意识水平及技能。

参考资料

1.　高文. 解读新一代人工智能发展. 软件和集成电路，2018。

2.　盘冠员. 人工智能发展应用中的安全风险及应对策略. 中国国情国力，2019。

3.　金晶，秦浩，戴朝霞. 美国人工智能安全顶层战略及重点机构研发现状. 网信军民融合，2020。

4.　胡影，孙卫，张宇光，等. 人工智能安全研究. 保密科学技术，2019。

5.　胡影，上官晓丽，张宇光，等. 人工智能安全标准现状与思考. 保密科学技术，2017。

6.　阎国华，闫晨. 家庭泛用型智能机器人的安全风险研究. 东北大学学报（社会科学版）. 2018。

7.　吴建端. 国内外无人机规制的新近发展态势. 中国应用法学，2019。

以色列网络安全产业发展经验及启示

陈羽凡　徐杰[1]

摘　要：面对愈加严峻的网络空间安全形势，以色列持续强化对网络安全产业发展的重视程度，在多年的发展与实践中，不断推动政策支持创新创业，探索构建以军带民的产业发展模式，统筹布局打造网络安全产业园区，逐步形成了完备的产业体系，产业规模仅次于美国。以色列将网络安全产业视为其经济发展的"新引擎"，其成功经验值得我国学习和借鉴。我国应把握当前网络安全产业发展的战略机遇期，强化对政策体系建设、产业生态构建、技术创新支持、专业人才培育及促进国际交流与合作的支持引导，进一步推动我国网络安全产业高质量发展。

关键词：以色列；网络安全；产业发展

Abstract: Facing the increasingly severe cybersecurity situation, Israel has been paying more and more attention on the development of Cybersecurity industry. In the past years of development, Israel has distributed policies to support innovation and R&D, explored and constructed the industrial development pattern driven by army,

---

[1] 陈羽凡，国家工业信息安全发展研究中心信息政策所助理工程师，硕士，主要研究方向为网络安全产业、网络安全产教合作等；徐杰，国家工业信息安全发展研究中心信息政策所工程师，硕士，主要研究方向为网络安全、供应链安全等。

built a Cybersecurity Industrial Park, gradually formed a complete industrial system, and its industrial scale ranked second in the world after the United States. Israel regards the cybersecurity industry as the "new engine" of economic development, whose successful experience is worth learning from. China should grasp the current strategic opportunity of cybersecurity industry development. By improving industry policies, constructing industry ecosystem, supporting technological innovation, strengthen cybersecurity education, and promoting international cooperation, to accelerate the high-quality development cybersecurity industry.

Keywords：Israel; Cybersecurity; Industry Development

以色列地处中东，国内自然资源匮乏、周围强敌环绕的恶劣生存环境，激发出以色列民族强烈的不安全感，因此确保国家生存始终是以色列的第一要务，使其始终保持深刻的危机感和强烈的忧患意识。随着网络与信息技术的发展，以色列面临的安全威胁渗透至网络空间。专家称以色列几乎每天都受到网络袭击，尤其是拒绝服务攻击（DDoS）。面对网络攻击频发的现实，以色列"居危思危"的国家安全意识驱动其积极防范网络安全风险，全力发展网络安全产业。历经 20 余年的发展，以色列实现了从"网络安全初创国家"到"网络安全强国"的转变，形成了政产学研用协同发展的网络安全产业生态，其发展经验及策略对我国加快推进网络安全产业发展具有启示和借鉴意义。

一、以色列网络安全发展概况

自 2011 年《提升国家网络空间能力》战略发布实施以来，以色列积极布局网络安全建设，不断完善顶层设计、颁布和修订法律法规、构建网络安全教育体系，推动网络安全产业发展，使以色列成为网络安全领域的领先国家之一。

（一）国家总理全面统筹网络安全发展

以色列较早就将网络安全提升至国家安全战略高度，从国家战略层面布局网络安全，并力推网络安全产业发展。在网络安全监管方面，早在 2011 年，以色列通过政府决议《提升国家网络空间能力》，在总理办公厅设立国家网络局（INCD），统筹国家网络政策的制定、协调和落实。2015 年，以色列第 2444 号政府决议批准设立国家网络安全局（NCSA），明确网络安全威胁预警、态势感知及主动性防御行动等事务直接向总理汇报，国家网络安全局下设国家计算机应急响应中心（CERT），统筹开展网络威胁处理和应急响应。在产业促进方面，以色列总理内塔尼亚胡提出"以色列要建成网络安全的全球孵化器，要进入网络安全世界五强"的目标，并制定一系列产业支持政策。例如，2013 年，以色列国家网络局和首席科学家办公室推出"前进"计划（KIDMA 计划），将发展网络安全产业上升为国家战略，将网络安全产业作为"经济增长的新引擎"。为期三年的"前进"计划取得了可喜的阶段性成果，2016 年，以色列随即推出"前进 2.0"计划，旨在全力打造网络安全产业强国，进一步完善网络安全生态系统。国家战略的高度重视为网络安全产业发展构筑了坚实的政策基础，也是网络安全产业能成为以色列战略支柱产业的原因之一。相关政策如表 14-1 所示。

表 14-1　以色列网络安全产业相关政策

名称	部门	时间	内容
提升国家网络空间能力	以色列政府	2011 年	发展网络安全技术；加强关键基础设施网络安全防御能力以抵御网络攻击
"前进"计划（KIDMA 计划）	以色列国家网络局和首席科学家办公室	2013 年	资助资金为 1 亿新谢克尔；资助网络安全技术研发，促进技术转移，培育本土企业

名称	部门	时间	内容
"前进 2.0" 计划	以色列国家网络局和首席科学家办公室	2016 年	资助资金为 1 亿新谢克尔； 资助突破性和颠覆性技术研发； 资助优秀网络安全企业产品创新和概念验证； 促进产业合作
2017—2018 年政府工作计划	以色列政府	2017 年	以色列国家网络安全局（NCSA）继续推进网络安全创新项目； 实施以色列国家网络安全局建立的网络安全技术体系； 将关键基础设施保护职能移交至以色列国家网络安全局

资料来源：国家工业信息安全发展研究中心整理。

（二）多部门协同构建网络安全治理体系

以色列形成了国防部门、安全部门、学术机构等多部门协作的网络安全治理体系，促进形成以保障国家安全为初衷、以治理需求为驱动、以能力建设为牵引的产业发展环境。在法制保障方面，形成涵盖网络犯罪、数据安全及个人隐私保护、网络安全监管、网络空间安全防御等的法律体系，包括《计算机法》《监听法》《通信数据法》《隐私保护条例（数据安全）》《公共机构安全监管法》《网络防御和国家网络指挥部法草案》等系列法律制度。在网络空间战备方面，以色列国防军作战局将网络空间作为海陆空之外的另一战场，适时部署执行网络攻击和其他行动，其核心作战力量国防军 8200 部队，被普遍认为是世界上最先进的网络间谍部队，具备丰富网络作战经验及网络武器研发能力。在战略学术研究方面，国家安全研究所发起"网络安全项目"，聚焦网络安全局势分析、敌对国家网络能力分析及国内网络安全发展对策等研究内容，海法大学、以色列理工学院、特拉维夫大学、巴伊兰大学、希伯来大学和本·古里安大学 6 所顶尖高校相继设立专门的网络安全研究中心，专注于密码学、法学、管理学等不同领域的跨学科研究。在专业人才培养方面，以色列已形成包括高校培养、学院教育、军队实训在内的梯次分明、有序衔接的教育体系。其中，高校教育致力于高素质研究型人才培育，学院教育聚焦于学员技术和管理方面实际操作能力的训练，军队服役经历侧重于打磨青年士兵的网络安全作战技能及团队协作等重要能力。

（三）网络周营造网络安全"人人有责"的社会氛围

以色列不断强化企业及民众的网络安全责任意识，营造出有利的产业发展环境。一是"网络周"奠定全民网络安全意识基础。一年一度的"网络周"是享誉全球的网络安全盛会，其影响力堪比美国 RSA 信息安全大会。"网络周"广泛开展网络安全知识普及、意识宣贯、创新理念和技术推广，设有圆桌会议、小组讨论会、研讨会、论坛、安全竞赛等丰富多彩的活动。自 2011 年首次举办至今，以色列总理内塔尼亚胡连续多年出席活动，并在历次活动中宣布了许多重大的国家网络空间政策和行动计划，如表 14-2 所示。二是企业网络安全管理体制保障主体责任有效落实。以色列企业在组织架构上，普遍设立专业从事信息安全管理的人员及部门。首席信息安全官（CISO）作为公司信息安全管理的总负责人，与首席信息官（CIO）平级，有权向 CIO 提供公司 IT 部门的安全管理和运行建议，并指导和审计 IT 安全运行。

表 14-2 以色列总理在历届网络周发表讲话的重要内容

时间	以色列总理发表讲话的重要内容
2019 年	以色列总理呼吁国际协会、政府在网络安全问题上进行合作，合力抵御网络攻击。他在网络周上宣布，以色列将与美国在网络安全各领域开展合作
2018 年	以色列每年在军事情报部门、摩萨德、辛贝特（以色列安全局）等情报组织投入大量的经费，而这些大量的资金投入正在转化成为推动网络安全商业市场发展的重要力量，在网络安全需求呈指数级增长的时代创造出巨大的商业机会
2017 年	以色列决定建立一个国家网络防御机构，并建立安全的通信网络，以帮助政府、商业组织和其他相关部门共享网络安全相关信息。该机构的职能不仅在于对攻击做出反应，而且要建立预警机制，并指导相关部门进行网络攻击的预防

时间	以色列总理发表讲话的重要内容
2015 年	以色列决定建立两个部门来应对网络安全问题。一是创建国家网络安全局，旨在应对针对民用部门的网络安全威胁，以及建立网络安全防御体系。二是建立 IDF 网络部队，以建立持久的、不断发展的网络安全能力，满足国防领域最前沿的需求
2014 年	以色列总理宣布将做出一些战略性决策，并对此进行大量投资，以期实现政府和国家的网络安全能力提升。一方面，将政府转变为强大的网络防御的典范，以保护数字资产，并增强数百万公民的信任。另一方面，以色列将标准化网络防御市场，以确保商业部门能够从市场中获得高水平的专业人才和网络安全服务
2013 年	以色列总理提出，必须深入研究网络及其他领域，以应对愈发频繁的网络攻击。攻击的目标主要集中于至关重要的国家系统，但对除了国防、电力、水利、轨道交通和金融领域，经济和人民生活的任何领域都是网络攻击的潜在和实际目标。以色列决定建立数字铁穹来面对这些攻击，使以色列在这场永无止境的竞赛中始终领先于对手

资料来源：国家工业信息安全发展研究中心整理。

（四）把网络安全产业作为经济发展的重要支柱产业

网络安全产业已成为以色列经济发展的重要组成部分。一是网络安全企业数量呈快速增长趋势，网络安全企业总数仅次于美国，位居世界第二。自 2014 年起，每年都有大量网络安全公司进入市场：2014 年新增 65 家网络安全公司，2015 年新增 81 家，2016 年新增 83 家，2017 年新增 60 家，2018 年新增 66 家。截至 2018 年年底，以色列共有 752 家网络安全公司，这一数量仅次于美国，其中 421 家公司处于活跃状态，213 家已停止运营，118 家被收购。二是网络安全初创企业受到越来越多国内外投资者的青睐，初创企业筹集到的资金连年递增。2018 年，以色列网络安全融资创下新纪录，共发生 84 轮融资，所有阶段的融资总额同比增长 22%，达到 10.33 亿美元，约占全球网络安全融资总额的 20%。三是网络安全企业积极拓展海外市场，推动以色列成为仅次于美国的世界第二大网络产品和服务出口国。2014 年，以色列网络安全产业出口总额达到 60 亿美元，占全球网络安全市场的 10%。此后出口总额稍有下滑但仍居世界前列。2018 年，以色列迎来网络安全产业出口的另一个"丰收之年"，总出口额超过 50 亿美元。

二、以色列网络安全产业布局及龙头企业

以色列网络安全产业已形成了较为完备的网络安全解决方案体系，能够提供覆盖重要网络安全领域的产品和服务，并积极拓展新兴技术细分市场。

（一）网络安全产业链布局基本完备

以色列网络安全企业提供的产品和服务已基本覆盖网络安全的各方面。网络安全、数据安全、终端安全、应用安全、身份和访问控制、安全管理等传统网络安全细分领域趋于成熟。在网络安全领域，有 Illusive Networks、Cyber 2.0、LightCyber 等公司专注于网络攻击的发现，提供网络安全防御产品及服务。在数据安全领域是企业数量最多的细分领域，约占总数的 15%。其中，beame.io、Safend 等公司提供数据加密功能，Covertix、DocAuthority 等公司则致力于防止数据泄露、保护企业内部的敏感信息和文档，bigID、SecuPi 等公司基于 GDPR 等隐私法规的要求提供隐私保护相关服务。在终端安全领域，Morphisec、Minerva Labs、ObserveIt、Deep Instinct 等公司从终端设备安全性出发，致力于提供漏洞发现、攻击识别与阻止、威胁预防等终端保护功能。其中，Deep Instinct 是世界上第一家使用深度学习技术识别攻击的网络安全公司，能够在几毫秒内识别出恶意软件。在应用安全领域，Checkmarx、WhiteSource 和 Appdome 等公司致力于应用程序安全检测、帮助开发人员发现应用程序的脆弱性。Web 安全方向，又有侧重于用户端网络安全的防止恶意软件和网络钓鱼攻击的 Fireglass、IronScales 和 Perception Point 等公司，以及侧重于服务器端安全性的 Reblaze、Source Defense 和 SecurityDAM 等公司。在身份和访问控制领域，PlainID、AGAT Software 及 SecuredTouch 等公司提供具有较高

安全性的身份认证和访问控制产品。此外，Paygilant、Riskified、Simplex 等公司则更侧重于电子商务、金融行业，提供欺诈检测和预防相关的产品及服务。安全管理领域，Nyotron、Fortscale 等公司专注于终端行为的分析以实现安全保护功能，Demisto、Exabeam 等公司专注于网络流量和行为的分析，并自动化执行安全事件响应，CyberInt、IntSights、SenseCy 等公司能够对各种网络资源收集并进行分析，为企业提供威胁情报服务，帮助企业识别网络安全威胁。

近年来，云安全、移动安全、工业控制和基础设施安全、物联网安全等细分市场已得到充分发展，为产业增添了新的活力。云安全领域可以进一步划分为云应用安全、软件即服务（SaaS）平台安全两个子领域。HexaTier、Puresec、CloudLock 等公司专注于云平台上应用的安全性，旨在保护用户在云上的数据及服务。Vaultive、Dome9、Avanan 等公司则专门提供用于 AWS、Azure 和 Google Cloud 等软件即服务平台的安全管理产品，使对云的使用"更安全，更易管理"。在移动安全领域，Skycure、Zimperium、Communitake、Kaymera Technologies 等企业专注于移动网络威胁的预防，以抵御针对智能设备及其操作系统的网络攻击、弥补企业在移动安全方面的脆弱性。在工业信息安全领域，Nextnine、Indegy、CyberX 和 Radiflow 专注于工业和基础设施操作技术（OT）的网络安全保障，以及帮助企业应对面临的工业控制系统和信息系统的网络威胁，助力数字化转型和工业 4.0 发展。在物联网安全领域，有 Armis、Axonius 等企业专注于资产识别和安全管理，也有 SecuriThings 等企业基于用户和实体行为分析（UEBA）对物联网中的威胁进行识别。此外，还有关注医疗健康领域网络安全威胁的 Cynerio、Medigate 等公司，有针对智能家居行业提供网络安全解决方案的 Nezonomy、Sitaro 等公司，还有关注汽车网络安全及车联网安全方向 Argus、GuardKnox 等企业。

（二）网络安全龙头企业领跑国际市场

目前，以色列网络安全企业中，已有 8 家在纳斯达克上市，这些企业均能提供综合性的网络安全解决方案，又在各自的优势领域有着全世界最先进的安全技术，是名副其实的全球网络安全产业领导者。以色列网络安全龙头企业如表 14-3 所示。

表 14-3　以色列网络安全龙头企业

公司名称	创立者	创立时间	总部位置	优势领域
Check Point（捷邦）	Gil Shwed、Marius Nacht、Shlomo Kramer	1993 年	以色列特拉维夫	网络防火墙
CyberArk	Alon N. Cohen、Udi Mokady	1999 年	以色列佩克提克瓦	特权访问管理
Imperva（前身为 WEBcohort）	Shlomo Kramer、Amichai Shulman、Mickey Boodaei	2002 年	美国加利福尼亚州	网络应用防火墙
Palo Alto Networks	Nir Zuk	2005 年	美国加利福尼亚州	网络防火墙
Allot	Michael Shurman、Yigal Jacoby	1996 年	以色列霍德夏沙隆	深度包检测技术
Radware	Roy Zisapel	1997 年	国际总部位于以色列特拉维夫；企业总部位于美国新泽西州	网络应用防火墙
ForeScout Technologies	Oded Comay、Dror Comay、Hezy Yeshurun、Doron Shikmoni	2000 年	美国加利福尼亚州	网络访问控制
Cyren（前身为 Commtouch Software）	Amir Lev、Gideon Mantel、Nahum Sharpman	1991 年	美国弗吉尼亚州	电子邮件安全

资料来源：国家工业信息安全发展研究中心整理。

Check Point（捷邦）安全软件科技有限公司是以色列最大的科技公司，是全球最大的网络安全解决方案的提供商之一。Check Point 提供全方位的安全产品，包括网络安全、边界安全、终端安全、数据安全、移动设备安全保护和安全托管服务等。Check Point 凭借其防火墙产品 FireWall-1 及状态检测技术跻身网络安全领导者行列。Check Point 已经连续 20 年被 Gartner 评为网络防火墙魔力象限的领导者，并连续 7 年被评为统一威胁管理魔力象限的领导者。

Cyber Ark 是以色列最大的私营网络安全公司，主要服务于政府部门及金融、能源、零售、医疗卫生等行业。Cyber Ark 专注于特权账户的安全性，其核心技术 Digital Vault 于 2002 年获得美国专利认证。以该技术为基础的特权账户安全解决方案能够对特权账户进行监控，有效阻止黑客攻击。Cyber Ark 于 2018 年被 Gartner 评为首届特权访问管理魔力象限的领导者。

Imperva 是一家全球领先的数据和应用安全软件和服务公司。Imperva 的核心优势产品 SecureSphere 能够在对用户本身应用系统无影响的情况下，提供对数据应用的准确全面的高性能审计和安全防护功能。Imperva 自 2014 年起连续 6 年被 Gartner 评为网络应用防火墙魔力象限领导者。此外，Imperva 也被选取作为 Gartner《2019 年云 Web 应用程序防火墙服务的关键功能》报告中的用例之一。

Palo Alto Networks 于 2007 年推出了第一款产品高级企业防火墙，被认为是世界上第一款"下一代防火墙"。该公司的防火墙技术一直处于世界领先水平，2011—2019 年，Palo Alto Networks 连续被 Gartner 列为网络防火墙魔力象限的领导者。此外，该公司还在威胁情报领域与其他公司积极开展合作，于 2014 年与 Fortinet 共同创立了行业内第一个网络防御联盟，致力于威胁情报共享、安全事件响应协调等网络安全防御工作。

Allot 是一家面向通信服务提供商和企业的网络智能和安全解决方案供应商，公司的深度包检测技术（DPI）全球领先。公司曾被 Infonetics 评为"服务提供商深度数据包检测产品"的整体市场份额领导者，在 Research and Markets 的报告《深度数据包检测（DPI）——全球战略业务报告》中被评为领先参与者。

Radware 是为数据中心提供网络安全和应用程序交付解决方案的全球领军企业。Radware 提供的产品和服务涉及云安全、应用安全、网络安全、应用程序交付与负载均衡及安全管理与监控。Radware 曾 5 次被译为Gartner 应用交付控制器（ADC）魔力象限的领导者。此外，2018 年还被Frost&Sullivan 评为网络应用防火墙年度最佳供应商，入选 Gartner 网络应用防火墙魔力象限有远见者象限。2019 年，在 Frost＆Sullivan 的印度 ICT奖项评比中荣获 WAF 和 DDoS 防护年度最佳供应商。

ForeScout Technologies 是网络访问控制领域的行业领导者。Forescout的核心产品可通过无代理的方式，实现对每个 IP 连接设备的实时发现、分类及连接状态的评估，旨在通过对设备访问网络环境的控制来实现网络安全。ForeScout 在 2011—2014 年连续被 Gartner 评选为网络访问控制魔力象限的领导者。

Cyren 是一家提供安全即服务（SECaaS）和威胁情报服务的跨国网络安全企业。其业务范围涵盖电子邮件安全、Web 安全、DNS 安全、云沙箱、反垃圾邮件服务、实时网络钓鱼检测和阻止、勒索防护、URL 过滤、恶意软件攻击检测及杀毒软件等。近年来，该公司的优质产品在"网络安全卓越奖"方面取得了优异的成绩。2017 年，Cyren 在恶意软件防护类别中排名第一。2018 年和 2019 年 Cyren Email Security 均荣获电子邮件安全类别金奖。

三、以色列网络安全产业发展经验策略

以色列整合各方资源力量，逐步走出一条以产业政策强化企业扶持、以军民共建促进技术研发、以园区建设构筑产业生态、以实践型人才为智力支撑的特色产业发展路径。

（一）国家政策支持鼓励创新创业

以色列政府重视网络安全技术研发，出台激励政策鼓励创新创业。一是为初创企业提供针对性扶持。以色列国家网络局和首席科学家办公室先后推出"前进"计划和"前进 2.0"计划。"前进 2.0"计划作为升级版，针对不同初创企业的特点给予差异化的支持：对从事突破性和颠覆性技术研发的企业，每年精选 2～4 名申请者，给予长达 4 年的大额研发资金补贴；针对亟须产品创新和概念验证的申请者，给予为期 1 年的资助，用于培养一个国内用户或两个国外用户以验证产品概念；为更小规模的网络安全企业推出的"促进网络安全公私合作计划"，要求 3 家以上的申请者自愿组合形成研发联合体，给予为期 1 年的资助。二是欢迎跨国公司在以色列设立研究中心。作为激励措施，以色列政府承诺对将知识产权注册在以色列的企业提供最高达 50%的资助，并且允许这些知识产权在有利条件下向国外转移。在相关政策的激励下，目前已有谷歌、微软、思科、甲骨文等近 50 家跨国公司的网络安全研发中心落地以色列。

（二）"以军带民"促进技术优势共享

以色列独特的"全民皆兵"的体制和"以军带民"的产业发展模式，使优秀的网络安全人才和技术向民用领域溢出，将追求创新和卓越的精神引入市场，形成以色列网络安全产业的独特优势。一是借助军队力量培养网络安全产业领军人才。以色列网络安全领军企业 Check Point 公司的创始人之一 Gil Shewd，以及 Palo Alto Networks、CyberArk 等全球领先网络安全公司的创始人或中坚力量都有过 8200 部队的服役经历。他们推动军事理念、实战经验与网络安全产业的深度融合，形成具有核心竞争力的网络安全产品。二是把军用网络安全技术作为网络安全技术创新的重要源泉。例如，龙头企业 Check Point 的网络安全解决方案源于军用防火墙系统，初创企业 GuardKnox 的车联网安全解决方案沿用了空军战斗机安全防护思路。三是社会组织"战友会"为民间初创公司提供"孵化"服务。

8200 部队的"战友会"拥有超过 1.5 万名成员，他们将自愿分享在部队所收获的专业知识和实践经验，为初创企业提供指导，以支持初创公司的发展。四是推出产业促进计划助力军队与企业的合作。例如，2012 年 10 月，以色列国家网络局与国防部联合推出军民两用的网络安全研发计划，即"马沙德计划"。

（三）统筹布局打造网络安全产业园区

以色列整合优势资源，汇聚政产学研各方力量，共同推进全要素网络安全产业生态建设。特拉维夫、海法和贝尔谢巴是以色列著名的三大高科技生态城市。其中，位于贝尔谢巴市的网络星火产业园已成为举世闻名的网络安全产业中心。政府在园区设立科研机构，国家网络局在园区建立网络安全研发机构，国家网络安全局在此成立"国家计算机应急响应中心"。同时，以色列政府针对入园企业提供税费减免、金融支持、人才、土地等激励政策，以色列创新局支撑园区孵化中心，资助创新技术的商业化推广，吸引了越来越多的网络安全初创企业入驻。由本·古里安大学技术转移公司 BGN Technologies 搭建起研究机构与初创企业之间稳定合作的桥梁，即实现科研成果转变为面向市场的新兴技术，或完成专利的交易。产业聚集吸引了耶路撒冷风投基金 JVP 的资本注入，并在园区中设立孵化器以助力技术成果转化。目前，政府的政策支持、本·古里安大学的科研力量和人才输出、企业的研发项目及 JVP 的风险投资已基本形成稳定的产业生态系统。近年来，产业园已进入加强周边配套设施建设阶段，加快完善医院、商业、交通等必要配套设施，致力于将贝尔谢巴构建成宜居的高新技术产业城市。

（四）多部门协同培育跨学科实践型人才

以色列向来坚持"教育立国""人才强国"的重要战略，源源不断的人才供给是以色列网络安全产业发展的重要推动力。一是"跨学科"是以色列网络安全教育的重要特色。网络安全学科不仅依托于强大的计算机学科背景，同时注重与法律、管理、经济等社会科学学科的融合发展。尤其在网络安全风险管理、数据隐私保护、网络监管体系等方向的研究与教学中重视多学科知识的有机结合。以色列国家网络局投入 6000 万美元，与海法大学、以色列理工学院、特拉维夫大学、巴伊兰大学、希伯来大学和本·古里安大学 6 所高校共同建立跨学科网络安全研究中心。二是高校与国防军资源共享、协同育人。例如，本·古里安大学内设有国防军的网络安全训练中心，希伯来大学也与国防军国防科技局合作建立了精英培养项目"特比昂计划"（Talpiot）等。三是教育培训与职业资格认证相衔接。具备以色列高等教育委员会认证的霍隆技术学院（HIT）面向社会提供非学历教育，围绕欧盟信息委员会发布的安全分析认证（ECSA）、安全事件处理认证（ECIH）及首席信息安全官认证（EISO）、信息系统审计和控制组织认证（ISACA）、国际信息系统安全认证（ISC）、计算技术行业组织认证（ComTIA）等国际资格认证的考核内容，面向产业需求培养技能型人才。

四、相关启示建议

网络安全是总体国家安全观的重要组成部分，网络安全产业为其他重点行业提供网络可靠性及安全性的基本保障，直接关系着信息时代的国家安全。建设高端、自主的网络安全产业体系，不仅有助于构建繁荣、稳定、保障有力的网络空间，而且还能够进一步推进通信技术与实体经济的深度融合，带动其他产业的升级与发展。我国也应把握发展契机，借鉴以色列网络安全产业发展的成功经验，将网络安全产业打造成为我国经济增长新的驱动力。

（一）健全网络安全产业政策体系

我们应围绕网络强国建设需求，梳理我国网络安全产业行业发展情况，根据企业发展面临的实际问题形成针对性的政策支持。一是研究制定中央、地方及行业的网络安全规划和配套政策支持。对于优势细分产业，采用出口促进政策鼓励并引导领先企业走向国际市场，为其提供财政、税收方面的优惠措施；针对产业发展的薄弱环节，根据其具体发展现状及问题，制定多元化支持政策，包括鼓励核心技术自主研发、专利技术合作研发、新兴领域跨国并购等具体政策。二是建立健全网络安全技术推广应用机制。通过开展网络安全技术应用试点示范，分行业、分场景形成可推广、可复制的解决方案和标准规范。同时，结合国家级工程项目的开展，打造完整的网络安全供应链体系，形成细分产业之间的联动，覆盖产业链条的关键环节，补齐关键细分产业发展短板。三是加大财税政策支持力度。开拓融资渠道，推动成立国家网络安全产业领域的投资基金，引导社会资本支持网络安全产业发展，同时完善税收政策，加大税收优惠和补贴力度，使网络安全初创企业获得更多的资金支持。

（二）推动网络安全产业集聚发展

我们要发挥政策的引领作用，集中资源、要素禀赋优势，依托网络安全龙头企业、高校和科研机构，打造网络安全产业集聚区。一是从战略高度统筹布局。以色列构建产业发展园区的实践表明，选取具有代表性的国家级网络安全机构、科研院所入驻园区，有助于吸引互联网企业、网络安全企业等高科技企业入园。二是加大要素倾斜力度。为园区制定专项金融政策、税收政策与人才引进政策，打造网络安全产业创业孵化基地，以营造良好的网络安全技术创新氛围，吸引网络安全初创企业向园区聚集。三是健全园区服务保障体系。开展配套基础设施建设、供需对接及国家重大项目引进、科技创新成果转化、网络安全高端人才引进等工作，以保障园区稳定运行及进一步吸引相关企业和机构入驻。在此基础上，以政策作为指引，充分调动政府部门、网络安全企业、高校、科研机构、金融机构等主体的积极性，推进政产学研用协同发展，努力构建国家网络安全产业生态。

（三）激发网络安全企业创新活力

我们要瞄准产业发展制高点，梳理资产识别、风险管理、应急处置等网络安全重要技术领域的发展瓶颈和短板清单，以进一步引导市场主体创新突破。一是促进关键核心技术突破。利用技术协同的创新联盟、揭榜挂帅等方式，发现具有前沿性、突破性网络安全技术的企业，并给予研发资金等进行扶持，以推动密码技术、工业互联网安全、5G 安全、人工智能安全等关键核心技术领域的网络安全创新创业，鼓励企业打造自身独特竞争力。二是搭建网络安全企业创新平台。以行业龙头骨干企业为引领者，发挥其资金、技术、人才、产业链等资源优势，激发中小企业的创新活力，促进大中小企业融通发展。三是强化知识产权保护。建立网络安全知识产权统一管理和保护机制，完善确权和维权的方式，以加强网络安全企业特别是中小企业在原始创新、二次开发、科技成果转化和产业化过程中的知识产权保护，为企业创新升级保驾护航。

（四）创新网络安全人才培养模式

当前我国网络安全人才缺口巨大，并将长期处于供不应求的状态。因此，亟须探索多元化的培养模式，扩大网络安全产业人才输出规模。一是注重跨学科复合型人才培养。以网络安全实践中可能遇到的各种问题为导向，推动建立覆盖理学、工学、法学、管理学、心理学等不同学科的跨学科网络安全专业课程体系，综合培养学生的技术能力、业务素养及管理思维。二是构建以高等教育、职业教育为主体，继续教育为补充的人才培养体系。高校以网络空间安全学院为依托，开展体系化的网络安全人才培养，而职业学院则侧重开展面向网络安全实战的职业培训和技能培训，二者共同组成网络安全人才供给来源。继续教育旨在定期培训在岗人员，使之掌握最新技能，跟进前沿发展态势。三是开展校企合作，协同育人。教育机构应深化与网络安全企业及科研机构在课程设置、教材编制、实践教学、课题研究等多个环节的交流与合作，面向实践需求共同培育人才。

（五）促进网络安全产业国际交流与合作

我们要发挥政府、企业、行业协会、国际组织等多方作用，加强网络安全产业国际交流与合作。一是搭建网络安全国际交流平台。在国际学术会议、网络安全大会、国家网络安全宣传周、驻外使馆等多种交流平台上，展示我国网络安全技术能力，宣传我国最新网络安全政策，促进国内外企业与其他机构间的交流。二是积极推动跨国合作和国际贸易。一方面，要创新跨国网络安全技术合作研发机制，积极探索技术引进形式；另一方面，也要鼓励网络安全企业开拓国际市场，把握"一带一路"等重要机遇期，向世界提供"网络安全"中国方案，树立中国网络安全企业品牌形象。三是持续推进中以网络安全合作。探索中以网络安全企业、产业联盟间的对话机制，推动在以色列网络周期间举办中以网络安全圆桌论坛，继续邀请以色列产业界专家、学者参与中国网络安全大会、国家网络安全宣传周等活动，深化中以网络安全合作。

参考资料

1. 郑欣. 以色列网络安全产业强国的策略及其启示. 信息安全与通信保密，2015。

2. 吴世忠，磨惟伟，桂畅旎. 以色列网络安全管理体制发展演变考察报告. 汕头大学学报（人文社会科学版），2016。

3. Sophia. 网络安全生态圈的榜样力量 于困境中爆发 看以色列如何成为全球样板. 信息安全与通信保密，2016。

4. 吴世忠. 以色列网络安全产业的创新及其启示. 中国信息安全，2016。

5. 贺佳瀛. 以色列网络安全企业捷邦（Check Point）调研. 信息安全与通信保密，2018。

VI 附　录

Appendices

B.15

2020 年工业信息安全十大事件

叶晓亮[1]

一、美国天然气压缩设施遭受勒索软件攻击

入选理由：此次勒索软件攻击导致了该美国天然气压缩设施运营商停工两天，由于管道传输的相互依赖性，与其相关联的其他压缩设施也连带受到影响。虽然该事件已得到处理，但是据报道，该管道所有者只是更换了受勒索软件影响的网络设备，并未解决数据加密问题。

2020 年 2 月 18 日，美国天然气压缩设施受到勒索软件攻击，黑客加密了该天然气管道运营商 IT 和 OT 系统中的数据，导致整个管道关闭了两天。根据美国网络安全和基础设施安全局（CISA）发布的事件调查结果显示，由于相关方未能有效隔离 IT 和 OT 网络，致使黑客有机可乘，最后

---

[1] 叶晓亮，国家工业信息安全发展研究中心助理工程师，硕士，主要研究方向为工业信息安全、5G 安全、AI 安全。

造成重大损失。另外，该运营商表示日常的应急演练缺乏网络攻击相关训练，致使操作员在遇到网络攻击时无法迅速做出合理决策。

二、工业和信息化部印发《工业数据分类分级指南（试行）》

入选理由：随着工业设备加速"上网"，工业数据飞速增长，蕴藏的巨大价值逐渐显现。工业数据分类分级对数据的安全使用具有重要意义，《工业数据分类分级指南（试行）》是工业数据治理的一次重大探索与进步，为工业数据的充分应用、安全共享奠定了良好基础。

2020 年 3 月 8 日，为加强工业互联网企业数据安全管理能力，在确保安全的前提下，促进数据有序流动和交互，进一步发挥数据赋能作用，工业和信息化部发布《工业数据分类分级指南（试行）》，文件将工业数据分为三个级别，工业和信息化部、各地工业和信息化主管部门及相关企业，针对不同级别工业数据采取适当数据保护措施。

三、委内瑞拉国家电网干线遭受网络攻击

入选理由：电力作为关键基础设施，关乎社会稳定及国家安全，委内瑞拉国家电网遭遇网络攻击早已不是第一次，相关事件警醒我国须高度关注电力系统的安全性及相关应急预案。

2020 年 5 月 5 日，委内瑞拉国家电网干线再一次遭到网络攻击，除首都加拉加斯外，全国 11 个州府均发生大规模停电。近年来，委内瑞拉电网已经多次遭遇网络攻击，如 2019 年 3 月 7 日及 25 日，委内瑞拉因网络攻击发生了全国范围内的大规模停电，对当地居民的生产生活、国家的经济运行和社会稳定甚至国家安全造成了严重损害。

四、美国石油和天然气生产商 W&T Offshore 遭受勒索软件攻击

入选理由：2020 年勒索软件攻击者将攻击目标逐渐扩大到传统工业领域的"大"企业，此次勒索软件攻击事件表明，恶意攻击者的勒索方式也慢慢转变为同时窃取数据和索要赎金，对受害企业的打击日益加大。

2020 年 5 月 12 日，美国休斯顿石油和天然气生产商 W&T Offshore 遭受 Nefilim 勒索软件攻击，攻击者窃取了 800GB 的个人和财务数据，由于赎金谈判失败，攻击者在暗网上发布了其中 10GB 数据，如银行对账单、日志条目、债务报告等，并威胁若不支付赎金将公开更多内容。

五、巴西电力公司 Light SA 遭受勒索软件攻击

入选理由：随着电力系统的安全漏洞不断暴露，安全风险日益增大。由于电力系统对现实世界的重要影响，电力企业往往不能承受"停产风险"，因此其被勒索软件攻击后攻击者获取的收益更加丰厚，针对电力行业的勒索软件攻击可能进一步增多。该事件中的勒索软件系列由于没有全局解密器，只有攻击者私钥才能解密文件，因此该公司极有可能已支付赎金。

2020 年 6 月 16 日，巴西电力公司 Light SA 遭受 Sodinokibi 勒索软件攻击，该勒索软件对所有 Windows 系统文件进行了加密，攻击者索要 1400 万美元赎金。研究人员还发现该勒索软件可以通过利用 Windows Win32k 组件中的 CVE-2018-8453 漏洞提升特权，可进一步进行更高权限的恶意操作。

六、《数据安全法（草案）》在中国人大网公开征求意见

入选理由：数字经济时代，第五种生产要素——数据的重要性不言而

喻，要实现数字经济高质量增长，必须保护数据权益，该草案对于我国数据安全立法工作具有重大意义，将促进并完善我国数据安全整体布局。

2020 年 7 月 3 日，《中华人民共和国数据安全法（草案）》经过审议后进入公开征求意见阶段。该文件指出，须建立健全数据治理体系，提高数据安全保障能力；境外的组织、个人开展数据活动，损害我国国家安全、公共利益或公民、组织合法权益的，依法追究其法律责任；积极开展数据领域的合作交流，促进数据跨境安全流动。

七、工业和信息化部印发《工业互联网专项工作组 2020 年工作计划》

入选理由：作为"新基建"的核心领域之一，工业互联网是我国抓住"第四次工业革命"的重要机遇，该工作计划针对 2020 年工业互联网的各项任务进行细化，并明确提出年度目标，为我国工业互联网发展提供了明确发展路线及时间节点，进一步增强工业互联网能力建设。

2020 年 7 月 10 日，工业和信息化部发布《工业互联网专项工作组 2020 年工作计划》，进一步提升工业互联网发展步伐，文件就基础设施、产业生态、核心技术、安全防护、合作交流等 10 个方面提出了 54 项具体措施。

八、以色列供水设施工业控制系统（ICS）遭黑客团伙入侵

入选理由：此次以色列供水设施工业控制系统遭受入侵，对该系统的潜在破坏性很高，此次安全事件也表明，水利等基础设施也逐渐成为国家间博弈的重要领域之一。

2020 年 12 月 1 日，以色列供水设施工业控制系统（ICS）遭黑客团伙入侵。由于 ICS 中直接连接互联网的人机接口（HMI）系统无任何防护手段，甚至没有设置身份验证授权访问，黑客团伙侵入了该系统，并对系统

进行恶意修改，如篡改水压、温度等。

九、2020 年中国工业信息安全大会暨全国工控安全深度行（京津冀站）在京召开

入选理由：本次大会进一步加强了工业信息安全行业交流，通过启明星辰、天融信、安恒、绿盟等工业信息安全领域代表企业的线上及线下展台，拓宽了工业信息安全领域产需对接。全国工控安全深度行活动全面展现了工业控制系统信息安全相关工作进展，提升了行业热度。

2020 年 12 月 4 日，"2020 年中国工业信息安全大会暨全国工控安全深度行（京津冀站）"成功召开，会议邀请科研机构、政府及企业等多方主体，共同研讨工业信息安全发展态势和未来发展方向。在本次大会上，工业信息安全优秀应用案例征集活动圆满完成，17 家获奖案例在此次大会上正式发布，覆盖电力、烟草、石油石化、装备制造等重点行业应用领域。

十、全球知名 IT 公司 SolarWinds 旗下的 Orion 网络监控软件遭黑客攻击，致使多家政府、咨询、技术公司受到影响

入选理由：由于 Orion 网络监控软件客户涉及多家政府机构甚至 500 强企业，此次网络攻击事件被称为美国史上影响最广、最复杂的网络攻击活动。美国情报部门表示，此次攻击的目的并不是破坏，而是收集情报。

2020 年 12 月 14 日，全球知名 IT 公司 SolarWinds 旗下的 Orion 网络监控软件遭黑客攻击，黑客对源码进行了篡改并添加"后门"，该文件因具有合法数字签名，会伴随软件更新下发，"后门"通过伪装将其恶意行为融合到 SolarWinds 合法行为中来监视用户，并窃取敏感数据文档。目前在北美、欧洲、亚洲和中东等全球多个地区的政府、咨询、技术公司都发现了该攻击活动，如美国能源部、财政部、商务部、国防部、国土安全部、微软等。

2020 年工业信息安全大事记

叶晓亮[1]

1 月

3 日　特斯拉车载系统的无线芯片固件及驱动被曝存在安全漏洞，黑客可利用该漏洞通过无线协议远程攻入特斯拉车载系统。

8 日　美国普渡大学与爱荷华大学研究人员发现了多个 5G 安全漏洞，恶意攻击者可通过这些漏洞使用户手机掉线，同时也可获取普通用户的位置信息。

2 月

13 日　中国人民银行发布《个人金融信息保护技术规范》（JR/T 0171—2020），该标准针对数据全生命周期各阶段提出安全防护要求。

16 日　法国体育连锁巨头迪卡侬（Decathlon）由于将 1.23 亿条记录保存在不安全的数据库中，导致发生大范围数据泄露，泄露的数据包括员工系统的用户名、密码、API 日志、API 用户名、个人身份信息等。

18 日　美国天然气压缩设施受到勒索软件攻击，导致整个管道关闭了两天。

---

[1] 叶晓亮，国家工业信息安全发展研究中心助理工程师，硕士，主要研究方向为工业信息安全、5G 安全、AI 安全。

3 月

2 日 全球财富 500 强公司 Emcor（专门从事机械和电气建筑服务、工业和能源基础设施建设）受到 Ryuk 勒索软件攻击，迫使其关闭了受影响的 IT 系统。

5 日 俄罗斯钢铁巨头 Evraz Steel 受到勒索软件攻击，导致该公司关闭了位于加拿大里贾纳地区工厂所有的计算机系统。

6 日 美国大型国防承包商 Communications & Power Industries（CPI）公司受到勒索软件攻击，该公司支付了约 50 万美元赎金。

8 日 工业和信息化部印发《工业数据分类分级指南（试行）》，加强工业互联网数据差异化管理。

20 日 工业和信息化部印发《关于推动工业互联网加快发展的通知》，提出加快拓展融合创新应用、加快工业互联网 IIoT 试点示范推广普及、加快壮大创新发展动能、加快完善产业生态布局、加大政策支持力度和加快新基建 6 个方面的措施。

4 月

1 日 石油巨头 Berkine 受到勒索软件攻击，攻击者窃取了整个数据库，其中包含超过 500MB 的机密文档，这些文档包含了预算、组织策略、生产量及其他敏感数据。

10 日 美国能源行业劳动力市场和服务提供商 RigUp 受到网络攻击，存储于 Amazon Web Services（AWS）S3 存储桶上的 76000 份美国能源行业组织和个人的私人文件被泄露。

10 日 工业和信息化部就《网络数据安全标准体系建设指南》公开征求意见，提升数据安全防护保障能力。

12 日 美国零部件制造商 Visser Precision 受到 Doppel Paymer 勒索软件攻击，被泄露的信息包括洛克希德·马丁公司设计的军事装备相关细节

（如反迫击炮防御系统中的天线规格）、账单和付款表格及该公司与特斯拉、SpaceX 之间的保密协议等。

13 日 全球泵制造商 DESMI 受到网络攻击，导致该公司关闭全部系统，在几天后仅一部分系统恢复，其余在几周后恢复运行。

15 日 葡萄牙跨国能源公司 EDP 受到 Ragnar Locker 勒索软件攻击，攻击者声称已经获取了公司 10TB 的敏感数据文件，如果 EDP 公司不支付 1580 比特币的赎金，那么他们将公开这些数据。

21 日 俄罗斯黑客组织 Digital Revolution 声称已成功入侵俄罗斯联邦安全局（FSB）承包商的系统，并发现了有关俄罗斯情报机构旨在入侵全球物联网（IoT）设备项目的详细信息。

22 日 互联网安全解决方案提供商六方云获得数千万元 B 轮融资，此次融资由达晨财智领投。

24 日 特种化学品公司 PeroxyChem 受到 Maze 勒索软件攻击，此次攻击在一定程度上影响了其核心企业基础结构和少量用户端点。

27 日 美国智能停车收费系统制造商 CivicSmart 受到 Sodinokibi 勒索软件攻击，该公司的 159GB 数据被盗，包括员工信息、与供应商的合同、银行对账单及客户信用卡号码等。

27 日 北京汇医慧影公司遭黑客入侵，该公司的新冠肺炎病毒检测技术及数据被黑客公开出售。

5 月

5 日 委内瑞拉国家电网干线受到网络攻击，除首都加拉加斯外，全国 11 个州府均发生停电。

6 日 加拿大电力生产商和分销商 NTPC 电力公司受到 Netwalker 勒索软件攻击，致使 NTPC 的 IT 系统关闭，同时该公司的发电、输电和配电系统均受到影响。

12 日 美国休斯顿石油和天然气生产商 W&T Offshore 受到 Nefilim 勒

索软件攻击，攻击者窃取了 800GB 的个人和财务数据，并在暗网上发布了其中一些数据并威胁将公开更多内容。

20 日 英国易捷航空受到黑客入侵，导致 900 万名客户的个人信息发生泄漏。

21 日 日本三菱电机受到网络攻击，该公司中 HGV 导弹原型机的敏感信息疑似发生泄露，该导弹计划部署在日本偏远的岛屿上，以保护在该地区的军事目标。

6月

3 日 美国军方核导弹承包商 Westech International 公司的计算机网络受到黑客未经授权访问，泄露的机密文件已经被上传到网上，其中包括公司电子邮件、工资单及其他个人信息。

7 日 中国台湾地区的自动化设备厂商盟立信息受到勒索软件攻击，导致该公司数据库无法正常存取。

9 日 美国圣安东尼奥航空航天公司受到 Maze 勒索软件攻击，该公司的 1.5TB 敏感数据被泄露。

10 日 日本汽车企业本田受到勒索软件攻击，使其除日本总部以外的多国工厂停产。

11 日 欧洲能源巨头 Enel 集团受到勒索软件攻击，该公司内部网络受到影响。

11 日 新西兰电器公司 Fisher&Paykel 受到 Nefilim 勒索软件攻击，导致其生产和销售均受到影响。

16 日 伊朗霍尔木兹海峡港口受到黑客攻击，该港口调度船只、卡车和货物流动的计算机同时崩溃，导致通向该处的水路和道路出现大规模混乱。

16 日 巴西电力公司 Light SA 受到 Sodinokibi 勒索软件攻击，该勒索软件对所有 Windows 系统文件进行了加密，并索要 1400 万美元赎金。

26 日 印度查谟与克什米尔电力部门的数据中心服务器遭网络攻击，导致该部门连续 3 天无法正常运作，其网站与移动应用也一并被攻陷。

7 月

3 日 《数据安全法（草案）》公开征求意见，我国数据安全立法工作稳步推进。

5 日 全球最大的模拟/混合信号集成电路技术及晶圆代工厂 X-FAB 受到 Maze 勒索软件攻击，导致该公司被迫关闭了在德国、法国、马来西亚和美国的 6 个生产厂。

10 日 工业和信息化部印发《工业互联网专项工作组 2020 年工作计划》，文件提出，支持工业企业建设改造工业互联网内网络；加快工业互联网关键共性技术攻关；推进工业互联网试点示范工作，评估试点示范成效。

22 日 网络安全领军企业奇安信成功登陆科创板，正式挂牌交易。

24 日 知名 GPS 导航设备及运动穿戴设备制造商 Garmin 遭受勒索软件攻击，该勒索软件对其内部网络和某些生产系统进行了加密，致使 Garmin 关闭了部分服务，包括官方网站、Garmin Connect 用户数据同步服务、Garmin 的航空数据库服务、亚洲的某些生产线。此次事件也影响了其呼叫中心，使该公司无法接收用户的电话、电子邮件、在线聊天等。

8 月

5 日 日本影像与信息产品综合集团佳能公司的美国分公司受到 Maze 勒索软件攻击，该公司约 2.2GB 的营销数据和视频文件被泄露于公网，并且导致公司部分内部系统中断。

11 日 美国食品药品监督管理局批准的新冠病毒呼吸机制造商 Boyce Technologies 遭勒索软件攻击，攻击者列出了攻击期间被盗数据的示例文件，包括销售和采购订单、分配表格等，并表示如果该公司未支付赎金，将通过该网站披露更多信息。

9月

19 日 商务部公布《不可靠实体清单规定》，为我国企业及个人的合法权益提供保障。

25 日 西门子多款工业交换机被曝存在高危漏洞，至少有 17 款西门子款设备受影响。攻击者利用这些高危漏洞，能够远程窃取网络传输的工控指令、账户密码等敏感信息，或发动中间人攻击。同时，黑客可以直接对联网工控设备下达停止、销毁、开启、关闭等各种指令，甚至在网络内植入木马病毒，关停生产设备。

28 日 全球第四大班轮公司达飞轮船（CMA CGM）疑似遭勒索软件攻击，导致其官网及旗下众多网站无法打开。

10月

12 日 印度孟买疑似由于受到 APT 攻击致使电力中断，进而导致其股票交易所、医疗设施及其他关键基础设施遭遇风险。

19 日 蒙特利尔 STM 公共交通系统受到勒索软件攻击，导致其 IT、网站和客户服务系统受到影响，虽然攻击没有影响公共汽车或地铁系统的运行，但依赖 STM 上门辅助服务的残疾人受到影响。

27 日 安全人员发现了超过 100 个灌溉系统无任何保护措施直接暴露在公网中，使用 Shodan 等物联网搜索引擎可直接搜到，一旦攻击者访问了该设备，可从控制面板执行多项操作，包括控制传输泵中的水量和水压，删除用户或更改设置等。

11 月

3 日 工业和信息化部组织开展"2020 年工业互联网试点示范项目"申报工作，通过试点示范为工业互联网发展探索新路径。

8 日 全球第二大笔记本代工厂仁宝电脑遭勒索软件攻击，此次攻击使得其整个网络的 30%发生瘫痪。

30 日 "2020 年中国网络安全产业高峰论坛"在北京召开，助力构建新基建背景下网络安全发展新模式。

12 月

1 日 以色列供水设施工业控制系统（ICS）遭黑客团伙入侵，黑客团伙对该系统进行了恶意修改，比如篡改水压、温度等。

4 日 "2020 年中国工业信息安全大会暨全国工控安全深度行（京津冀站）"在北京举行，搭建工业信息安全交流合作平台。

8 日 美国网络安全公司 FireEye 遭黑客攻击，导致其掌握的网络武器库被窃取，该事件成为自 2016 年美国国家安全局（NSA）网络武器被窃取以来，被发现的最大规模网络武器盗窃事件。

11 日 电子巨头富士康在墨西哥的一家工厂遭勒索软件攻击，攻击者已加密了约 1200 台服务器，窃取了 100GB 未加密文件，并删除了 20～30TB 的备份文件。

14 日 知名 IT 公司 SolarWinds 旗下的 Orion 网络监控软件遭黑客攻击，目前美国能源部、国家核安全局、财政部、商务部、国务院、国防部、国土安全部、国立卫生研究院等多个联邦机构受到影响。

22 日 英国能源供应商 People's Energy 遭网络攻击，导致其 27 万名客户的姓名、地址、出生日期、电话号码、电费和电表 ID 等个人信息被窃取。

22 日 以色列最大的国防承包商——以色列航空航天工业公司遭勒索软件攻击，攻击者发布了该公司的内部数据。

反侵权盗版声明

  电子工业出版社依法对本作品享有专有出版权。任何未经权利人书面许可，复制、销售或通过信息网络传播本作品的行为；歪曲、篡改、剽窃本作品的行为，均违反《中华人民共和国著作权法》，其行为人应承担相应的民事责任和行政责任，构成犯罪的，将被依法追究刑事责任。

  为了维护市场秩序，保护权利人的合法权益，我社将依法查处和打击侵权盗版的单位和个人。欢迎社会各界人士积极举报侵权盗版行为，本社将奖励举报有功人员，并保证举报人的信息不被泄露。

举报电话：（010）88254396；（010）88258888

传　　真：（010）88254397

E-mail：　dbqq@phei.com.cn

通信地址：北京市万寿路 173 信箱

     电子工业出版社总编办公室

邮　　编：100036